OEUVRES

COMPLÈTES

DE J. DOMAT.

TOME IX.

ŒUVRES

DE J. DOMAT.

PREMIÈRE ÉDITION IN-OCTAVO,

ORNÉE D'UN PORTRAIT,

Revue, corrigée, et augmentée d'une Notice biographique sur Domat, et d'une Table de concordance entre les articles de nos Codes et les passages de Domat qui s'y rapportent;

PAR M. CARRÉ,

AVOCAT A LA COUR ROYALE DE PARIS.

TOME NEUVIÈME.

A PARIS,

CHEZ LOUIS TENRÉ, LIBRAIRE,

RUE DU PAON-SAINT-ANDRÉ-DES-ARTS, N° 1.

1825.

DE L'IMPRIMERIE DE BRODARD,

A COULOMMIERS.

LEGUM DELECTUS

EX LIBRIS

DIGESTORUM

ET CODICIS,

AD USUM SCHOLÆ ET FORI.

LIBER QUADRAGESIMUS UNUS.

TITULUS PRIMUS.

De aquirendo rerum dominio.

1. Quarumdam rerum dominium nanciscimur jure gentium, quod ratione naturali *a* inter omnes homines peræquè servatur : quarumdam jure civili, id est, jure proprio civitatis nostræ : Et quia antiquiùs jus gentium cum ipso genere humano proditum est, opus est ut de hoc priùs referendum sit. l. 1. Vid. tit. de divis. rer.

a Id est, jure gentium : nam jure naturali omnia sunt communia.

Nec signare quidem aut partiri limite campum
Fas erat, in medium quærebant, ipsaque tellus
Omnia liberius nullâ poscente ferebat. (Virg. *I. Georg.*)

2. Omnia igitur animalia, quæ terrâ, mari, cœlo ca-piuntur, id est, feræ bestiæ (et), volucres, pisces, ca-pientium fiunt *a*, vel quæ ex his apud nos sunt edita. l. 1, § 1 et l. 2.

La chasse et la pêche sont du droit des gens; mais le droit civil a usurpé ce qui était du droit des gens. Il a rendu propre à quelques-uns ce qui appartenait en commun à plusieurs.

Jus civile subegit jus gentium.

2. Quod enim nullius est, id ratione naturali occupanti conceditur. l. 3.

4. Nec interest quod ad feras bestias et volucres, utrùm in suo fundo quisque capiat, an in alieno. Planè qui in alienum fundum ingreditur venandi aucupandique gratiâ, potest à domino, si is providerit, jure prohiberi ne ingrederetur. l. 3, § 1.

5. Quidquid autem eorum cœperimus, eò usque nostrum esse intelligitur, donec nostrâ custodiâ coërcetur. Quùm verò evaserit custodiam nostram, et in naturalem libertatem se receperit, nostrum esse desinit, et rursùs occupantis fit, nisi si mansuefacta emitti, ac reverti solita sunt. Naturalem autem libertatem recipere intelligitur, quùm vel oculos nostros effugerit, vel ità sit in conspectu nostro, ut difficilis sit ejus persecutio. l. 3, § 2, l. 4 et l. 5.

In his autem animalibus, quæ consuetudine abire et redire solent, talis regula comprobata est, ut eòusque nostra esse intelligantur, donec revertendi animum habeant : quòd si desierint revertendi animum habere desinant nostra esse, et fiant occupantium. Intelliguntur autem desiisse revertendi animum habere tunc, quùm revertendi consuetudinem deseruerint. l. 5, § 5, in fin.

6. Illud quæsitum est, an fera bestia, quæ ità vulnerata sit, ut capi possit, statim nostram esse intelligatur. Trebatio placuit, statim nostram esse, et eousque nostram videri, donec eam persequamur. Quòd si desierimus eam persequi, desinere nostram esse, et rursùs fieri occupantis. Itaque si per hoc tempus, quo eam persequimur, alius eam ceperit eo animo ut ipse lucrifaceret, furtum videri nobis eum commisisse. Plerique non aliter putaverunt eam nostram esse; quàm si eam ceperimus : quia multa accidere possunt, ut eam non capiamus. Quod verius est. l. 5, § 1.

7. Apium quoque natura fera est. Itaque quæ in arbore nostrà consederint, antequàm à nobis alveo concludantur, non magis nostræ esse intelliguntur, quàm volucres; quæ in nostrà arbore nidum fecerint. Ideò si alius eas incluserit, earum dominus erit. Favos quoque si quos hæc fecerint, sine furto quilibet possidere potest. Sed (ut suprà quoque diximus) qui in alienum fundum ingreditur potest à domino, si is providerit, jure prohiberi ne ingrederetur. Examen quod ex alveo nostro evolaverit, eòusque nostrum esse intelligitur, donec in conspectu nostro est, nec difficilis ejus persecutio est : alioquin occupantis fit. l. 5, § ult.

8. Quæ ex hostibus capiuntur *a*, jure gentium statim capientium fiunt. l. 5, § ult.

a Droit de conquête.

9. Prætereà quod per alluvionem agro nostro flumen adjicit, jure gentium nobis aquiritur per alluvionem; per alluvionem autem id videtur adjici; quod ità paulatim adjicitur, ut intelligere non possimus quantùm

quoque momento temporis adjiciatur *a*. l. 7, § 1, Vid.
l. 16.

a La loi 16 *dit :* In agris limitatis jus alluvionis locum
non habere constat. Locum habebat olim dumtaxat in
agris occupatoriis et arcifiniis, qui occupanti erant sine
mensurâ ; sed obtinuit ut omnes agros occupatorio more
possidere liceret. Vide l. 1, § 6. De fluminibus. *Nous
n'observons point cette loi.* Voyez Duperier. l. 2, q. 3, *qui
dit que les Romains, après la conquête d'une ville ou d'une
province, distribuaient les terres aux soldats. On écrivait
dans des tables d'airain la portion de chacun, et on lais-
sait un grand espace vide depuis leurs terres jusqu'à la ri-
vière ; on ne voulait pas que leur portion fût susceptible d'accroissement ni d'alluvion, afin d'éviter les procès ; et par ce
moyen, la portion de chacun demeurait toujours fixe et ré-
glée ; mais chez nous, tout cela n'a point d'application. Les
héritages des particuliers vont jusqu'aux rivières, et comme
ils en ressentent des incommodités, il est juste qu'ils jouis-
sent des profits.* Vid. l. 7, § 1, h. l. 1, § 6, de fluminibus.

10. Quòd si vi fluminis partem aliquam ex tuo prædio
detraxerit, et meo prædio attulerit, palàm est eam tuam
permanere *a*. Planè si longiore tempore fundo mæro hæ-
serit, arboresque, quas secum traxerit, in meum fundum radices egerint, ex eo tempore videtur meo fundo
adquisita esse. l. 7, § 2.

a Ista præscriptio definitum tempus non habet. Vid.
l. 9, § 2. De damno infecto.

11. Quòd si uno latere perruperit flumen, et aliâ parte
novo rivo fluere cœpit, deindè infrà novus iste rivus in
veterem se converterit, ager qui a duobus rivis compre-

hensus, in formam insulæ redactus est, ejus est scilicet cujus et fuit. l. 7, § 4.

12. Quòd si, toto naturali alveo derelicto, flumen aliàs fluere cœperit, prior quidem alveus eorum est qui propè ripam prædia possident, pro modo scilicet latitudinis cujusque prædii, quæ latitudo propè ripam sit. Novus autem alveus ejus juris esse incipit, cujus et ipsum flumen, id est, publicus, juris gentium *a*. l. 7, § 5.

a Quòd si post aliquod temporis ad priorem alveum reversum fuerit flumen, rursùs novus alveus eorum esse incipit qui propè ripam ejus prædia possident. Vid. l. 38, eod.

13. Quùm suo loco aliquis alienâ materiâ ædificaverit, ipse dominus intelligitur ædificii, quia *omne quod inædificatur solo cedit*. Nec tamen ideò is, qui materiæ dominus fuit, desit ejus dominus esse : sed tantisper neque vindicare eam potest, neque ad exhibendum de eâ agere, propter legem duodecim tabularum, quâ cavetur : *ne quis tignum alienum ædibus suis junctum eximere cogatur a*. l. 7, § 10.

a Ne ruinis civitatis deformetur. l. 1. De tigno juncto. l. 25, § 6. De rei vindicatione.

14. Hæ res, quæ traditione nostræ fiunt, jure gentium nobis adquiruntur : nihil enim tam conveniens est naturali æquitati, quam voluntatem domini, volentis rem suam in alium transferre, ratam haberi. Nihil autem interest, utrùm ipse dominus per se tradat alicui rem, an voluntate ejus aliquis. Quâ ratione, si cui libera negotiorum administratio ab eo, qui peregrè proficiscitur, permissa fuerit, et is ex negotiis, rem vendiderit, et tradiderit, facit eam accipientis. l. 9, § 3 et 4.

Nunquàm nuda traditio transfert dominium, sed ità si venditio, aut aliqua justa causa præcesserit, propter quam traditio sequeretur *a*. l. 31.

a Pariter dominia rerum non transferuntur pactionibus sine traditione. l. 20. De pactis. Ergò duo requiruntur, causa et traditio, vel saltem usucapio cum possessione. Grotius, 2, 8, 25.

15. Interdùm sine traditione nuda voluntas domini sufficit ad rem transferendam : veluti si rem quam commodavi, aut locavi tibi, aut apud te deposui, vendidero tibi. Licèt enim ex eâ causâ tibi eam non tradiderim, eò tamen quòd patior eam ex causâ emptionis apud te esse, tuam efficio. l. 9, § 5.

16. Si quis merces in horreo repositas vendiderit, simul atque claves horrei tradiderit emptori, transfert proprietatem mercium ad emptorem *a*. l. 9, § 6 *b*.

a Ista traditio impediret vitium *de donner et retenir*.

b Vid. l. 1, § 21. De acquirendâ vel amittendâ possessione.

17. Interdùm et in incertam personam collocata voluntas domini transfert rei proprietatem : Ut ecce, qui missilia jactat in vulgus. Ignorat enim quid eorum quisque excepturus sit. Et tamen quia vult, quod quisque exceperit ejus esse, statim quùm dominum efficit. l. 9, § 7.

18. Alia causa est earum rerum, quæ in tempestate maris, levandæ navis causâ, ejiciuntur *a*. Hæc enim dominorum permanent; quia non eo animo ejiciuntur, quòd quis eas habere non vult, sed quòd magis quùm ipsâ nave periculum maris effugiat. Quâ de causâ, si quis eas fluctibus expulsas, vel etiam in ipso mari nanctus, lucrandi animo abstulerit, furtum committit. l. 9, § ult.

a Vid. tit. de lege Rhodiâ. l. 7. Pro derelict.

19. Pupillus, quantùm ad acquirendum, non indiget tutoris autoritate *a* : alienare verò nullam rem potest, nisi præsente tutore autore, et ne quidem possessionem quæ est naturalis, ut Sabinianis visum est : quæ sententia vera est. l. 11.

a Quid, *chez nous? Un mineur peut-il accepter une donation sans tuteur?* Voyez **Ricard**, *des Donations.*

20. Si procurator rem mihi emerit ex mandato meo, eique sit tradita meo nomine, dominium mihi, id est, proprietas adquiritur, etiam ignoranti. Et tutor pupilli, pupillæ similiter ut procurator, emendo nomine pupilli, pupillæ, proprietatem illis adquirit, etiam ignorantibus. l. 13. Dict. l. § 1.

Si ego et Titius rem emerimus, eaque Titio et quasi meo procuratori tradita sit, puto mihi quoque quæsitum dominium, quia placet, per liberam personam, omnium rerum possessionem quæri posse, et per hanc dominium. l. 20, § ult. *a.*

a Vid. l. 1, § 20, de acquirendâ vel amittendâ possessione.

21. Traditio nihil ampliùs transferre debet, vel potest ad eum qui accipit, quàm est apud eum qui tradit. Si igitur quis dominium in fundo habuit, in tradendo transfert *a* : si non habuit, ad eum qui accipit nihil transfert. Quoties autem dominium transfertur ad eum qui accipit, tale transfertur quale fuit apud eum qui tradit. Si servus fuit fundus, cum servitutibus transit : si liber, uti fuit : et si fortè servitutes debebantur fundo qui traditus est, cum jure servitutum debitarum transfertur. l. 20. Dict. l. § 1.

a L. 13. Communia de servitut.

22. Thesaurus est vetus quædam depositio pecuniæ, cujus non extat memoria, ut jam dominum non habeat. l. 31, § 1. Vid. l. 22, familiæ erciscundæ.

Alioquin si quis aliquid vel lucri causâ *a*, vel metûs, vel custodiæ, condiderit sub terrâ, non est thesaurus, cujus etiam furtum fit. Dict. l. in fin.

a Quia avari pecunias suas defodiunt, dùm sperant pretia nummorum augeri. Gotofr.

Vid. l. 67. ff. de rei vind. l. 63, h. tit. et l. un Cod. de thesaur. *quæ inventi in alieno fundo thesauri, dimidiam inventori, dimidiam domino fundi largitur.*

23. Hereditas non heredis personam, sed defuncti sustinet, ut multis argumentis juris civilis comprobatum est *a*. l. 34. Vid. inf. l. 61.

a Adeò usucapio nondùm aditâ hereditate compleatur. l. 30. Ex quibus causis majores.

24. Si pecuniam numeratam tibi tradam donandi gratiâ *a*, tu eam quasi creditam accipias; constat proprietatem ad te transire. Nec impedimento esse, quòd circà causam dandi atque accipiendi dissenserimus *b*. l. 36, inf.

a Secùs si contrà.

b La loi 40 *dit :* Si fundum suum quis legaverit, heres qui cum legatum esse sciat, procul dubio fructus suos ex eo suos non faciet. Anton. Faber. 7, conject. 4, ait sibi non liquere quid huic legi responderi commodè possit. Vid. l. 42, de usuris. Contrà l. 40 hîc. l. 1, 2 et ult. Cod. de usuris et fructibus legatorum,

25. Substitutio quæ nondùm competit, extrà bona postra est. l. 42.

26. Incorporales res traditionem et usucapionem non

accipere manifestum est. l. 43, § 1. Vid. tit. seq. l. 1.

Ego puto usum ejus juris pro traditione possessionis accipiendum esse. l. ult. ff. de servitut.

27. Bonæ fidei emptor non dubiè percipiendo fructus etiam ex alienâ re suos interim facit : non tantùm eos , qui diligentiâ et operâ ejus pervenerunt, sed omnes : quia quod ad fructus attinet , loco domini penè est *a.* Denique etiam priusquàm percipiat, statim ubi à solo separati sunt, bonæ fidei emptoris fiunt. Nec interest ea res quam bonâ fide emi, longo tempore cap. possit, necne : veluti si pupilli sit *b,* aut vi possessa, aut præsidi contrà legem repetundarum donata, ab eoque alienata sit bonæ fidei emptori. l. 48 *c.*

a Apud nos bona fides exigit ut observemus legem 48, § 1 de acquirendo rerum dominio, potiùs quàm legem 25, § 2, de usuris. Prættereà non potest quis lucrari fructus ex re alienâ, nisi propter bonam fidem : atqui deficit bona fides, quandò quis cognoscit rem alienam esse, et eum qui vendidit jus vendendi non habuisse

b Vid. legem 25, § 2 de usuris. l. 43 de usurpationibus. *Le* § 1 *de la loi* 48 *dit :* In contrarium quæritur si eo tempore quo mihi res traditur, putem vendentis esse, deindè cognovero alienam esse , quia perseverat per longum tempus capio, an fructus meos faciam : Pomponius verendum ne non sit bonæ fidei possessor, quamvis usucapiat. Hoc enim ad jus illud ad factum pertinet : nec contrarium est quòd longum tempus currit : nam è contrariò is qui non potest capere propter rei vitium suos facit. *La loi* 23 § 1 hic, *dit :* Magis est ut singula momenta spectemus. *La loi* 25 § 2 de usuris *dit :* Bonæ fidei emptor servit antequàm fructus perciperet, cognovit fundum alienum esse, an perceptio fructus suos faciat, quæritur? Respondi bonæ fidei emptor quod ad percipiendos fructus intelligi debet quamdiù evictus fundus non fuerit. Ergò consequentia non valet de usucapione ad fructus, nec contrà. Dic leges istas conciliari non posse, quia dissenserunt jurisconsulti.

c Vid. § 1 hujus legis.

Certum est malæ fidei possessores omnes fructus solere cum ipsâ re præstare; bonæ fidei verò, extantes : post autem litis contestationem universos. l. 22, Cod. de rei vind.

28. Ovium fœtus in fructu sunt, et ideò ad bonæ fidei emptorem pertinent. l. 48, § ult.

29. Rem in bonis nostris habere intelligimur, quotiens possidentes exceptionem, aut amittentes, ad recuperandam eam, actionem habemus. l. 52.

30. Res (ex) mandatu meo empta, non priùs mea fiet, quàm si mihi tradiderit, qui emit *a*. l. 59. Vid. sup. l. 13.

a Propter l. 20, Cod. de pactis.

31. Hereditas in multis partibus juris pro domino habetur. l. 61. Vid. sup. l. 34.

32. Quædam quæ non possunt sola alienari *a*, per universitatem transeunt, ut fundus dotalis ad heredem, et res cujus aliquis commercium non habet. Nam etsi ei legari non possit, tamen heres institutus dominus ejus efficitur. l. 62.

a Idem de jure patronatûs addicto glebæ. *La loi* 14 de legatis, *dit :* Monumenta legari non posse manifestum est. Verùm per universitatem legari non posse manifestum est. Verùm per universitatem legari possunt, nisi

sint addicta familiæ tantùm. Vid. l. 6 de religiosis. l. 9
de jure patronatûs. *La loi* 64 *dit :* Quæ quisque aliena
in censum deducit nihilo magis ejus fiunt. *Quand les dîmes
inféodées reviennent à l'Eglise* cum universitate feudi et
castri, *elles demeurent inféodées* jure accessionis, *dit* Dumoulin : Secùs *quand elles reviennent* sine universitate, *si
elles ne sont revenues avec la condition expresse de la foi et
hommage.*

TITULUS II.

De acquirendâ, vel amittendâ possessione.

1. Possessio appellata est à pedibus, quasi positio :
quia naturaliter tenetur ab eo qui insistit. l. 1.

Possideri possunt quæ sunt corporalia. l. 3.

2. Dominium rerum ex naturali possessione cœpit *a.*
l. 1, § 1.

a La possession fait une présomption légale de propriété.

3. Adipiscimur possessionem per nosmetipsos. l. 1,
§ 2.

Per procuratorem, tutorem, curatoremve possessio
nobis acquiritur. l. § 20 *a.*

a Vid. l. 20, § ult. de acquirendo rerum dominio.

4. Si jusserim venditorem procuratori rem tradere,
quùm ea in præsentiâ sit, videri mihi traditam Priscus
ait. Idemque esse, si nummos debitorem jusserim alii
dare, *non est enim corpore et actu necesse apprehendere
possessionem, sed etiam oculis et affectu.* Et argumento
esse eas res, quæ propter magnitudinem ponderis moveri non possunt, ut columnas : nam pro traditis (eas)

haberi, si in re præsenti consenserint : et vina tradita videri quùm claves cellæ vinariæ emptori traditæ fuerint. l. 1, § 21 *a*.

a Vid. l. 9, § 1 de acquirendo rerum dominio.

Si vicinum mihi fundum mercato, venditor in meâ turre demonstret *b*, vacuamque se possessionem tradere dicat, non minùs possidere cœpi, quàm si pedem finibus intulissem. l. 18, § 2.

b Traditio longæ manûs.

Adipiscimur possessionem *corpore et animo c :* neque per se animo, aut per se corpore. Quod autem diximus, *et corpore et animo adquirere nos debere possessionem,* non utique accipiendum est, ut qui fundum possidere velit, omnes glebas circumambulet : sed sufficit quamlibet partem ejus fundi introire, dùm mente et cogitatione (hâc) sit, uti totum fundum usque ad terminum velit possidere. l. 3, § 1.

c Vid. infrà, l. 3, § 6.

5. Incertam partem rei possidere nemo potest *a :* veluti si hâc mente sis, ut quidquid Titius possidet, tu quoque velis possidere. l. 3, § 2.

a Igitur ista possessio non pareret usucapionem, nec præscriptionem adversùs creditores hypothecarios.

Locus certus ex fundo et possideri, et per longam possessionem capi potest : et certa pars pro indiviso, quæ introducitur vel ex emptione, vel ex donatione, vel quâlibet aliâ ex causâ ; incerta autem pars *b* nec tradi, nec capi potest : veluti si ità tibi tradam, *quidquid mei juris in eo fundo est.* Nam qui ignorat, nec tradere, nec accipere id quod incertum est, potest *c.* l. 26.

b Incertitudo de quâ hîc agitur est incertitudo facti,

non juris, nam si quis emerit fundum quem alter vindicet, pendente lite incertum est jus emptoris, sed possessio incerta non erat, id est, factum non erat incertum,
undæ præscriptio locum habebit, et implebitur durante
lite adversùs creditores hypothecarios venditoris, si fortè
ex post facto venditio confirmetur, et cadat à lite is qui
fundum venditum vindicabat.

c Lex ista adversatur principiis juris; maximè si post
longum tempus creditor hypothecarius agat hypothecariè
contrà eum qui emit et possedit.

6. Neratius et Proculus (et) solo animo non posse nos
acquirere possessionem, si non antecedat naturalis possessio. Ideòque si thesaurum in fundo meo positum
sciam, continuò me possidere, simulatque possidendi af-
fectum habuero : quia quod desit naturali possessioni id
animus implet. Cæterùm, quod Brutus et Manilius putant, eum, qui fundum longâ possessione cœpit, etiam
thesaurum cœpisse, quamvis nesciat in fundo esse, non
est verum. Is enim qui nescit, non possidet thesaurum,
quamvis fundum possideat. Sed etsi sciat, non capiet
longâ possessione, quia scit alienum esse *a*. Quidam putant Sabini sententiam veriorem esse, nec aliàs eum qui
scit possidere, nisi si loco motus sit, quia non sit sub
custodiâ nostrâ, quibus consentio. *b*. l. 3, § 3.

a Vid. contrà l. 48, § 1 de acquirendo rerum dominio.

b Si thesaurus non possidetur, sequitur non dari interdictum recuperandæ possessionis adversùs eum, qui
thesaurum effodit in alieno agro.

7. In amittendâ quoque possessione, affectio ejus qui
possidet, intuenda est *a*. Itaque si in fundo sis, et tamen
nolis eum possidere, protinùs amittes possessionem. Igi-

tur amitti et animo solo potest, quamvis adquiri non potest. l. 3, § 6 *b*.

a Vid. contrà l. 8.

b Vid. § 1, l. 1 pro derelict.

8. Sed etsi animo solo possideas, licèt alius in fundo sit, adhùc tamen possides. l. 3, § 7.

Licèt possessio nudo animo acquiri non possit, tamen solo animo retineri potest *a*. Si ergò prædiorum desertam possessionem, non derelinquendi affectione, transacto tempore non coluisti; sed metùs necessitate culturam eorum distulisti, præjudicium tibi ex transmissi temporis injuriâ generari non potest. l. 4. Cod. de acquir. et rer. posses.

a La loi 3, § 8 *ff. eod. dit :* Si quis nuntiet domum à latronibus occupatam, et dominus timore conterritus voluerit accedere, amisisse eam possessionem placet. Gotofr. ad hanc legem ait : Si periculum vitæ sit non amitti possessionem : secùs si non sit vitæ periculum. *La loi* 7, *eod. dit :* Et si nolit in fundum reverti, quòd vim majorem vereatur, amisisse possessionem videbitur. (Quod quidem intelligi debet de possessione naturali, non de civili :) nec interrumpitur possessio. Sicut si flumen agrum aliquamdiù occupaverit. l. 34, § 1, l. 35, de servitutibus prædiorum rusticanorum. Vid. l. 3, § 17, h. l. 13, ibid. et tit. de vi et vi armatâ, n° 2.

9. Nerva filius, res mobiles, excepto homine, quatenùs sub custodiâ nostrâ sint, hactenùs possideri, id est, quatenùs (si) velimus naturalem possessionem nancisci (possimus). Nam pecus simul atque aberraverit, aut vas ità exciderit ut non inveniatur, protinùs desinere à nobis possideri, licèt à nullo possideatur : dissimiliter

atque si sub custodiâ meâ sit, nec inveniatur, quia in præsentiâ non sit, et tantùm cessat interim diligens inquisitio. l. 3, § 13.

10. Quidam rectè putant columbas quoque quæ ab ædificiis nostris (volant), item apes quæ ex alveis nostris evolant, et secundùm consuetudinem redeunt, à nobis possideri. l. 3, § 16.

11. Labeo et Nerva filius responderunt, desinere me possidere eum locum, quem flumen aut mare occupaverit *a*. l. 3, § 17.

a Nec tamen interrumpitur præscriptio. l. 34, § 1 et l. 35, de servitutibus prædiorum rusticorum. Contrà l. 14. Quemadmodùm servitus amittatur. Vid. l. 3, § 8 h.

Pomponius refert, quùm lapides in Tiberim demersi essent naufragio, et post tempus extracti, an dominium in integro fuit per id tempus quo erant mersi? Ego dominium me retinere puto, possessionem non puto. l. 13.

12. Illud quoque à veteribus præceptum est, neminem sibi ipsum causam possessionis mutare posse. l. 3, § 19.

Quod vulgò respondetur, *causam possessionis neminem sibi mutare posse*, sic accipiendum est, ut possessio non solùm civilis, sed etiam naturalis intelligatur. Proptereà responsum est neque eum apud quem res deposita, aut cui commodata est, lucri faciendi causâ pro herede usucapere posse. l. 2, § 1. ff. pro herede.

Quod vulgò respondetur, *ipsum sibi causam possessionis mutare non posse*, totiens verum est, quotiens quis sciret se bonâ fide non possidere, et lucri faciendi causâ inciperet possidere. Idque per hæc probari posse: si quis emerit fundum sciens ab eo cujus non erat, possidebit pro possessore : sed si eumdem à domino emerit, incipiet pro emptore possidere, nec videbitur sibi ipse causam possessionis mutasse. l. 33, § 1. ff. de usurp. l. 19, § 1, h. t.

13. Potest dividi possessionis genus in duas species, ut possideatur aut bonà fide, aut non bonà fide. l. 3, § 22.

14. Si ex stipulatione tibi Stichum debeam, et non tradam eum, tu aurem nanctus fueris possessionem, prædo es *a*. Æquè si vendidero, nec tradidero rem, si non voluntate meà nanctus sit possessionem, non pro emptore possides, sed prædo es. l. 5.

a Vid. l. 13. Quod metùs causà. l. 7, ad legem Juliam de vi privatà, de vi bonorum raptorum. m. ult.

15. Clàm possidere eum dicimus, qui furtivè ingressus est possessionem, ignorante eo, quem sibi controversiam facturum suspicabatur, et ne faceret timebat. l. 6.

Clàm nanciscitur possessionem, qui futuram controversiam metuens, ignorante eo, quem metuit, furtivè (in) possessionem ingreditur. Dict. l.

16. Quemadmodùm nulla possessio adquiri nisi animo et corpore potest *a*, ità nulla amittitur, nisi in quà utrumque in contrarium actum est. l. 8.

a Vid. contrà l. 3, § 6.

17. Generaliter quisquis omninò nostro nomine sit in possessionem, veluti procurator, hospes, amicus, nos possidere videmur. l. 9.

Et per colonos, et inquilinos possidemus *a*. l. 25, § 1.

a Per medicos. l. 20. Quemadmodùm servitus amittatur, no 3, h. t, § 7, de itinere actuque privato.

18. Aliud est possidere, longè aliud in possessione

esse. Denique rei servandæ causâ legatorum, damni infecti, non possident, sed sunt in possessione custodiæ causâ. l. 12, § 1. Vid. l. 7, sup. de damn. infecto.

19. Justè possidet, qui auctore prætore possidet. l. 11.

20. Nihil commune *a* habet proprietas cum possessione. l. 12, § 1. Nec possessio et proprietas misceri debent. l. 52.

a Vid. Fernandum ad h. l.

Proprietas à possessione separari non potest. l. 8. Cod. de acq. et rer. poss.

Naturaliter videtur possidere is qui usumfructum habet. Dict. l. 12. Fructuarius non possidet, § 4, inst. per quas pers. cuiq. acq. Alia possessio civilis, alia naturalis. l. 3, § ult. ff. ad exhib. Vid. inf. Quod legator. l. 1, § 8.

21. Quùm quis utitur adminiculo ex personâ auctoris, uti debet cum suâ causâ suisque vitiis. Denique addimus in accessione de vi, et clàm et precariò venditoris. l. 13, § 1. Vid. inf. de diversis temp. præsc. l. 5 *a*.

a L. 11, eodem de diversis.

22. Prætereà quæritur, si quis hominem venditori redhibuerit, in accessione uti possit ex personâ ejus *a*? Et sunt, qui putent non posse, quia venditionis est resolutio, redhibitio : alii emptorem venditoris accessione usurum, et venditorem emptoris : Quod magis probandum puto. l. 13, § 2, l. 14. ff. de usurp. et usuc. l. 6. ff. de divers. temp. præsc. Vid. l. 19. h. t. l. 2, § 20. ff. pro emptor.

a Idem in l. 2. Cod. de rescindendâ venditione. Idem in retractu conventionali. Attamen in casu redhibitionis hypothecæ impositæ ab emptore durant. l. 4. Quibus modis pignus vel hypotheca solvitur.

23. Non ea tantùm possessio testatoris heredi procedit, quæ morti fuit injuncta, verùm ea quoque quæ unquam testatoris fuerit. In dote quoque, si data res fuerit vel ex dote receptâ, accessio dabitur, vel marito, vel uxori *a*. l. 13, § 5 et 6. l. 14, § 1. ff. de usurp. et usuc.

a Si defunctus possedit malâ fide, possessio ejus non proderit legatario, neque possessio heredis, quia heres succedit in vitia defuncti, sed legatarius poterit novam ex suâ propriâ possessionem inchoare. Si defunctus sit bonæ fidei, heres malæ fidei, quid de legatario? Proderit ei et possessio defuncti et possessio heredis; quia initium temporis spectatur, et heres ipse potest usucapere. l. 43 de usurpationibus. l. 10 eod. l. 48, § 1 de acquirendo rerum dominio.

Sed et legatario dandam accessionem ejus temporis, quo fuit apud testatorem, sciendum est: an heredis possessio ei accedat, videamus? Et puto sive purè, sive sub conditione fuerit relictum, dicendum esse, id temporis, quo heres possedit antè existentem conditionem vel restitutionem rei, legatario proficere. Testatoris autem semper proderit legatario, si legatum verè fuit, vel fideicommissum. Sed et is, cui res donata est, accessione utetur ex personâ ejus qui donavit. l. 13, § 10 et 11.

24. Quæsitum est, si heres priùs non possederat *a*, an testatoris possessio ei accedat? Et quidem in emptoribus possessio interrumpitur, sed non idem in heredibus plérique probant quoniam plenius est jus successionis, quàm emptionis *b* : sed *c* subtilius est quod in emptorem, et in heredem id quoque probari. l. 13, § 4. Vid. inf. de usurp. et usucap. l. 20 de divers. temporibus præscript. l. 15, § 1. Vid. n° 28.

a Gotofr. ad hanc legem ait : Sensus est possessionem testatoris heredi prodesse, si medio tempore res à nullo possessa fuerit. l. 20 de usurpationibus. Vid. l. 31, § 5, et legem 40 de usurpationibus. l. 2, § 18 pro emptore.

b Vid. l. 138. l. 195 de re judicatâ.

c Quia.

25. Si quis vi de possessione dejectus sit, perindè haberi debet, ac si possideret : quùm interdicto de vi recuperandæ possessionis facultatem habeat *a*. l. 17.

a La complainte et la réintégrande font continuer la possession,

26. Differentia inter dominium et possessionem hæc est, quòd dominium nihilominùs ejus manet, qui dominus esse non vult, possessio autem recedit, ut quisque constituit nolle possidere. l. 17, § 1.

27. Non videtur possessionem adeptus is, qui ità nactus est, ut eam retinere non possit. l. 22.

28. Quùm heredes instituti sumus *a*, aditâ hereditate omnia quidem jura ad nos transeunt, possessio tamen, nisi naturaliter comprehensa, ad nos non pertinet *b*. l. 23 *c*.

a Quid de herede ab intestato? Gotofr.

b Gotofr. ait ad hanc legem. Huic legi consuetudo Galliæ, *le mort saisit le vif,* contraria est, quæ tantùm in suis heredibus locum habet, sed etiam in extraneis. Vid. l. 31, § 5, et l. 40 de usurpationibus. Ergò *l'hétitier en droit n'a pas la complainte.* Vid. l. 30. Ex quibus causis majores. l. 11 de liberis. Gotofr. ad l. 30 ex quibus causis majores.

c Vid. n° 24.

29. Qui universas ædes possidet, singulas res quæ in ædificio sunt, non videtur possedisse *a*. Idem dici debet et de nave, et de armorio *b*. l. 3o.

a Voyez la conséquence de cette règle dans la loi 2, § 6 in fine pro emptore, ubi dicitur : Si fundus emptus sit, et ampliores fines possessi sint, totum longo tempore capi, quia universitas possidetur, non singulæ partes.

b Ratio est, quòd tignum alienis ædibus junctum vindicari non poterat : unde nata actio non erat.

3o. Exitus controversiæ possessionis hic est tantùm, ut priùs pronuntiet judex, uter possideat. Ità enim fiet, ut is qui victus est de possessione, petitoris partibus fungatur, et tunc de dominio quæratur *a*. l. 35.

a Vid. l. 36 de judiciis.

31. Interesse puto quâ mente apud sequestrum *a* deponitur res : nam si omittendæ possessionis causâ, et hoc apertè fuerit approbatum, ad usucapionem possessio ejus partibus non procederet : at si custodiæ causâ deponatur, ad usucapionem eam possessionem victori procedere constat. l. 39.

a De sequestro , vide legem 110 de verborum significatione.

32. Possessio non tantùm corporis, sed et juris est. l. 49, § 1, in fin.

33. Quarumdam rerum animo possessionem nos adipisci ait Labeo. Veluti si acervum lignorum emero, et eum venditor tollere me jusserit, simul atque custodiam posuissem, traditus mihi videtur. Idem esse juris vino vendito, quùm universæ amphoræ vini simul essent. l. 5i.

34. Minùs instructus est, qui te sollicitum reddidit, quasi in vacuam possessionem ejus quod per procuratorem emisti, non sis inductus : quùm ipse proponas te diù in possessione (ejus) fuisse, omniaque ut dominum gessisse. Licèt enim instrumento non sit comprehensum quòd tibi tradita sit possessio, ipsâ tamen rei veritate id consecutus es, si sciente venditore in possessione fuisti. l. 2. Cod. eod.

35. Nemo ambigit possessionis duplicem esse rationem *a* : aliam quæ jure consistit, aliam quæ corpore : utramque autem ità demùm esse ligitimam : quùm omnium adversariorum silentio et taciturnitate firmatur. Interpellatione verò controversia progressa, non posse eum intelligi possessorem, qui licèt (possessionem) corpore teneat, tamen ex interpositâ contestatione, et causâ in judicium deductâ super jure possessionis vacillet, ac dubitet. l. 10. Cod. eod.

a Interruptio judicialis ei dumtaxat prodest qui fecit : secùs realis.

TITULUS III.

De usurpationibus et usucapionibus.

1. Bono publico usucapio introducta est, ne scilicèt quarumdam rerum diù et ferè semper incerta dominia essent; quùm sufficeret dominis ad inquirendas res suas statuti temporis spatium. l. 1.

2. Usucapio est adjectio dominii per continuationem possessionis temporis lege definiti. l. 3.

3. Quod dicit lex Atinia, ut res furtiva non usucapia-

tur, nisi in potestatem ejus, cui subrepta est, revertatur, sic acceptum est; ut in domini potestatem debeat reverti, non in ejus utique cui subreptum est. l. 4, § 6, l. ult. Usucapere non potest (qui) vi possidet. Dict. l. § 25.

Quod vi possessum, raptumve sit, antequàm in potestate domini, heredisve ejus pervenit, usucapi lex vetat. l. ult. ff. vi bon. rap.

4. Libertatem servitutum usucapi posse verius est. l. 4, § ult.

Itaque si quùm tibi servitutem deberem, ne mihi putà licet altiùs ædificare, et per statutum tempus altiùs ædificare, et per statutum tempus altiùs ædificatum habuero, sublata erit servitus. Dict. l. § ult· in fin. Vid. l. 10. ff. si serv. vind. l. 5, § 3. ff. de itin. act. pr. l. 1 et 2. Cod. de servitut. l. 1, § ult. ff. de servit. præd. rust.

5. Usucapionem recipiunt maximè res corporales, exceptis rebus sacris, sanctis, publicis, populi romani, et civitatum. l. 9 *a*.

a Vid. legem 16, de verborum significatione, ubi civitates loco privatorum habentur.

6. Si aliena res bonà fide empta sit, quæritur, ut usucapio currat, utrùm emptionis initium ut bonam fidem habeat, exigimus, an traditionis? Et obtinuit Sabini et Cassii sententia, traditionis initium spectantium *a*. l. 10.

a La loi 2, in fine prid. pro emptore, *dit :* In cæteris contractibus sufficit traditionis tempus : at in emptione et illud tempus inspicitur, quo contractatur. Ergò et bonâ fide emisse debet et possessionem bonâ fide adeptus esse.

7. Si ab eo emas, quem prætor vetuit alienare, idque tu scias, usucapere non potes. l. 12.

8. Pignori rem acceptam usu non capimus; quia pro alieno possidemus *a*. l. 13.

a Nec præscribitur facultas debitori data, luendi pignoris. l. 10 et 12. Cod. de pigneratitiâ actione.

9. Servi nomine qui pignori datus est, ad exhibendum cum creditore, non cum debitore agendum est; quia qui pignori dedit, ad usucapionem tantùm possidet : quòd ad reliquas omnes causas pertinet, qui accepit possidet, adeò ut adjici possit, et possessio ejus qui pignori dedit. l. 16, l. 33, § 4.

10. Quamvis adversùs fiscum usucapio non procedat, tamen ex bonis vacantibus, nondùm tamen nuntiatis, emptor prædii ex iisdem bonis extiterit, rectè diuturnâ possessione capiet. Idque constitutum est. l. 18.

11. Possessio testatoris ità heredi præcedit, si medio tempore à nullo possessa est. l. 20. Vid. sup. de acq. vel amit. possess. l. 23 et l. 13, § 4.

12. Ubi lex inhibet usucapionem, bona fides possidenti nihil prodest. l. 24.

13. Sine possessione usucapio contingere non potest. l. 25.

Nunquàm superficies sine solo capi longo tempore potest. l. 26.

14. Si solum usucapi non poterit, nec superficies usucapietur *a*. l. 39.

a C'est un cas où le mineur qui sera seigneur du fonds, relève le majeur qui est seigneur de la superficie, comme dans la loi 10. Quemadmodùm servitus amittatur.

15. Nunquàm in usucapionibus juris error possessori prodest. l. 31, l. 2, § 15. ff. pro empt. Vid. n° 22, in fin.

16. Vacuum tempus quod antè aditam hereditatem,

vel post aditam intercessit, ad usucapionem heredi procedit *a* l. 31, § 5.

a Vid. l. 13. § 4, l. 23, de acquirendâ vel amittendâ possessione.

Cœptam usucapionem à defuncto, posse et antè aditam hereditatem adimpleri, constitutum est. l. 40.

17. Potest pluribus modis accidere, ut quis rem alienam aliquo errore deceptus, tanquam suam vendat fortè, aut donet: et ob id à bonæ fidei possessore res usucapi possit. Veluti, si heres rem defuncto commodatam, aut locatam, vel apud eum depositam, existimans hereditariam esse, alienaverit. l. 36.

18. Furtum sine affectu furandi non committitur *a*. l. 36.

a Ità nec delictum fit sine dolo.

19. Heres ejus qui bonà fide rem emit *a*, usu non capiet sciens alienam *b*. l. 43 *c*.

a Ergò initium contractùs non sufficit. Contrà l. 10, suprà.

b Si modò ipsi possessio tradita sit. Continuatione verò non impediretur heredis scientia. l. 10, h. Quid, *chez nous du legataire universel? Chez nous* scientia rei alienæ impedit usucapionem, quandò quis vult acquirere per præscriptionem. Quid apud nos si defunctus fuit bonæ fidei, heres malæ fidei, et legatarius bonæ fidei, an conjungentur tempora, vel obstabit possessio heredis malæ fidei? Nota. Legatarius jus suum non capit ab herede, sed à defuncto; nec debet nocere heredis scientia legatario bonæ fidei. Nam regulariter initium solum possessionis incipi debet, lex verò non vult facere possessori malæ fidei ut usucapionem impleat, hic vero qui præscriptione

juvatur non erat malæ fidei, qui autem erat malæ fidei,
id est heres præscriptione non fruitur; et apud nos est
dumtaxat exceptio propter vitium pœnale possessoris
malæ fidei. Quid de eo qui emit bonà fide ab herede; nam
jus suum ab eo tenet.

c Vid. l. 11, de diversis.

20. Pro herede usucapio locum non habet *a*. l. 1. Cod.
de usucap. pro hered. l. ult. Cod. com. de usuc. Vid.
n° 22.

a Tribus casibus usucapio pro herede locum habet,
1° in l. 3. pro herede. 2° in l. 33, § 1. Vid. hoc ampliùs
de usurpationibus. 3°. Si defunctus quid sine vitio possedit. Gotofr. ad t. c. pro herede. Sed hæc omnia falsa
sunt.

Vitia possessionum à majoribus contracta perdurant,
et successorem auctoris sui culpa comitatur. l. 11. Cod.
de acq. et ret. poss. Vid. l. 11. ff. de div. temp. præsc.

21. Si quis alienam rem mobilem, seu se moventem
bonà fide per continuum triennium detinuerit, is firmo
jure eam possideat. l. un. Cod. de usuc. transf.

22. Super longi temporis præscriptione quæ ex decem
vel viginti annis introducitur, perspicuo jure sancimus,
ut sive ex donatione, sive ex alià lucrativà causà, bonà
fide quis per decem vel viginti annos rem detinuisse pro-
betur, adjecto scilicèt tempore etiam prioris possessoris,
memorata longi temporis exceptio sine dubio ei competat, nec occasione lucrativæ causæ repellatur. l. 11.
Cod. de præsc. long. temp.

Longi temporis præscriptio, his qui bonà fide acceptam possessionem, et continuatam, nec interruptam,

inquietudine litis tenuerunt, solet patrocinari. l. 2. Cod. eod. Vid. inf. n° 24.

Diutina possessio tantùm jure successionis, sine justo titulo abtenta *a*, prodesse ad præscriptionem hâc solâ ratione non potest. l. 4. Cod. eod.

a Vide n° 20.

Nec petentem dominium ab eo cui petentis solus error causam possessionis *b*, sine vero titulo præstitit, silentii longi temporis præscriptione repelli, juris evidentissimi est. l. 5. Cod. eod.

b Vide n° 15.

23. Longi temporis possessione munitis, instrumentorum amissio nihil juris aufert, nec diuturnitate possessionis partam securitatem maleficium alterius turbare potest. l. 7. Cod. eod. *a*.

a Vid. l. 57, de administratione vel periculo tutorum.

24. Post decennium inter præsentes, et vicennium inter absentes, securus est possessor ex justo titulo cum bonâ fide, licèt ejus autor malâ fide possederit, si rei dominus sui juris et alienationis non sit ignarus. Si verò hæc ignoret, solo tricennio repelletur à possessore *a* cujus autor fuerit malæ fidei. Nov. 119, cap. 7.

a Hæc exceptio non servatur. Voy. Henrys, t. 1, l. 4.

25. Pro præsentibus habentur actor et possessor, si in eâdem provinciâ domicilium habeant, pro absentibus verò, si alter in alterâ. l. ult. Cod. eod.

26. Si quibusdam annis absentia, quibusdam præsentia intervenerit, adjiciendum decennio tantùm temporis, quantùm fuit absentiæ. Nov. 119, cap. 8.

27. Neque mutui, neque commodati, aut depositi, seu

legati vel fideicommissi, vel tutelæ, seu alii cuilibet personali actioni, longi temporis præscriptionem objici posse
certi juris est. l. 5. Cod. cuib. non. object. long. temp.
præscrip. l. 3, l. 4. Cod. in quib. caus. cess. longi
temp. pr.

Sicut in rem speciales, ità de universitate, ac perso-
nales actiones ultrà trigenta annorum spatium minimè
protendantur. Sed si qua res, vel jus aliquod postuletur,
vel persona qualicumque actione vel persecutione pulse-
tur, nihilominùs erit agenti triginta annorum præscriptio
metuenda. l. 3. Cod. de præscrip. 3o vel 4o ann. Vid.
inf. l. 4 et l. 7 eod. n° 35 et 37.

28. Hæ actiones annis triginta continuis extinguantur,
quæ perpetuæ videbantur : non illæ quæ antiquis temporibus limitabantur. l. 3 in fin. Cod. de præsc. 3o vel
4o an.

29. Præscriptione bonà fide possidentes adversùs
præsentes annorum decem, absentes autem viginti mi-
nuuntur. Quòd si ex alicujus petsonâ de petitorum parte
restitutionis prætendatur auxilium, deducto eo, quo si
quid fuerit gestum succurri solet, residuum computari
rationis est *a.* l. 7. Cod. quib. non obji. long. temp.
præscript.

*a La minorité n'est pas une interruption, mais une sus-
pension de la prescription.*

3o. Quùm per absentiam tuam eos de quibus quæ-
reris in res juris tui irruisse adseveres, teque ob medendi
curam à comitatu nostro discedere non posse palàm sit :
Præfectus prætorio noster, accersitis his quos causa contingit, inter vos cognoscet. Non necessario autem petis
ex longi temporis diuturnitate præscriptionem tibi non

opponi, quandò justæ absentiæ ratio, et necessitatis publicæ obsequiuum ab hujusmodi præjudicio re defendat. l. 2. Cod. quib. non obji. long. temp. præsc.

Si possessio inconcussa sine controversià perseveravit, firmitatem suam tenet abjecta præscriptio, quam contrà absentes vel reipublicæ causà, vel maximè fortuito casu, nequaquàm valere decernimus. l. 4 eod.

31. Noc est incognitum, id temporis, quod in minore ætate transmissum est, longi temporis præscriptioni non imputari. Ea enim tunc currere incipit, quandò ad majorem ætatem dominus rei pervenerit. l. 3. Cod. quib. non objic. long. temp. præscript.

32. Universas terras quæ à colonis, sive emphyteuticariis dominici juris, reipublicæ, vel juris sacrorum templorum in quâlibet provincià venditæ, vel ullo alio pacto alienatæ sunt, ab iis, qui perperàm atque contrà leges eas detinent, nullà longi temporis præscriptione officiente, jubemus restitui : ità ut nec pretium quidem iniquis comparatoribus reposcere liceat. l. 2. Cod. ne rei. dom. vel templ. vind. templ. præscr. submov.

Non nisi 40 annorum præscriptio ecclesiæ, et venerabilibus locis opponitur. Nov. 131. Cap. 6.

33. Malè agitur cum dominis prædiorum, si tanta precariò possidentibus prærogativa defertur, ut eos post quadraginta annorum spatia quâlibet ratione decursa, inquietare non liceat. Quùm lex Constantiana jubeat ab his possessoribus initium non requiri, qui sibi potiùs quàm alteri possederunt. Eos autem possessores non convenit appellari, quia ità tenent, ut ob hoc ipsum solitam debeant præstare mercedem. Nemo igitur qui ad possessionem conductor accidit, diù alienas res tenendo

jus sibi proprietatis usurpet, ne cogantur domini aut amittere quæ locaverunt, aut conductores utiles sibi fortassis excludere, aut annis omnibus super dominio suo publicè potestari. l. 2. Cod. de præsc. 30 vel 40 ann.

Quadraginta annorum præscriptione omnis contractus, omnis actio, quæ cæteris præscriptionibus non pereat, sive privati juris, sive publici, extinguitur. l. 40 ann.

35. Publicæ functiones et tributa nullâ præscriptione tollantur. l. 6. Cod. de præsc. 30 vel 40 ann.

36. Actio hypothecaria *a* contrà extraneos possessores tricennio finitur : at contrà debitorem, aut ejus heredes pignorum possessores, ad annos quadraginta perseverat; licèt actione personali tricennio liberentur. l. 7 de præsc. 30 vel 40 ann.

a Louet, l. h.

Si anterior creditor vivo debitore agat hypothecariè adversùs posteriorem ejusdem debitoris creditorem, eumdemque pignoris possessorem, sola 40 annorum præscriptio possessorem tuebitur; eique accedet tempus quo debitor ipse possedit. Si vero mortuo debitore secundus creditor tricennio possederit, tutus erit. Dict. l. § 2.

Idem jus erit pro temporum computatione, si posterior creditor anteriori creditori possessione se tuenti debitum offerat. Dict. l. § 3.

37. Debiti sub conditione vel sub die non currit præscriptio, nisi post diei aut conditionis eventum *a*. Dict. l. 7, § 4. Cod. de præsc. 30 vel ann.

a Secùs apud nos, saltem in actione hypothecarâ adversùs extraneum possessorem : Quia datur actio ad de-

clarationem juris spectantem, quæ juri romano erat in-
cognita.

38. In his etiam promissionibus, vel legatis, vel aliis
obligationibus, quæ dationem per singulos annos vel
menses aut aliquod singulare tempus continent, tempora
memoratarum præscriptionum non ab exordio talis obligationis, sed ab initio cujusque anni, vel mensis, vel alterius singularis temporis, computari manifestum est *a.*
l. 7, § ult. Cod. de præsc. 30 vel 40 ann.

a Vid. contrà l. 26 Cod. de usuris quæ est Justiniani
et ità revocat. l. 7. Cod. de præscriptione triginta vel
quadraginta annorum. Vid. de usuris. n° 24.

TITULUS IV.

Pro emptore.

1. Si fundus emptus sit, et ampliores fines possessi
sint, totum longo tempore capi : quoniam universitas ejus
possideatur, non singulæ partes. l. 2, § 6 in fin. *a.*

a Il faut supposer que neque fines demonstrati erant,
neque numerus jugerum dictus erat. Alioquin emptor
possideret contrà proprium titulum, nec usucaperet. Vid.
l. 30 de acquirendà vel amittendà possessione.

2. Etiam heredi ulteriori defuncti possessio proderit,
quamvis medius heres possessionem ejus nanctus non
sit *a.* l. 2, § 18 *b.*

a Ergò non interrumpitur, sed dumtaxat suspenditur
possessio, et à nemine fuerat occupata.

Vid. l. 13, § 4 de acquirendà vel amittendà possessione.

TITULUS V.

Pro herede, vel pro possessore.

a Vid. l. 1 Cod. h. t. l. ult. Cod. communia de usucapionibus, et titulum praecedentem, n° 20.

TITULUS VI.

Pro donato.

TITULUS VII.

Pro derelicto.

a Malè hic titulus insertus est inter modos acquirendi per usucapionem, si quidem titulus *pro derelicto*. Non sufficit, si is qui rem pro derelicto habuit, non erat verus dominus.

1. Si res pro derelicto habita sit, statim nostra esse definit, et occupantis (statim) sit *a.* Quia iisdem modis res desinunt esse nostræ, quibus acquiruntur. l. 1.

a Vid. l. 3, § 6 de acquirendà vel amittendà possessione.

2. Pro derelicto rem à domino habitam si sciamus, possumus adquirere. Sed Proculus non desinere eam rem domini esse, nisi ab alio possessa fuerit. Julianus desinere quidem omittentis esse, non fieri autem alterius, nisi possessa fuerit, et rectè. l. 2, dict. l. § 1.

3. Si quis merces ex nave jactatas invenisset, nùm ideò usucapere non possit, quia non viderentur dere-

lictæ, quæritur? sed veriùs est, eum pro derelicto usucapere non posse. l. 7 *a.*

a Vid. l. de lege Rhodiâ. l. 9, § ult. de acquirendo
rerum dominio.

TITULUS VIII.

Pro legato.

1. Pro legato usucapit cui rectè legatum relictum est.
Sed etsi non jure legatum relinquatur, vel legatum ademp-
tum est, pro legato usucapi, post magnas varietates, obtinuit *a.* l. ult.

a Agitur hîc de re alienâ legatâ. Tres sunt definitio-
nes in hâc lege : Prima est de eo cui res aliena rectè
legata est. Secunda, de eo cui res aliena legata est in
testamento imperfecto. Locum habet usucapio in his casibus et valet decisio. Tertia, de eo cui res aliena legata
est in testamento, et per codicillos adempta; non valet
decisio legis, nam deest titulus; proindèque non currit
usucapio.

TITULUS IX.

De dote.

TITULUS X.

Pro suo.

1. In alieni facti ignorantiâ tolerabilis error est. l. ult.
in fin.

LIBER QUADRAGES. SEC.

TITULUS PRIMUS.

De re judicatâ, et de effectu sententiarum, et de interlocutionibus.

1. Res judicata *a* dicitur quæ finem controversiarum pronuntiatione judicis accipit : quod vel condemnatione vel absolutione contingit. l. 1.

a Vid. l. 9, § 1 de receptis.

Præses provinciæ non ignorat definitivam sententiam, quæ condemnationem vel absolutionem non continet, pro justâ non haberi. l. 3. Cod. de sentent. et interloc.

2. Qui pro tribunali cognoscit, non semper tempus judicati servat, sed nonnunquàm arctat, nonnunquàm prorogat, pro causæ qualitate, et quantitate, vel personarum obsequio, vel contumaciâ. Sed perrarò intrà statutum tempus sententiæ exsequuntur. Veluti si alimenta constituantur, vel minori viginti-quinque annis subvenitur. l. 2.

3. Qui damnare potest, is absolvendi quoque potestatem habet. l. 3.

4. Si se non obtulit procurator, judicati actio in eum denegabitur, et in dominum dabitur : si se obtulit, in ipsum dabitur. l. 4.

Tutor quoque vel curator in eâ conditione sunt, ut non videantur videri se liti obtulisse : idcircòque debet denegari in eos judicati actio dict. l. 4, § 1.

Actor municipum potest rem judicatam recusare : in municipes enim judicati actio dabitur. Dict. l. 4, § 2.

5. Si quis promiserit, *prohibere se*, *ut aliquod damnum stipulator patiatur*, et faciat : neque ex eâ re damnum stipulator patietur, et faciat : (itâ habeatur) facit quod promisit, si minùs qui non facit, quod promisit, in pecuniam numeratam condemnatur, sicute venit in omnibus faciendi obligationibus. l. 13, § 1.

6. Quod jussit, vetuitve prætor, contrario imperio tollere et repetere licet *a* : de sententiis contrà. l. 14.

b Distinguer entre une ordonnance et une sentence.

Judex postquàm semel sententiam dixit *b*, posteà judex esse desinit. Et hoc jure utimur, ut judex qui semel vel pluris, vt. minoris condemnavit, ampliùs corrigere sententiam suam non possit. Semel enim malè seu benè officio functus est *a*. l. 55, l. 62, h. tit. l. 2, Cod. fin sent. ex peric. recit.

b Vid. l. 27 de pœnis.

c Vid. l. 19, § 2 de receptis.

Neque suam, neque decessoris sui sententiam quemquam posse retractare, in dubium non venit. l. 1, Cod. sent. resc. nᵒ poss.

7. Sententiam Romæ dictam, etiam in provinciis posse præsides, si hoc jussi fuerint, ad finem persequi, imperator noster cum patre rescripsit. l. 15, § 1.

8. In venditione pignorum captorum faciendâ, primò quidem res mobiles animales pignori capi jubent *a*, mox distrahi. Quarum pretium si suffecerit, benè est : si non suffecerit, etiam soli pignora capi jubent, et distrahi. Quòd si nulla moventia sint, à pignoribus soli initium faciunt. l. 15, § 2.

a Abrogé par l'ordonnance de 1539, à la réserve des mineurs ; il faut discuter leurs meubles, avant l'adjudication des immeubles.

9. Oportet res captas pignori et distractas præsenti *a* pecuniâ distrahi, non sic, ut post tempus pecunia solvatur. l. 15, § 7 in fin.

a Prætor vendit græcâ fide.

10. Posse nomen jure pignoris capi, imperator noster rescripsit. l. 15, § 8, l. 5, Cod. de exerc. rei jud.

11. Inter eos quibus ex eâdem causâ debetur, occupantis melior *a* conditio est. l. 19 *b.*

a Priorité de saisie.

b Vide l. 10 de pignoribus et hypothecis.

12. Et si fidejussor acceptus sit rei, vel actionis, non proderit (ei) si persona pro quâ fidejussit; in quantum facere potest condemnanda est *a.* l. 24, l. 7 de exceptionibus.

a Ne eludatur providentia ejus qui fidejussorem ideò accepit, quia reus tenebatur dumtaxat in id quod facere potest. Hoc autem privilegium est omninò pœnale. Verùm nónne fidejussor regressum habebit in solidum si solvat? Respondeo affirmativè, quia illud privilegium est relativum dumtaxat inter conjunctas pœnas : et ità eludi potest hoc privilegium remedio fidejussoris. l. 33, § 3. De donationibus. l. 41, h.

Sciendum est heredes earum personarum, non in id quod facere possunt, sed id integrum teneri. l. 25, Vid. inf. nº 14.

13. Si convenerit inter litigatores quid pronuntietur *a*, non abs re erit, judicem hujusmodi sententiam proferre. l. 26 *b.*

a Ubi partes conveniunt, cessat officium judicis.

b Vid. l. 21. Communi dividundo.

14. Quùm ex causâ donationis promissa pecunia est,

si dubitatum sit an ea res eò usque donatoris facultates exhaurire possit *a*, ut vis quicquam ei in bonis relictum sit, actio in id quod facere possit; danda est *b* : ità ut et ipsi donatori aliquid sufficiens relinquatur. Quod maximè inter liberos et parentes observandum est. l. 3o.

a Vid. infrà n° 2a.

b Quid de donatore dotis? Si sit pater, tenetur tantùm in id quod facere potest; extraneus autem in solidum. Arg. l. 4r, infrà, quia maritus indotatam uxorem deducturus non fuisset. l. 10. Quæ in fraudem creditorum.

Pinguiùs donatori succurrere debemus *c*, quàm ei qui verum debitum persolvere compellitur; ne liberalitate suâ inops fieri periclitetur. l. 49, in fin. et l. 5o.

Id est, deducto ære alieno : secùs de patrono, de marito, dictâ lege 49. De socio et parente. l. 16, l. 19, eod.

15. Debitoribus non tantùm petentibus dies ad solvendum dandi sunt, sed et prorogandi, si res exigat : si qui tamen per contumaciam magis, quàm quia non possint explicare pecuniam *a*, differant solutionem, pignoribus compellendi sunt ad satisfaciendum *b*. l. 3r.

a In pœnali post menses quatuor, in re protinùs est omnis sententia perficienda. Sed postquàm quis diem ad solvendum petiit, præcluditur ei appellationis via l. 5, c. h. t. Vid. infrà n° 3g.

b Nota. Judex inducias largitur, potest inter usurium temporis proprio motu pronuntiare, quia potest beneficio conditionem addere, et eluditur hîc omnis usuræ prohibitæ suspicio, auctore Begone.

16. Quàm prolatis constitutionibus contrà eas pronun-

tiat judex, eò quòd non existimat causam, de quà judicat, per eas juvari *a*, non videtur contrà constitutiones sententiam dedisse. l. 32. Vid. inf. n° 30.

a Nec litem suam facit, quùm malæ fidei non sit; sed opinione suâ licèt falsâ excusatur. Lex enim humanè cum ministro suo agit. Vid. l. 15, § 1, de judiciis.

17. Imperatores Antoninus et Verus rescripserunt, *quamquam sub obtentu novorum instrumentorum restitui negotia minimè oporteat, tamen in negotio publico ex causâ permittere se hujusmodi instrumentis uti a.* l. 35.

a C'est un des priviléges du fisc. J'ai vu M. d'Aguesseau, procureur-général, former opposition à un arrêt rendu conformément à ses conclusions. M. Macé était avocat. Il n'y a point de fin de non-recevoir contre le droit public, ni contre les appellations comme d'abus, parce qu'il ne se couvre point.

Sub specie novorum instrumentorum posteà repertorum, res judicatas restaurari exemplo grave est. l. 4. Cod. eod. Vid. inf. n. ult.

18. Tunc universi judices intelliguntur judicare, quùm omnes adsunt *a*. l. 37 *b*.

a Nam si unus abfuit, potuisset alios trahere in suam sententiam. l. 17, § ult. De receptis.

b Licèt unus contrà sentiat. l. 39.

19. Inter pares numero judices, si dissonæ sententiæ proferantur, *in liberalibus quidem causis a* (secundùm quod à divo Pio constitutum est) pro libertate statutum obtinet *b*. In aliis autem causis pro reo.

a Voyez l'article 12 des sentences de l'ordonnance de 1670.

b Accedit judicium Minervæ pro reo. Alteserra. t. 3,

c. 17. De Fiction. jur. Vid. l. 24. De manussionibus. *Ce privilége a lieu pour le fisc par une déclaration du roi Louis XIII, en date du mois de mars 1640, vérifiée le 20 avril suivant, rapportée par Brodeau sur Louet. let. P. n. 45. On dit qu'elle ne s'observe plus.*

Quod et in judiciis publicis obtinere oportet. l. 38. Vid. sup. de manum. l. 24.

20. Si diversis summis condemnent judices, minimam spectandam esse Julianus scribit *a.* l. 38, § 1.

a Le Prêtre, cent. 1, chap. 74. Vid. l. 10, de inofficioso testamento.

21. Duo ex tribus judicibus, uno absente, judicare non possunt *a :* quippè omnes judicare jussi sunt. Sed si adsit, et contrà sentiat, statur duorum sententiæ. Quid enim minùs verum est, omnes judicasse. l. 39, l. 37. h.

a Quia potuit præsentia unius alios trahere in suam sententiam. l. 17, § ult. l. 18. De receptis.

22. Nesennius Apollinaris : Si te donaturum mihi delegavero creditori meo, an in solidum conveniendus sis? Et si in solidum conveniendus *a*, an diversum putes, si non creditori meo, sed ei cui donare volebam te delegavero? Et quid de eo qui pro muliere, qui donare volebat, marito ejus dotem promiserit? respondi, nullà creditor exceptione summoveretur, licèt is qui delegatus est poterit uti adversùs eum cujus nomine promisit : cui similis est maritus, maximè si constante matrimonio petat. Et sicut heres donatoris in solidum condemnatur, et ipse fidejussor quem in donando adhibuit, ità et ei cui non donavit, in solidum condemnatur *b.* l. 41. Vid. sup. de donat. l. 33, § 2.

a Vid. suprà n° 14.

b Vid. l. 19. De novationibus, quia curiosus esse non debet.

23. Paulus respondit, eos qui unâ sententia in unam quantitatem condemnati sunt, pro portione virili *a*, ex causâ judicati conveniri: et, si ex sententiâ adversùs tres dictâ, Titius portionem sibi competentem exsolvit, ex personâ cæterorum ex eâdem sententiâ conveniri eum non posse. l. 43.

a Scinditur sententia pœnas, atque adeò qui condemnati sunt viriles partes dant. l. 10, § 3. De appellationibus.

Si non singuli in solidum, sed generaliter tu et collega tuus unâ et certâ quantitate condemnati estis, nec additum est, *ut quod ab altero servari non posset, id alter suppleret;* effectûs sententiæ pro virilibus portionibus discretus est. Ideòque parens pro tuâ portione sententiæ, ob cessationem alterius, ex causâ judicati conveniri non potes. l. 1. Cod. si plur. unâ sent. cond. sunt.

24. Contrà indefensos minores tutorem vel curatorem *a* non habentes, nulla sententia proferenda est. l. 45, § 2.

a Vid. titul. Cod. Si adversùs rem judicatam.

Neque enim debet adultis nocere, quidquid eo tempore statutum est, quo defensione justâ, et curatoris auxilio fuerant destituti. l. 6, inf. Cod. quomod. et quand. jud.

25. De uno quoque negotio præsentibus omnibus, quos causa contingit, judicari oportet. Aliter enim judicatum tantùm inter præsentes tenet *a*. l. 47 *b*.

a Olim nemo absens condemnari poterat; sed ex tribus edictis evocabatur, et fiebat missio in possessionem bonorum ejus : secùs jure novo. l. 1, 3. Cod. Quo modò et quandò judex est à parte abs. l. 8, eod. cum authent. qui semel, ubi reus expectatur per annum.

b Vid. l. 10, § ult. De appellationibus. l. 10. De exceptionibus. l. 12 et 13. De exceptionibus rei judicatæ.

26. Post rem judicatam, vel jurejurando decisam, vel confessionem in jure factam, nihil quæritur post orationem divi Marci : quia in jure confessi pro judicatis habentur. l. 56, l. 1, de confessis.

27. Sæpè constitutum, res inter alios judicatas *a* aliis non præjudicare. l. 63. Toto titulo. Cod. quib. res jud. n. noc. et tit. Cod. inter al. act. vel jud. ad n. hoc.

a Imò licèt is contrà quem judicatum est alteri heres extiterit, ei non nocet. l. 10. De exceptionibus. l. 10, § ult. De appellationibus. Quid, *un créancier peut-il former opposition à un arrêt rendu contre le débiteur?* Vid. tit. de exceptione rei judicatæ, et l. 12, 13 et 14.

28. Nulla et sententia prolata die feriato, aut extrà locum judicii *a* ex l. 4 et 5. Cod. Quom. et quand. jud. sent. pr. deb. l. 6. Cod. de sent. et interloc.

a Extrà locum majorum.

29. Prolatam à præside sententiam contrà solitum judiciorum ordinem *a*, auctoritatem rei judicatæ non obtinere, certum est *b*. l. 4, Cod. de sent. et interloc.

a Non ex periculo. l. 1. Cod. sentent. ex peric. recit. Si judex tantùm suasit. l. 7. Cod. de sententiis et interlocutionibus. Si non in loco majorum. Si non sedens, etc.

b Nec vox judicis, judicati continet auctoritatem dicta lege 7, de sententiis et interlocutionibus.

30. Nemo judex, vel arbiter existimet, neque consul-

tationes, quas non rité judicatas esse putaverit, sequendum. Et multò magis sententias eminentissimorum præfectorum, vel aliorum procerum (non enim si quid non bene dirimatur, hoc et in aliorum judicum vitium extendi oportet *a;* quùm *non exemplis, sed legibus judicandum sit*). Neque si cognitionales sint amplissimæ præfecturæ, vel alicujus maximi magistratûs prolatæ sententiæ, sed omnes judices nostros veritatem, et legum et justitiæ sequi vestigia sancimus *b.* l. 13, Cod. de sent. et interloc. Vid. sup. l. 32.

a Non enim tàm spectandum et quid Romæ factum est, quàm quid fieri debeat. l. 12. De officio præsidis. Quid si jus deficit, exemplis juvari potest. Socinus. Reg. 225.

b Vide Duval, de rebus dubiis tract. 1°. De auctoritate arrestorum.

31. Liceat judici vel contrà actorem ferre sententiam *a,* et aliquid eum daturum vel facturum pronuntiare, nullà ei opponendà exceptione, quòd non competens judex agentis esse cognoscatur. Cujus enim in agendo observat arbitrium, cum habere et contrà se judicem in eodem negotio non dedignetur *a.* l. 14, Cod. de sentent. et interloc.

a Apud nos reconventio locum non habet. *Voyez l'article 60 de la coutume de Paris.*

b In causà reconventionis si eàdem lite agatur, non habet locum exceptio juris incompetentis. Gotofr.

32. Quùm plura sunt in lite capita, potest judex definitivè quædam judicare, de cæteris interloqui. ex l. 15, Cod. de sentent. et interloc.

33. Ubi de eo quod interest agitur, damnum omne

ex æquo temperandum : nisi lex modum statuerit *a.* ex l. un. Cod. de sentent. quæ pro eo quod. inter. profes.

a Si de quantitate pecuniariâ agitur, non licet judici aliam pœnam infligere, quàm usuras ordinarias, quia contenti esse debemus pœnis legum comprehensis. l. 19. De verborum obligationibus. Vid. contrà *l'ordonnance de 1539, art. 88 et 89; l'ordonnance d'Orléans, art.* 60, *et l'ordonnance de Blois, art.* 145.

34. Et in privatorum causis hujusmodi forma servetur, ne quemquam litigatorum sententia non à suo judice dicta constringat *a.* l. ult. Cod. si à non comp. jud. judic. esse die *b.*

a Le juge n'a point d'autorité sur celui qui n'est pas son justiciable, et impunè ei non paretur. l. ult. De jurisdictione.

b L. 25, eod.

35. Peremptorias exceptiones omissas in initio antequàm sententia feratur, opponi posse perpetuum edictum manifestè declarat. l. 2, Cod. sent. rescin. non posse.

36. Possessor victus fructus restituit, non tantùm quos percepit, sed etiam quos percipere potuit, ex quo res in judicium deducta est. Heredis quoque succedentis *a* in vitium par habenda fortuna est ex. l. 2. Cod. de fruct. et lit. exp. *b.*

a L. 5. De diversis.

b Vide l. 40. De hereditatis petitione.

Hoc fructuum nomine continetur, quod justis sumptibus deductis superest. l. 1. Cod. eod.

37. Omnis litigator victus debet impensas. ex l. 5, Cod. de fruct. et lit. imp.

38. Res judicatæ si sub prætextu computationis instaurentur, nullus erit litium finis. l. 2, Cod. de re judic. Vid. infr. l. 1, § 1. Quæ sentent. sin. appell. rescind. *a.*

a L. 1, § 1. Quæ sententiæ sine appellatione. Vid. de transactionibus. n° 24, l. un. Cod. de error. calculi.

39. Ad solutionem dilationem petentem, adquievisse sententiæ manifestè probatur *a*, sicut eum qui quolibet modo sententiæ acquieverit *b*. Nec enim instaurari finita rerum judicatarum patitur auctoritas. l. 5, Cod. de re jud.

a Fin de non-recevoir contre l'appel.

b Vide suprà n° 15.

40. Gesta quæ sunt translata in publica monumenta, habere volumus perpetuam firmitatem. Neque enim morte cognitoris perire debet publica fides. l. ult. Code de re jud.

41. Stipendia retineri propterea quòd condemnatus es, non patietur præses provinciæ, quùm rem judicatam possit aliis rationibus exequi *a*. l. 4. Cod. de exec. rei jud.

a Ni les gages de la maison du roi par les statuts de l'ordre de S. Lazare, où on ne peut saisir les pensions que les chevaliers ont sur les bénéfices; mais comme ces statuts ne sont pas enregistrés au parlement, on n'y a point eu d'égard par arrêt du 18 avril 1703, donné à la grande chambre à l'audience de relevée, contre M. de Créquy, marquis d'Hesmon, plaidant M. des Rues pour lui. Peut-on saisir les gages futurs de mon domestique? Non, car il me servira mal. Vid. l. 6. De cessione bonorum.

42. Ex falsis tabulis, vel instrumentis judicatum rescinditur. ex l. 1, et seq. Cod. si ex fals. inst. vel test. jud. sup. Vid. l. pen. Cod. de transact.

TITULUS II.

De confessis.

1. Confessus pro judicato est, qui quodam modo suâ sententiâ damnatur *a*. l. *b*.

a Indè *point d'appel.*

b Vid. l. 9, § 1. De donationibus et 56. De re judicatâ.

2. Confessos in jure pro judicatis haberi placet. Quare sine causâ desideras recedi à confessione tuâ, quùm et solvere cogaris. l. un. Cod. eod.

3. Non fatetur qui errat, nisi jus ignoravit. l. 2.

TITULUS III.

De cessione bonorum.

1. Creditori qui ob restitutionem ædificiorum crediderit, privilegium *a* exigendi datur. l. 1.

a Les créanciers du fonds peuvent chez nous demander la ventilation de la superficie, et même les simples créanciers hypothécaires le peuvent. Vid. l. 1. In quibus causis pig. l. 5 et 6. Qui potiores. l. 24, § 1, § 3. De rebus auctoritate judicis possid. *Il n'y a point de loi qui ordonne le devis pour avoir privilége; mais au Châtelet on en veut un : il y en a eu un acte de notoriété et un réglement.*

2. personalibus actionibus, qui posteà quidem contraxerunt, verùm ut pecunia eorum ad priores creditores perveniat, in locum eorum succedunt *a*. l. 2.

a Vid. l. 1. Cod. De his qui in priorum creditorum lo-

cum, et suprà. Qui priores. n° 15 et l. 3. Quæ res pignori. Modò pervenerit pecunia, nec post aliquod intervallum. l. 24, § 3. De rebus auctoritate judicis possid.

3. Is qui bonis cessit, ante rerum venditionem utique
bonis suis non caret : quare si paratus fuerit se defendere
bona ejus non veneunt. l. 3.

Quem pœnitet bonis cessisse, potest, defendendo se
consequi, ne bona ejus veneant. l. 5.

Non tamen creditoribus suà auctoritate dividere hæc
bona, et jure dominii detinere, sed venditionis remedio,
quatenùs substantia patitur, indemnitati suæ consulere
permissum est *a*. Quùm itaque, contrà juris rationem res
jure dominii teneas ejus qui bonis cessit, te creditorem
dicens, longi temporis præscriptione petitorem submoveri non posse manifestum est. Quod si non bonis eum
cessisse, sed res suas in solutum tibi dedisse monstre-
tur, præses provinciæ poterit de proprietate tibi accommodare notionem. l. 4. Cod. qui bon. ced. poss.

*a L'héritage vendu sur le curateur à cette chose aban-
donnée est sui et a retrait étant propre, parce que le premier
abandonnement est datio in solutum, et par conséquent une
vente.*

Is qui bonis cessit, si quid posteà acquisierit, in quantùm facere potest convenitur l. 4. Si debitoris bona venierint, postulantibus creditoribus permittitur rursùm
ejusdem debitoris bona distrahi, donec suum consequan-
tur; si tales tamen facultates acquisitæ sunt debitori, quibus prætor moveri possit. l. 7.

Qui bonis suis cessit, si modicum aliquid post bona
sua vendita acquisivit; iterùm bona ejus non veneunt.
Undè ergò modum hunc æstimabimus? utrùm ex quan-

titate ejus quod acquisitum est, an verò ex qualitate? et putem ex quantitate id æstimandum esse ejus quod quæsiit : dummodò illud sciamus, si quid misericordiæ causâ ei fuerit relictum, putà, menstruum vel annuum alimentorum nomine *a*, non oportere propter hoc bona ejus iteratò venundari; nec enim fraudandus est alimentis quotidianis. idem et si ususfructus ei sit concessus vel legatus, ex quo tantùm percipitur, quantùm ei alimentorum nomine satis est. l. 6.

a Pensions alimentaires non sujettes à saisie, nisi tale sit legatum quo prætor moveri possit. l. 7, h. *ni les gages et appointemens*. Vid. de re judicatâ, nº 41.

5. Sabinus et Cassius putabant, eum qui bonis cessit, nequidem ab aliis, quibus debet, posse inquietari *a*. l. 4, § 1.

a Attamen est res inter alios acta, nam debuit debitor creditores omnes vocare in tributum.

6. Qui cedit bonis antequàm debitum agnoscat, condemnetur, vel in jus confiteatur, audiri non debet. l. 8 *a*.

a Voyez l'art. 111 *de Paris*.

7. Qui bonis cesserint, nisi solidum creditor receperit, non sunt liberati. In eo enim tantummodò hoc beneficium eis prodest, ne judicati detrahantur in carcerem *a*. l. 1, Cod. qui bon. ced. poss.

a La contrainte par corps avait lieu avant le Digeste, par la loi des douze Tables et par les lois du Code,

Si quid (ei qui bonis cessit) posteà pinguius accesserit, hoc iterùm; usque ad modum debiti, posse à creditoribus legitimo modo avelli. l. 7 in fin. Cod. eod.

8. Præter miserabile cessionis auxilium *a*, quinquennales interdùm induciæ debitoribus indulgentur. l. ult. Cod. eod.

a Répits et quinquennelles.

9. Jusjurandum per adoranda præbeat eloquia (qui bonis cedit), *quòd nullam rerum causâ occasionem, aut aurum reliquum habeat, undè æris alieni supplementum faciat.* Præterea, si qua ipsi jura lex hereditate, vel cognatorum donatione in rebus mobilibus præstet, in quarum possessione nondùm constitutus sit, competere tamen ipsi videantur *a*, possintque creditores vel partem ex iis, vel etiam totum colligere, extrà tamen res uxoris, si quidem reverà ad illam pertineant, hoc fiat. Nov. 135. cap. 1.

a Jure novo sufficit bonam copiam ejurare absque cessione bonorum. Nov. 135.

TITULUS IV.

Quibus ex causis in possessionem eatur.

1. Is qui miscuit se (hereditati) contrahere videtur. l. 4. Etiam impubes *a*. l. 3. in fine.

a A Toulouse l'adition d'hérédité emporte hypothèque contre la loi. Paulus 29. De pignoribus.

2. Si diù incertum sit heres extaturus nec ne sit *a*, causâ cognità permitti oportebit bona rei servandæ causâ possideri. Et si ità res urgeat, vel conditio, bonum etiam hoc erit concedendum, ut curator constituatur unus ex creditoribus. l. 8, et l. 9 *b*.

a La loi 7, § 11 *dit :* Furiosi status et habitus à pupilli conditione non multùm abhorret, quòd quidem non est sine ratione. Verùm furiosi non sunt immunes præscriptione.

b L. 2, § 4, de caratore bonis dando.

TITULUS V.

De rebus auctoritate judicis possidendis, vel vendendis.

1. Hereditarium æs alienum intelligitur etiam id de quo cum defuncto agi non poterit *a*: veluti, quod is quùm moreretur daturum se promissiset; item quod is qui pro defuncto fidejussit, post mortem ejus solvit *b*. l. 7.

a La loi 6, § 2, *dit :* Quid ergò si quibusdam creditoribus solvit, deindè bona venierint; si quæritur an repetitio sit, ex causâ id statuendum esse Julianus ait, ne alterius aut negligentia, aut cupiditas huic qui diligens fuit noceat. Quid si utroque instante tibi gratificatus tutor solvit, æquum esse aut priùs eamdem portionem mihi quari, aut communicandum quod accepisti. Vid. l. 6, § 7. Quæ in fraudem creditorum. Vid. plura privilegia in tit. In quibus causis pig. et qui potiores.

b La loi 1. de religiosis, *dit :* Quia cum ipso defuncto contrahere videtur.

2. Quæsitum est, utrùm ità demùm privilegium habet funeraria, si is cujus bona veneunt funeratus sit, au etiam si proponas alium esse funeratum? Et hoc jure utimur, ut quicumque ut funeratus, (id est, sive is cujus de bonis agitur, sive quid is debuit *a*, quod reddere eum, si viveret, funerariâ actione cogi oporteret) *privilegio locus sit.* l. 17.

a Si in stipulatum funeris impensa deducta est, dicendum est locum esse privilegio, si modò quis non abjiciendi privilegii causâ stipulatus est. ibid. in fine. Vid. l. 11. § 1. de pigneratitiâ actione. l. de animo novandi. Vid. l. 1, § 10, de separationib.

3. Si sponda dedit dotem, et nuptiis renunciatum est, tametsi ipsa dotem condicit, tamen æquum est hanc ad privilegium admitti, licèt nullum matrimonium contractum est. Idem puto dicendum, etiamsi minor duodecim annis in domum quasi uxor deducta sit *a*; licèt nondùm uxor sit. Interest enim reipublicæ, et hanc solidum consequi, ut ætate permittente nubere possit. l. 17, § 1. et l. 18. Vid. l. 74. ff. de jur. dot.

a Pariter actio empti datur ad distrahendam emptionem. *Quatre droits au profit de la femme.* 1°. *Celui de cette loi.* 17 *qu'on appelait* privilegium actionis principalis, quod locum habebat inter creditores chirographarios. 2°. *L'hypothèque légale donnée par Justinien dans la loi* 30. Cod. de jure dotium. 3°. *Celui de la loi* Assiduis. Cod. Qui potiores. 4°. *Celui de l'authentique* res quæ communia de legatis. Quid *dans ce cas la femme exercera-t-elle le privilége de l'authentique* res quæ Cod. communia de legatis? *Oui* cessante fraude.

4. Divus Marcus ità edixit, *creditor qui ob restitutionem ædificiorum crediderit, in pecuniâ quæ credita erit, privilegium exigendi habebit a.* Quod ad eum quoque pertinet, qui redemptori *b*, domino mandante, pecuniam submiministravit. l. 24, § 1.

a L. 5, de rebus creditis. l. de cessione bonorum.

b Vid. l. 1. in quibus causis pig. l. 1. de cessione bonorum.

5. In bonis mensularii vendendi *a*, post privilegia potiorem eorum causam esse placuit, qui pecunias apud mensam, fidem publicam secuti, deposuerunt. Sed enim qui depositis nummis usuras à mensulariis acceperunt, à cæteris creditoribus non separantur; et meritò : aliud

est enim credere, aliud deponere *b*. Si tamen nummi extent, vindicari eos posse puto à depositariis *c*; et futorum eum qui vindicat, ante privilegia. l. 24, § 2. Vid. sup. 7, § 2. depos.

a Idem *du receveur des consignations qui fait banqueroute.* Duperrier, l. 4, 4.

b Hic versiculus *si tamen* refertur ad initium ; nam si depositarius usuras semel accepit, perdit vindicationem, licèt nummi extent; sed vindicatio datur ei tantùm quùm nummi extent.

c Qui enim usuras acceperunt, quasi renuntiaverunt deposito. l. 9, § 2. depositi vel contra.

6. Eorum ratio prior est creditorum, quorum pecunia *a* ad creditores privilegiatos pervenit. Pervenisse autem quemadmodùm accipimus, utrùm si statim profecta est ab inferioribus ad privilegiarios? an verò et si per debitoris personam? Hoc est, si antè ei numerata sit, et sic debitoris facta, creditori privilegiario numerata (est) : quod quidem potest benignè dici; si modo non post aliquod intervallum id factum sit *b*. l. 24, § 3, et § 1 *c*.

a Vid. l. 11. § ult. Qui potiores.

b Apud nos nullum tempus definitum est, quod valdè desideratur in arrestis publicis curiæ ad hanc materiam.

c Vid. l. 2. de cessione bonorum.

7. Qui in navem extruendam *a*, vel instruendam credidit; vel etiam emendam, privilegium habet. l. 26.

a Vid. l. ult. de exercitoriâ actione.

8. Fusidius refert statuas publico positas, bonis distractis ejus, cujus in honorem positæ sunt, non esse emptoris bonorum ejus. Sed aut publicas, si ornandi mu-

nicipii causâ positæ sint, aut ejus cujus in honorem positæ sint *a*; et nullo modo eas detrahi posse. l. 29.

*a Portraits. Sentence des requêtes du palais, qui fait
main-levée à l'abbé d'Hocquincours des portraits de sa famille dans une saisie de meubles.* Vid. l. 4. de acquirendo
rerum dominio, et l. 6. in fine, de auro et argento.

9. Privilegia non ex tempore æstimantur, sed ex causâ; et si ejusdem tituli fuerunt, concurrunt, licèt di-
versitates emptoris in his fuerint. l. 32, l. 7, § ult. depositi.

10. Si pupillus ex contractu suo non defendatur,
ideòque bona ejus creditores possidere cœperint, dimi-
nutio ex his bonis fieri debet, vescendi pupilli causâ *a*.
l. 33.

a Provision aux parties saisies pendant la saisie réelle.

Pupillus, si non defendatur, in possessione creditoribus constitutis, minoribus ex his, usque ad pubertatem,
alimenta præstanda sunt. *a*. l. 8.

a L. 38, § 1. Respublica creditrix omnibus chirogra-
phariis creditoribus præfertur. Nota civitatem non esse
rempublicam. l. 26, § 9, ex quibus causis majores. l. 16.
de verborum significatione.

TITULUS VI.

De separationibus.

1. Sciendum est separationem solere impetrari decreto prætoris *a*. Solet autem separatio permitti creditoribus ex his causis : ut putà, debitorem quis Seium habuit : hic decessit, heres ejus extitit Titius; hic non est

solvendo, patitur bonorum venditionem : creditores Seii
dicunt bona Seii sufficere sibi : creditores Titii contentos
esse debere bonis Titii : et sic quasi duorum fieri bonorum venditionem. Fieri enim potest, ut Seius quidem
solvendo fuerit, potueritque (satis) creditoribus suis vel
ità semel, et si non in assem, in aliquid tamen satisfacere:
admissis autem commixtisque creditoribus Titii ; minùs
sunt consecuturi ; quia ille non est solvendo ; aut minùs
consequ⁓ r, quia plures sunt. Hic est igitur æquissimum
creditores Seii desiderantes separationem audiri, impe-
trareque à prætore, ut separatim quantùm cujusque,
creditoribus præstetur. l. 1. Dict. l. § 1.

a Voyez le Prêtre, 1, 75. *Bacquet*, 2. *des droits de justice*, 21. 422. *et suiv. les lois civiles.*

Est jurisdictionis tenor promptissimus, indemnitatis-
que remedium edicto prætoris creditoribus hereditariis
demonstratum, ut quotiens separationem bonorum pos-
tulant, causà cognità impetrent. l. 2. Cod. de bon. auct.
jud. possid.

2. Sciendum est, *etiam si obligata res esse proponatur
ab herede jure pignoris vel hypothecæ, attamen si hereditaria fuit, jure separationis hypothecario creditori potiorem
esse eum qui separationem impetravit a.* l. 1, § 3.

a Creditor defuncti chirographarius præfertur in re
hereditariâ creditori hypothecario heredis.

3. Etiam adversùs fiscum ei municipes impetraretur
separatio. l. 1, § 4.

4. Si primus secundum heredem scripserit, secundus
tertium, et tertii bona veneant *a*, qui creditores possint
separationem impetrare? Et putem, si quidem prim
creditores petant, utique audiendos et adversùs secun

di, et adversùs tertii creditores. Si verò secundi creditores petant, adversùs tertii utique eos impetrare posse. l. 1, § 8.

a Pariter non fit confusio hereditatum in personâ, nec in hereditate ejus, qui inventarium fecit. Scilicèt recepta creditorum; secùs recepta heredum ejus; verbi gratiâ, si heredes plurium linearum apud nos relinquat.

5. Illud sciendum est, eos demùm creditores posse impetrare separationem, qui non novandi animo ab herede stipulati sunt *a*. Cæterùm, si eum hoc animo secuti sunt, amiserunt separationis commodum. Quippè quùm secuti sunt nomen heredis, nec possunt jam se ab eo separare, qui quodammodò cum elegerunt. l. 1, § 10. d. l. § 11 et § 15. Vid. l. 2. Cod. de bon. auth. jud. possid.

a L. 17, in fine. de rebus auctoritate judicis.

6. Prætereà sciendum est, postquàm bona hereditaria bonis heredis mixta sunt, non posse impetrari separationem. Confusis enim bonis et unitis, separatio impetrari non poterit. Quid ergò, si prædia extent, vel mancipia, vel pecora, vel aliud quod separari potest? Hìc utique poterit impetrari separatio. l. 1, § 12.

7. Debitor fidejussori heres extitit, ejusque bona venierunt : quamvis obligatio fidejussionis extincta sit, nihilominùs separatio impetrabitur, petente eo cui fidejussor fuerat obligatus ; sive solus sit hereditarius creditor, sive plures. Neque enim ratio juris *a* (quæ) causam fidejussionis propter principalem obligationem, quæ major fuit, exclusit, damno debet adficere creditorem, qui sibi diligenter prospexerat. Quid ergò, si bonis fidejussoris separatis, solidum ex hereditate stipulator consequi non possit? Utrùm portio cum cæteris heredis creditoribus

ei quærenda erit, an contentus esse debebit bonis quæ separari maluit? Sed quùm stipulator iste non aditâ fidejussoris à reo hereditate bonis fidejussoris venditis, in residuum promisceri debitoris creditoribus potuerit, ratio non patitur eum in proposito summoveri. l. 3. Dict. l. § 1.

a Non debet eludi providentiâ creditoris qui fidejussorem accepit.

8. Creditoribus quibus ex die, vel sub conditione debetur, et propter hoc nondùm pecuniam petere possunt, æquè separatio dabitur. Quoniam et ipsis cautione communi consuletur. l. 4.

9. Quotiens heredis bona solvendo non sunt, non solùm creditores testatoris, sed etiam eos, quibus legatum fuerit impetrare bonarum separationem æquum est : ità ut quùm in creditoribus solidum adquisitum fuerit, legatariis vel solidum, vel portio quæratur. l. 6.

TITULUS VII.

De curatore bonis dando.

1. De curatore constituendo hoc jure utimur, ut prætor adeatur, isque curatorem curatoresque constituat, ex consensu majoris partis creditorum. l. 2.

2. Quæ per eum, eosve qui ità creatus creative essent, acta, facta, gestaque sunt, rata habebuntur; eisque actiones, et in eos utiles competunt. l. 2, § 1.

3. Si plures autem constituantur curatores, Celsus ait, in solidum eos agere, et conveniri, non pro portionibus. Quòd si per regiones fuerint constituti curatores, unus fortè rei Italicæ, alius in provinciâ, puto regiones eos suas conservare debere. l. 2, § 2.

Si plures ejusdem bonorum curatores facti sunt, in quem eorum vult actor in solidum ei datur actio, tanquàm quivis eorum in solidum aget. l. 3.

4. Nec omnimodò creditorem esse oportet eum qui curator constituitur; sed possunt et non creditores *a*. l. 2, § 4 *b*.

La loi 2, § 3 *dit :* Quæritur an invitus curator fieri potest, et Cassius scribit neminem invitum cogendum fieri bonorum curatorem; quod verius est, nisi ex magnà necessitate et imperatoris imperio.

b Vid l. 9. Quibus ex causis in possessionem eatur.

TITULUS VIII.

Quæ in fraudem creditorum facta sunt, ut restituantur.

1, Ait Prætor, *quæ fraudationis causâ gesta erunt, cum eo qui fraudem non ignoraverit, de his curatori bonorum, vel ei cui de eâ re actionem dare oportebit, actionem dabo : Idque etiam adversùs ipsum qui fraudem fecit servabo.* Necessariò prætor hoc edictum proposuit. Quo edicto consulit creditoribus, revocando ea quæcumque in fraudem eorum alienata sunt. l. 1 Dict. l. § 1.

2. *Quæ fraudationis causâ gesta erunt.* Hæc verba generalia sunt, et continent in se omnem omninò in fraudem factam vel alienationem, vel quemcumque contractum. Quodcumque igitur fraudis causâ factum est, videtur his verbis revocari, qualecumque fuerit. Nam latè ista verba patent : sive ergò rem alienavit, sive acceptilatione vel pacto aliquem liberavit, idem erit probandum. Et si pignora liberet, vel quem alium in fraudem creditorum

præponat, vel ei præbuit exceptionem, sive se obligavit fraudandorum creditorum causâ; sive numeravit pecuniam, vel quodcumque aliud fecit in fraudem creditorum, palàm est edictum locum habere. l. 1, § 2. l. 2 et l. 3. Vid. sup. l. 9, § 5 de jurej.

Omnes debitores qui in fraudem creditorum liberantur, per hanc actionem revocantur in pristinam obligationem. l. 17. huj. t.

Hâc in factum actione non solùm dominia revocantur, verùm etiam actiones restaurantur. Ea propter competit hæc actio et adversùs eos, quibus actio competit, ut actiones cedant. Proindè si interposuerit quis personam Titii, ut ei fraudator res tradat, actione mandati cedere debet. l. 14. h. tit.

3. Gesta fraudationis causâ accipere debemus, non solùm ea quæ contrahens gesserit aliquis, verùm etiam si fortè datâ operâ ad judicium non adfuit *a*, vel litem mori patiatur, vel à debitore non petit ut tempore liberetur, aut usumfructum vel servitutem amittit *b*. Et qui aliquid fecit, ut desinat habere quod habet, ad hoc edictum pertinet *c*. l. 3, § 1 et 2.

a Vid. l. 58, § 1 de fidejussoribus. *Défaut. Péremption. Prescription.*

b Vel si exceptiones in judicio non apponat, creditor potest eas ex ipsius personâ opponere. l. 15. Cod. de non numeratâ pecuniâ.

c Dans les ordres on ne colloque point un créancier du jour de son contrat, quand après la prescription acquise, le débiteur a reconnu la dette : on ne colloque que du jour de la nouvelle reconnaissance. Quid le créancier du créancier peut-il agir en déclaration d'hypothèque contre le tiers détenteur?

4. In fraudem facere videri etiam eum qui non facit quod debet facere, intelligendum est; id est, si non utatur servitutibus, sed et si rem suam pro derelicto habuerit, ut quis eam suam faciat. l. 4 et 5.

5. Apud Labeonem scriptum est, eum qui suum recipiat, nullam videri fraudem facere : hoc est, eum, qui quod sibi debetur, receperat. Eum enim quem præses invitum solvere cogat, impunè non solvere iniquum esse *a*. l. 16, § 6.

a Vid. l. ult. Depositi vel contrà.

Sciendum, Julianum scribere, eoque nos jure uti, ut qui debitam pecuniam recepit, antequàm bona debitoris possideantur, quamvis sciens prudensque solvendo non esse, recipiat, non timere hoc edictum; sibi enim vigilavit *a*. Dict l. 6, § 7.

a Vid. l. 6, § 2 de rebus auctoritate judicis.

Vigilavi, meliorem meam conditionem feci. *Jus civile vigilantibus scriptum est.* Ideò (quoque) non revocatur id quod percepit. l. 24 in fin.

Alii creditores suæ negligentiæ expensum ferre debent. Dict. l. 24.

6. Qui verò post bona possessa debitum suum recepit, hunc in portionem vocandum, exæquandamque cæteris creditoribus. Neque enim debuit præripere cæteris post bona possessa, quùm jam par conditio omnium creditorum facta esset *a*. Dict. l. 6, § 7.

a *Par une déclaration du 18 novembre 1702, les transports faits dans les dix jours précédens de la banqueroute sont frauduleux. Item, les obligations et les sentences dans les dix jours n'emportent point d'hypothèque au préjudice des créanciers chirographaires.*

Si debitorem meum, et complurium creditorum consecutus essem fugientem, secum ferentem pecuniam *b*, et abstulissem ei id quod mihi debeatur, placet Juliani sententia dicentis multùm interesse, antequàm in possessionem bonorum ejus creditores mittantur, hoc factum sit, an posteà. Si antè, cessare in factum actionem; si posteà, huic locum fore. l. 10, § 16.

b Si calvitur pedemve struit manum eundo jacito.

7. Hoc edictum eum coercet qui sciens eum in fraudem creditorum hoc facere, suscepit quod in fraudem creditorum fiebat. Quare si quid in fraudem creditorum factum sit, si tamen is qui cepit ignoravit, cessare videntur verba edicti. l. 6, § 8.

8. Simili modo dicimus, et si cui donatum est, non esse quærendum an sciente eo cui donatum, gestum sit, sed hoc tantùm an fraudentur creditores. Nec videtur injurià affici is qui ignoravit; quùm lucrum extorquatur, non damnum infligatur. In hos tamen qui ignorantes ab eo qui solvendo non sit liberalitatem acceperunt, hactenùs actio erit danda, quatenùs locupletiores facti sunt *a* : ultrà non. l. 6, § 11. Vid. l. 5. Cod. de revoc. his quæ in fraud. cred.

a Si lautiùs vixit et dilapidavit, melioris est conditionis quàm is qui servavit. Vid l. 25, § de hereditatis petitione.

9. Si debitor in fraudem creditorum minore pretio fundum scienti emptori vendiderit; deindè hi, quibus de revocando eo actio datur, cum petant, quæsitum est, an pretium restituere debet *a*? Proculus existimat, omnimodò restituendum esse fundum, etiamsi pretium non solvatur. Et rescriptum est secundùm Proculi sententiam. l. 7.

a Sed emptor saltem veniet in tributum ratione pretii soluti cum cæteris creditoribus. Vid. l. 10, § 19 et 30.

Ex his colligi potest, ne quidem portionem emptori reddendam ex pretio : posse tamen dici, eam rem apud arbitrum ex causa animadvertendam, ut si nummi soluti in bonis extent, jubeat eos reddi; quia ea ratione nemo fraudetur. l. 8.

10. Ità demùm revocatur, quod fraudandorum creditorum causâ factum est, si eventum fraus habuit *a*; scilicèt, si hi creditores, quorum fraudandorum causâ fecit, bona ipsius vendiderunt. Cæterùm, si illos dimisit, quorum fraudandorum causâ fecit, et alios sortitus est, si quidem simpliciter dimissis prioribus, quos fraudare voluit, alios posteà sortitus est, cessat revocatio. Si autem horum pecunia quos fraudare noluit *a*, priores dimisit, quos fraudare voluit, Marcellus dicit, revocationi locum fore. Secundùm hanc distinctionem, et ab imperatore Severo et Antonino rescriptum est. Eoque jure utimur. l. 10, § 1.

a L. 3, § 2 de jure fisci.

b Quid *faut-il ici observer les formalités de la stipulation et de la subrogation?*

Utrumque in eorumdem personam exigimus, et consilium et eventum. l. 15.

Consilium fraudis et eventus damni. l. 1. Cod. qui man. n. poss.

11. Quod ait prætor *sciente*, sic accipimus te conscio et fraudem participante. Non enim si simpliciter Seio, illum creditores habere, hoc sufficit ad contendendum teneri eum in factum actione, sed si particeps fraudis est. l. 10, § 2.

Aliàs autem qui scit aliquem creditores habere, si cum eo contrahat simpliciter, sine fraudis conscientiâ, non videri hâc actione teneri. Dict. l. § 4.

12. Ait prætor, *sciente*, id est, eo qui convenietur hâc actione. Quid ergò si fortè tutor pupilli sit, ipse pupillus ignoravit? Videamus, an actioni locus sit, ut scientia tutoris noceat? Idem et in curatore furiosi et adolescentis? Et putem hactenùs illis nocere conscientiam tutorum, sive curatorum, quatenùs quid ad eos pervenit. l. 10, § 5, l. 198, de re judicatâ.

13. Si quùm in diem mihi deberetur, fraudator præsens solverit, dicendum erit (quòd) in eo quod sensi commodum in repræsentatione *a*, in factum actioni locum fore. Nam prætor fraudem intelligit etiam in tempore fieri *b*. l. 10, § 12 *c*.

a Vid. l. 1, § 10, ad legem falcidiam.

b Tempore enim plus solvitur sicut et minùs. l. 12, § 1, de verborum significatione. Vid. l. 10, 17, 18, de conditione indebiti.

c Vid. l. 17, § 2, infrà.

14. Si quùm mulier fraudandorum creditorum consilium inisset, marito suo eidemque debitori in fraudem creditorum acceptum debitum fecerit, dotis constituendæ causâ; locum habet hæc actio. Et per hanc omnis pecunia quam maritus debuerat, exigitur. Nec mulier de dote habet actionem. Neque enim dos in fraudem creditorum constituenda est. Et hoc certo certius est *a* et sæpissimè constitutum. l. 10, § 14, l. 2. Cod. de revoc. his quæ in fr. cred.

a Nota discrimen. Quandò mulier ipsa dotem dat, eripitur marito, licèt maritus non fuerit fraudis particeps.

Si verò dos ab alterà data sit, non aufertur marito, nisi fuerit fraudis conscius maritus.

Si à socero fraudatore sciens gener accepit dotem, tenebitur hâc actione. l. 25, § 1.

In maritum qui ignoravit non dandam actionem, non magis quàm in creditorem, qui à fraudatore quod ei deberetur acceperit *a*. Quùm is indotatam uxorem ducturus non fuerit *b*. Dict. § in fin.

a Vid. l. 72, de jure dotium, quæ ait : Mulier bona sua omnia in dotem dedit. Quæro an maritus quasi heres oneribus respondere cogatur. Paulus respondit eum quidem qui tota ex repromissione dotis bona mulieris retinuit; à creditoribus conveniri ejus non posse, sed non plus esse in promissione bonorum, quàm quod supererit deducto ære alieno. Nota. Licèt maritus tota uxoris bona retinet post mortem ejus, tamen non tenetur actione principali proprio nomine, quia non est heres; sed in rem tenetur; et cogitur restituere quod lucratus erat morte uxoris.

b L. 25, § 1, ait : Quia maritus indotatam uxorem ducturus non fuisset. Dicitur in l. 19, de obligationibus et actionibus, dotem esse titulum onerosum.

15. Si debitorem meum et complurium creditorum consecutus essem fugientem, secum ferentem pecuniam, et abstulissem ei id quod mihi debeatur; placet Juliani sententia discentis, multùm interesse antequàm in possessionem bonorum ejus creditores mittantur, hoc factum sit, an posteà, si antè, cessare in factum actionem; si posteà, huic locum fore. l. 10, § 16. Vid. § 7 et n° 6, suprà.

16. Per hanc actionem res restitui debet cum suà sci-

licet causâ, et fructus non tantùm qui percepti sunt, verùm etiam hi qui percipi potuerunt à fraudatore veniunt; sed cum aliquo modo, scilicèt, ut sumptus facti deducantur *a*. Nam arbitrio judicis non priùs cogendus est rem restituere, quàm si impensas necessarias consequatur. l. 10, § 19 et 20.

a Pariter emptor non deberet restituere rem, nisi recepto pretio. Vid. suprà. l. 7, 8.

17. Præterea generaliter sciendum est, ex hâc actione restitutionem fieri oportere in pristinum statum, sive res fuerunt, sive obligationes : ut perindè omnia revocentur, ac si liberatio facta non esset *a*. Propter quod etiam medii temporis commodum, quod quis consequeretur liberatione non factâ, præstandum erit. l. 10, § 22.

a Quid *du donataire qui est de bonne foi, rendra-t-il les fruits?* Satiùs est eum non lucrari, licèt titulum habeat à vero domino cum bonâ fide, quàm creditores in damno versari. Vid. suprà, n° 8, sed fructus dantur pro culturâ et curâ, quia publici interest fundos non remanere incultos.

18. Hæc actio etiam in ipsum fraudatorem datur. Licèt Mela non putabat in fraudatorem eam dandam : quia nulla actio in eum ex antegesto, post bonorum venditionem daretur; et iniquum esset actionem dari in eum cui bona ablata essent. Si verò quædam disperdidisset, si nullâ restitutione recuperari possent, nihilominùs actio in eum dabitur. Et prætor non tantùm emolumentum actionis intueri videtur in eo qui exutus est bonis, quàm pœnam *a*. l. ult., § ult.

a Gotofr. ait debitorem fraudatorem in carcerem conjici posse, nec posse bonis cedere.

LIBER QUADRAGES. TERT.

TITULUS PRIMUS.

De interdictis, sive extraordinariis actionibus quæ pro his competunt.

1. Interdictorum tres species sunt; exhibitoria, prohibitoria, restitutoria. l. 1, § 1. Vid. l. 1, inst. huj. t.

2. Interdicta omnia licèt in rem videantur concepta, vi tamen ipsâ personalia sunt. l. 1, § 3.

3. Interdicta quæ ad rem familiarem spectant, aut adipiscendæ sunt possessionis, aut recuperandæ, aut retinendæ. l. 2, § 3.

4. In interdictis exindè ratio habetur fructuum ex quo edicta sunt, non retrò. l. 3, Vid. l. 1, § 40 de vi et vi armatâ.

5. Quùm proponas radicibus arborum in vicinâ Agathangeli areâ positis crescentibus, fundamentis domûs tuæ periculum afferri, præses rem ad suam æquitatem rediget. l. 1, Cod. de interdict.

TITULUS II.

Quorum bonorum.

TITULUS III.

Quod legatorum.

1. Neque ususfructus, neque usus possidetur, sed magis tenetur. l. 1, § 8.

2. *Quod quis legatorum nomine, non ex voluntate heredis occupavit, id restituat heredi.* Etenim æquissimum prætori visum est, unumquemque non sibi ipsum jus dicere occupatis legatis *a*, sed ab herede petere. l. 1, § 2.

a Atqui legatum rectà viâ transit à testatore in legatarium si sit per vindicationem. Item fructus ei debentur. l. 64. De usuris l. 40. De acquirendo rerum dominio. l. 43. De furtis.

TITULUS IV.

Ne vis fiat ei qui in possessionem missus erit.

1. Extrà ordinem prætor jure suæ potestatis exequitur decretum suum, nonnunquàm etiam per manum militarem *a*. l. 3.

a Vid. 68. De rei vindicatione.

TITULUS V.

De tabulis exhibendis.

TITULUS VI.

Ne quid in loco sacro fiat.

1. In muris itemque portis et aliis sanctis locis aliquid facere ex quo damnum aut incommodum irrogetur, non permittitur. l. 2.

2. Neque muri, neque portæ habitari, sine permissu principis, propter fortuita incendia possunt. l. ult.

TITULUS VII.

De locis et itineribus publicis.

1. Viæ vicinales, quæ ex agris privatorum collatis factæ sunt, quarum memoria non éxtat *a*, publicarum viarum numero sunt. Sed inter eas et cæteras vias militares hoc interest, quòd viæ militares exitum ad mare, aut in urbes, aut in flumina publica, aut ad aliam viam militarem habent : harum autem vicinalium viarum dissimilis conditio est; nam pars earum in militares vias exitum habent, pars sine ullo exitu intermoriuntur. l. 3, dict. l. § 1.

a Vid. l. 2, § tit. seq.

TITULUS VIII.

Ne quid in loco publico vel itinere fiat.

1. Tam publicis utilitatibus, quàm privatorum per hoc (interdictum) prospicitur. Loca enim publica utique privatorum usibus deserviunt, jure scilicèt civitatis *a*, non quasi propria cujusque. Et tantùm juris habemus ad obtinendum, quantùm quilibet ex populo ad prohibendum. Propter quod, si (*quod*) fortè opus in publico fiet, quod ad privati damnum redundet, prohibitorio interdicto potest conveniri, propter quam rem hoc interdictum propositum est. l. 2, § 2.

a Sed jus prohibendi, fortius est jure faciendi. l. 28. Communi dividundo. l. 11. Si servitus vindicetur.

2. (Si quis) in campo publico ludere, vel in publico

balneo lavare, aut in theatro spectare arceatur, in omnibus his casibus injurarium actione utendum est. l.2, § 9.

3. Quoties aliquid in publico fieri permittitur, ità oportet permitti, ut sine injurià cujusquam fiat, ità solet princeps, quoties aliud novi operis instituendum petitur, permittere. l. 2, § 10.

Si quis à principe simpliciter impetraverit, *ut in publico loco ædificet*, non esse credendus sic ædificare, ut cum incommodo alicujus id fiat : neque sic conceditur, nisi fortè quis hoc impetraverit *a*. l. 2, § 16.

a Le prince a deux sortes de puissance, la puissance ordinaire et la puissance absolue.

4. Si quis nemine prohibente in publico ædificaverit, non esse eum cogendum tollere, ne ruinis urbs deformetur, et quia prohibitorium est interdictum, non restitutorium. Si tamen obstet id ædificium publico usui, utique is qui operibus publicis procurat *a*, debebit id deponere : aut si non obstet, solarium ei imponere. Vectigal enim hoc sic appellatur solarium, eò quòd pro solo pendatur *b*. l. 2, § 17.

a Le grand voyer.

b L. 31. De pignoribus. l. 15. Qui potiores.

5. Viæ privatæ solum alienum est *a*, jus tantùm eundi (et) agendi nobis competit. Viæ autem publicæ solum publicum est, relictum ad directum certis finibus latitudinis, ab eo qui jus publicandi habuit, ut eà publicè iretur, commearetur. l. 2, § 21.

a Refectio tamen viæ privatæ eum spectat ad quem pertinet privata ; non eum cujus forum est.

6. Viarum quædam publicæ sunt, quædam privatæ, quædam vicinales *a*. l. 2, § 22 *b*.

a Publicas vias dicimus quas Græci Βασιλικάς, id est, regias nostri prætorias, alii consulares appellant : Privatæ, quas agrarias quidam dicunt : Vicinales, quæ in vicis sunt, vel quæ in vicos ducunt : Has quoque publicas esse quidam dicunt. Ibid.

b Vid. l. 3. De locis et itineribus.

TITULUS IX.

De loco publico fruendo.

TITULUS X.

De via publicâ, et si quid in eâ factum esse dicatur.

1. Ædiles studeant, ut quæ secundùm civitatem sunt viæ, adæquentur : et effluxiones non noceant domibus ; et pontes fiant ubicumque oportet. l. un.

2. Studeant enim ne eorum, aut aliorum parietes, etiam domorum qui ad viam ducunt, sint caduci. Sed ut oportet emundent domini domorum, et construant. Sin autem non emundaverint, neque construxerint, multent eos quousque firmos effecerint. Dict. l. § 1.

3. Construat vias publicas unusquisque secundùm propriam domum *a* : et aquæ ductus purget qui sub dio sunt, id est cœlo libero, et construat ità, ut non prohibeatur vehiculum transire. Dict. l. § 3.

a Arrêt dans M. le Prêtre, qui juge que le haut-justicier doit le premier pavé.

4. Quicumque mercede habitant, si non construat dominus, ipsi construentes computent dispendium in mercedem *a* dict. l. unic. § 3, in fin.

a Le propriétaire est tenu des charges publiques, si l'on saisit entre les mains du locataire, il l'impute sur les loyers.

5. Studeant (œdiles) ut antè officinas nihil projectum sit, vel propositum, præterquàm si fullo vestimenta siccet, aut faber currus exteriùs ponat. Ponant autem et hi, ut non prohibeant vehiculum ire. Dict. l. § 4.

6. Non permittitur autem rixari in viis, neque stercora projicere, neque morticina, neque pelles jacere. Dict. l. § ult.

TITULUS XI.

De viâ publicâ et itinere publico reficiendo.

TITULUS XII.

De fluminibus, ne quid in flumine publico ripâve ejus fiat, quo pejus navigetur a.

a La loi 1, § 6 *dit :* Si insula in publico flumine fuerit nata aut occupantis est, si agri fuerint limitati, aut ejus cujus ripam contingit, aut si in medio alveo nata est, eorum est qui propè utrasque ripas possident. Vid. l. 16. De acquirendo rerum dominio. Quam non servamus. Duperier. l. 2, q. 3.

1. Flumina publica quæ fiunt, ripæque eorum, publicæ sunt. Ripa ea putatur esse quæ plenissimum flumen continet. l. 3, dict. l. § 1. Vid. l. 99 et 112 de verborum significatione.

2. Quæsitum est an is, qui in utrâque ripâ fluminis publici domus habeat, pontem privati juris facere potest; respondit non posse. l. ult.

TITULUS XIII.

*Ne quid in flumine publico fiat, quo aliter aqua fluat,
atque uti priore æstate fluxit.*

1. Ait prætor, *in flumine publico, inve ripâ ejus facere
aut in id flumen ripamve ejus immittere, quo aliter aqua
fluat, quàm priore æstate fluxit, veto.* l. 1.

Si quod vitii accolæ ex facto ejus qui convenitur, sen-
tient, interdicto locus erit. Dict. l. § 3 in fin.

Oportet enim in hujusmodi rebus utilitatem et tutelam
facientis spectari, sine injuriâ accolarum. Dict. § 7 in fin.

2. Æstas ad æquinoxium autumnale refertur. l. un.,
§ 8. Vid. inf. de aquâ quotid. et æst. l. 1, § 3a.

TITULUS XIV.

Ut in flumine publico navigare liceat.

TITULUS XV.

De ripâ muniendâ.

TITULUS XVI.

De vi, et de vi armatâ.

1. Hoc interdùm proponitur ei qui vi dejectus est.
Etenim fuit æquissimum vi dejecto subvenire. Propter
quod ad recuperandam possessionem interdictum hoc
proponitur. Ne quid autem per vim admittatur, etiam

legibus Juliis prospicitur publicorum, et privatorum, necnon, et constitutionibus principum. l. 1, § 1 et 2.

2. Qui vi dejectus est, quidquid damni senserit ob hoc quòd dejectus est, recuperare debet : pristinâ enim causâ restitui debet *a*, quam habiturus erat, si non fuisset dejectus. l. 1, § 31 *b*.

a Restituitur ergò interruptio possessionis ad usucapionem tempus quo quis possessione privatus est. Vide quae dixi ad titulum *de acquirendâ vel amittendâ possessione*, n° 8.

a Vid. l. 1. Quod vi et damno. l. 15, § 7, eod.

3. Ex die quo quis dejectus est, fructuum ratio habetur : quamvis in cæteris interdictis, ex quo edita sunt, non retrò computantur *a*. Idem est et in rebus mobilibus, quæ ibi erant. Nam et earum fructus computandi sunt, ex quo quis vi dejectus est. l. 1, § 40.

a Vid. l. 3, de interdictis.

Si de possessione vi dejectus es, eum et lege Juliâ vis privatæ reum postulare, et ad instar interdicti *undè vi*, convenire potes, quo reum causam omnem præstare oportet : in quâ fructus etiam quos vetus possessor percipere potuit, non tantùm quos prædo percepit, venire non ambigitur. l. 4. Cod. undè vi.

4. In interdicto undè vi, tanti condemnatio facienda est, quanti intersit possidere : et hoc jure nos uti pomponius scribit *a*. Il est, tanti rem videri, quanti actoris intersit. l. 6.

a L. ult. de verborum significatione.

5. Fulcinius dicebat, vi possideri quotiens vel non dominus, quùm tamen possideret, vi dejectus est. *a*. l. 8.

a Lex 13. Quod metûs causâ.

TITULUS XVII.

Uti possidetis.

1. Ait prætor, *uti eas ædes de quidus agitur, nec vi, nec clàm, nec precariò alter ab altero possidetis, quominùs ità possideatis vim fieri veto.* l. 1.

2. Hujus interdicti proponendi causa hæc fuit, quòd separata esse debet possessio à proprietate : fieri etenim potest ut alter possessor sit, dominus non sit; alter dominus quidem sit, possessor verò non sit : fieri potest ut et possessor idem, et dominus sit. l. 1, § 2.

3. Inter litigatores ergò quotiens est proprietatis controversia, aut convenit inter litigatores uter possessor sit, uter petitor, aut non convenit. Si convenit, absolutum est; ille possessoris commodo, quem convenit possidere, ille petitoris onere fungetur. Sed si inter ipsos contendatur uter possideat, quia alteruter se magis possidere adfirmat, tunc si res soli sit, in cujus possessione contenditur, ad hoc interdictum remittentur. l. 1, § 3.

Incerti juris non est, ortâ proprietatis et possessionis lite, priùs possessionis decidi oportere quæstionem. l. 3. Cod. de interd. *a.*

a Vid. tit. Cod. De ordine cognitionum.

4. Omnis de possessione controversia aut eò pertinet ut quod non possidemus nobis restituatur, aut ad hoc ut nobis retinere liceat quod possidemus. l. 1, § 4.

5. Perpetuo autem hoc interdicto insunt hæc, *quod nec vi, nec clàm, nec precariò, ab illo possides.* l. 1, § 5.

Quod ait prætor in interdicto *nec vi, nec clàm, nec*

precariò alter ab altero possidetis, hoc eò pertinet, ut si quis possidet vi, aut clàm, aut precariò, si quidem ab alio, prosit ei possessio : si verò ab adversario suo *a,* non debeat eum, propter hoc quòd ab eo possidet, vincere : has enim possessiones non debere possidere palàm est. l. 1, § ult.

a Unusquisque actionem suam subire debet, fiduciâ juris sui, non defectu juris alieni.

Justa an injusta adversùs cæteros possessio sit, in hoc interdicto nihil refert : qualiscumque enim possessor, hoc ipso quod possessor est, plus juris habet, quàm ille qui non possidet. l. 2.

6. Hoc interdictum duplex est : et hi quibus competit et actores, et rei sunt. l. 3, § 1.

TITULUS XVIII.

De superficiebus.

TITULUS XIX.

De itinere, actuque privato.

1. Hoc interdicto prætor non inquirit utrùm habuit jure servitutem impositam, an non, sed hoc tantùm an itinere actuque hoc anno usus sit non vi, non clàm, non precariò *a.* Et tuetur eum, licèt eo tempore, quo interdictum redditur, usus non sit. l. 1, § 2.

a A Paris point de complainte pour les servitudes. Il n'y en a point sans titre, et la possession ne suffit pas.

Annum ex die interdicti retrorsùm computare debemus. l. 1, § 3. Vid. l. 2. Cod. undè vi.

2. In cujus colonus, aut hospes, aut quis alius iter *a* ad fundum fecit, usus videtur itinere, vel actu, vel viâ, et idcircò interdictum habebit. l. 1, § 7.

a Lex 20. Quemadmodùm servitutes amittuntur, n° 3, l. 25, § 1. De acquirendâ vel amittendâ possessione, n° 17.

3. Si ego tibi fundum precariò dedero cui via debebatur, et tu rogaveris, precariò, ut eâ viâ utaris, nihilominùs utile interdictum mihi esse. l. 1, § 11.

Quotiens enim colonus meus, aut is cui precariò fundum dedi viâ utitur, ego ire intelligor, propter quod et rectè dico me itinere usum *a*. Dict. § 11. Non enim ópinio tua, sed mea quærenda est. Dict. § 11.

a Opinio domini non coloni inquiritur.

4. Si quis supradicto tempore anni non vi, non clàm, non precariò itinere usus sit, verùm posteà non sit usus, sed clàm precariove, videndum est, an ei noceat; et magis est ut nihil ei noceat quod attinet ad interdictum. Nec enim corrumpi aut mutari quod rectè transactum est, superveniente delicto, potest *a*. l. 1, § ult. l. 2.

a Delictum superveniens non corrumpit quod rectè anteà gestum est, aut potiùs initium possessionis spectatur.

Sicut non nocet ei qui sine vitio usus est, quod eodem anno vitiosè usus est, ità emptori, heredique non nocebit, quod ipsi vitiosè usi sunt, si testator, venditorve rectè usi sunt. l. 6.

5. Reficere sic accipimus, ad pristinam formam iter et actum reducere; hoc est, ne quis dilatet, aut producat, aut deprimat, aut exageret : et aliud est enim reficere, longè aliud facere. l. 3, § 15.

6. Si quis servitutem jure impositam non habeat, habeat autem velut longæ possessionis prærogativam *a*, ex eo quòd diù usus est servitute, interdicto hoc uti potest. l. 5, § 3. Vid. l. 10. ff. si serv. vind. l. 1. Cod. de servit. l. 2. Cod. eod. Vid. tit. seq. l. 3, § 4.

a Vid. contra *l'art.* 186 *de Paris.*

TITULUS XX.

De aquâ cottidianâ, et æstivâ.

1. Æstatem incipere sic peritiores tradiderunt ab æquinoxio verno *a*, et finiri æquinoxio autumnali. Et ità senis mensibus æstas, atque hiems dividitur. l. 1, § 32. Vid. s. ne quid in flum. publ. l. 1, § 8.

a Deux saisons, six mois d'été et six mois d'hiver.

2. Si diurnarum aut nocturnarum horarum aquæductum habeam, non possum aliâ horâ ducere, quàm quâ jus habeam ducendi. l. 2.

3. Hoc jure utimur, ut etiam non ad irrigandum, sed pecoris causâ, vel amœnitatis aqua duci possit. l. 3.

4. Ductus aquæ cujus origo memoriam excessit, jure constituti loco habetur *a.* l. 3, § 4. Vid. sup. tit. prox. l. 5, § 3.

a Minuendarum litium causâ vetustas pro lege habetur. l. 2. De aquâ et aquæ pluviæ.

TITULUS XXI.

De rivis.

1. Si quis novum canalem, vel fistulas in rivo velit col-

locare, quùm id numquàm habuerit, utile ei hoc interdictum futurum, Labeo ait. Nos et hìc opinamur utilitatem ejus qui ducit, sine incommoditate *a* ejus cujus ager est, spectandam. l. 3, § 2.

a Vid. l. 1, § 4 et § 11. De aquâ et aquæ pluviæ.

TITULUS XXII.

De fonte.

TITULUS XXIII.

De cloacis.

TITULUS XXIV.

Quod vi aut clam.

1. Prætor ait, *quod vi aut clàm factum est, quâ de re agitur, id quùm experiendi potestas est, restituas.* Hoc interdictum restitutorium est : et per hoc occursum est calliditati eorum qui vi aut clàm quædam moliuntur; jubentur enim ea restituere. Et parvi refert, utràm jus habuerit faciendi, an non *a.* Sive enim jus habuit, sive non, tamen tenetur interdicto, propter quòd vi aut clàm fecit; tueri enim jus suum debuit, non injuriam comminisci *b.* l. 1. Dict. l. § 1 et 2.

a Lex 13. Quod metûs causâ.

b L. 1, § 31, de vi, et vi armatâ.

2. Vi factum videri, *Quintus Mucius scripsit*, si quis contrà quàm prohiberetur fecerit : et mihi videtur plena esse Quinti Mucii definitio. l. 1, § 5.

Sed et si contrà testationem, denuntiationemque fecerit *a*, idem esse Cassellius et Trebatius putant. Quod verum est. l. 1, § 7.

a Supposé qu'on ait droit d'empêcher.

3. Clàm facere videri Cassius scribit, eum qui celavit
adversarium, neque ei denuntiavit, si modò timuit ejus
controversiam, aut debuit timere. Idem Aristo putat, eum
quoque clàm facere qui celandi animo habet eum quem
prohibiturum se intellexerit; et id existimat, aut existimare debet se prohibitum iri. l. 3, § pen. et ult.

4. Si alius fecerit me invito, tenebor ad hoc ut patien-
tiam præstem. l. 7.

5. Est et alia exceptio de quà Celsus dubitat an sit ob-
jicienda : ut putà, si incendii arcendi causà, vicinii ædes
intercidi *a*, et quòd vi aut clam mecum agatur, aut damni
injurià. Gallus enim dubitat, an excipi oporteret, *quòd
incendii defendendi causà factum non sit.* Servius autem ait,
si id magistratus fecisset, dandam esse; privato non esse
idem concedendum. Si tamen quid vi, aut clàm factum
sit, neque ignis usque eò pervenisset, simpli litem æsti-
mandam; si pervenisset, absolvi eum oportere. l. 7, § 4.
Vid. sup. ad leg. aquil. l. 49, § 1, l. 3, § 7, de incendio.

*a C'est un cas où la multitude a droit de décider en l'ab-
sence du juge, et où le peuple a le pouvoir souverain entre
les mains.*

6. Ad quædam quæ non habent atrocitatem facinoris
vel sceleris *a* ignoscitur servis, si vel dominis, vel his qui
vice dominorum sunt, obtemperaverint. l. 11, § 7.

a Lex 15, de re judicatà.

7. Hereditas dominæ locum obtinet *a*. l. 13, § 5,
in fin.

a Hereditas acquirit usucapionem aut certè implet.

8. Opus quod à pluribus pro indiviso factum est, singulos in solidum obligat. l. 15, § 2.

9. Hoc interdicto tanti lis æstimatur, quanti actoris interest id opus factum esse; officio autem judicis ità oportere fieri restitutionem judicandum est, ut in omni causâ eadem conditio sit actoris *a*-quæ futura esset, si id opus, de quo actum est, neque vi, neque clàm factum esset. l. 15, § 7.

a Lex 1, § 31. De vi et vi armatâ.

TITULUS XXV.

De remissionibus.

TITULUS XXVI.

De precario.

1. Precarium est quod precibus petenti utendum conceditur (tamdiù) quamdiù is qui concessit partitur. l. 1.

2. Distat (precarium) à donatione, eo quòd qui donat, sic dat ne recipiat : ac qui precariò concedit, sic dat quasi tunc recepturus, quùm sibi libuerit precarium solvere. l. 1, § 2.

3. Est simile (precarium) commodato. Nam et qui commodat, rem sic commodat, ut non faciat rem accipientis, sed ut ei uti re commodatâ permittat. l. 1, § 3.

4. Habere precariò videtur qui possessionem vel corporis, vel juris adeptus est, ex hâc solummodò causâ, quòd preces adhibuit, et impetravit ut sibi possidere, aut uti liceat. Veluti si me precariò rogaveris, ut per

fundum meum ire vel agere tibi liceat, velut in tectum, vel in aream ædium mearum stillicidium, vel tignum in parietem immissum habeas. In rebus etiam mobilibus precarii rogatio constitit. l. 2, § 3, l. 3 et l. 4.

5. Quùm precariò aliquid datur, si convenit, *ut in kalendas Julias precariò possideat*, numquid exceptione adjuvandus est, ne antè ei possessio auferatur? sed nulla vis est hujus conventionis, ut rem alienam domino invito possidere liceat. l. 12. Vid. l. 17, § 3. ff. commod.

6. Eum qui precariò rogavit, ut sibi possidere liceat, nancisci possessionem non est dubium. An is quoque possideat, qui rogatus sit, dubitatum est. Placet autem penès utrumque esse cum hominem qui precariò datus esset : penès cum qui rogasset, quà possederat corpore : penès dominum, quia non discesserit animo possessione l. 15, § 4.

7. Duo in solidum precariò habere non magis possunt, quàm duo in solidum vi possidere, aut clàm. Nam neque justæ, neque injustæ possessiones duæ concurrere possunt. l. 19. Vid. l. 3, § 5, l. 3, § 5, de acquirendà vel amittendà possessione.

TITULUS XXVII.

De arboribus cædendis.

TITULUS XXVIII.

De glande legendâ.

1. Ait prætor, *glandem quæ ex illius agro in tuum cadat quominùs illi tertio quoque die legere, auferre liceat, vim*

fieri vero. Glandis nomine omnes fructus continentur *a.* l. un. Dict. l. § 1.

a Modò arbor nec radices nec ramos agat in tuum fundum : verùm etsi radicibus , arbor vicini alitur, tamen ejus est in cujus jus fundo origo ejus fuerit. l. 6 in fine. Arborum furtim cæsarum. Vid. suprà de interdictis. n° ult.

TITULUS XXIX.

De homine libero exhibendo.

TITULUS XXX.

De liberis exhibendis, item ducendis.

1. Interdùm magis (apud matrem *a*) quàm apud patrem morari filius debet et justissimâ scilicet causâ. l. 1, § 3, l. 3, § 5. Vid. sup. de divort, n° 2.

a Vide titulum, ubi pupillus educari et morari debet.

2. Certo jure utimur, ne benè concordantia matrimonia jure patriæ potestatis turbentur. Quod tamen sic erit adhibendum, ut patri persuadetur *a* ne acerbè patriam potestatem exerceat *b.* l. 1, § ult. in fin. l. 3, § 5, in f.

a Nota leges suasorias et hortatorias vanas et inutiles esse, et nullam vim obtinere : frustrà est lex quæ prohibet et non punit. Hobbes, de cive 14, 7, sed omni legi poena appensa intelligitur. Idem 8.

b Patria enim potestas in pietate non in atrocitate consistit. l. 5. De lege Pompeiâ de parricidiis.

TITULUS XXXI.

De utrubi.

TITULUS XXXII.

De migrando.

LIBER QUADRAG. QUART.

TITULUS PRIMUS.

De exceptionibus, præscriptionibus et præjudiciis.

1. Reus in exceptione actor est. l. 1.

2. Exceptio dicta est, quasi quædam exclusio quæ (inter) opponi actioni cujusque rei solet, ad eludendum id quod in intentionem, condemnationemve deductum est. l. 2.

3. Replicationes nihil aliud sunt quàm exceptiones, et à parte actoris veniunt : quæ quidem ideò necessariæ sunt, ut exceptiones excludant. Semper enim replicatio idcircò objicitur, ut exceptionem oppugnet. l. 2, §. 1.

4. Sed et contrà replicationem solet dari triplicatio, et contrà triplicationem rursùs ; et deinceps multiplicantur nomina, dùm aut reus aut actor objicit. l. 2, § 3.

5. Solemus dicere quasdam exceptiones esse dilatorias, quasdam peremptorias : ut putà dilatoria est exceptio quæ differt actionem, veluti procuratoria exceptio dilatoria est : nam qui dicit non licere procuratorio

nomine agi, non prorsùs litem inficiatur, sed personam evitat. l. 2, § 4.

6. Exceptiones aut perpetuæ et peremptoriæ sunt, aut temporales et dilatoriæ. Perpetuæ atque peremptoriæ sunt quæ semper locum habent, nec evitari possunt, qualis est doli mali, rei judicatæ, et si quid contrà leges senatusve consultum factum esse dicetur : item pacti conventi perpetui, id est, ne omninò pecunia petatur. Temporales atque dilatoriæ sunt quæ non semper locum habent, sed evitari possunt : qualis est pacti conventi temporalis, id est, ne fortè intrà quinquennium ageretur. l. 3.

7. Is quis dicit *se jurasse*, potest et aliis exceptionibus uti cum exceptione jurisjurandi, vel aliis : solis pluribus enim defensionibus uti permittitur. l. 5.

Nemo prohibetur pluribus exceptionibus *a* uti, quamvis diversæ sunt. l. 8.

a Vid. l. 25. De probationibus.

8. Exceptiones quæ personæ cujusque cohærent, non transeunt ad alios : veluti ea quam socius habet exceptionem quod facere possit, vel parens, non competit fidejussori. l. 7 *a*. Rei autem cohærentes exceptiones etiam fidejussoribus competunt, ut rei judicatæ, doli mali, jurisjurandi, quod metùs causâ factum est. Igitur et si reus pactus sit in rem, omnimodò competit exceptio fidejussori *a*. Dict. l. 7, § 1.

a Lex 24. De re judicatâ. Nonne socius, parens, donator, tenebuntur in solidum ergà fidejussorem qui solverit ?

b Non utique existimatur confiteri de intentione adversarius quocum agitur, quia exceptione utitur. l. 9.

9. Modestinus respondit : *Res inter alios judicata, aliis non obest.* Nec si is contrà quem judicatum est *a*, heres extiterit ei contrà quem nihil pronuntiatum est, hereditariam ei litem inferenti, præscribi ex eâ sententiâ posse, quàm proprio nomine disceptans, antequàm heres extiterit, excepit. l. 10. Vid. tit. seq. l. 3 *a*.

a Lex 9. De transactionibus.

b Vid. l. 63. De re judicatâ. l. 1. De exceptione rei judicatæ et tit. Cod. inter alios acta vel judic.

10. Si res judicata esset ex falsis instrumentis, si posteà falsa inveniantur, nec rei judicatæ præscriptionem opponi. l. 11.

11. Omnes exceptiones quæ reo competunt *a*, fidejussori quoque, etiam invito reo competunt. l. 19 *b*.

a Vid. l. 15. De fidejussor.

b Vid. l. ult. De pactis.

12. Rei majoris pecuniæ præjudicium fieri videtur, quùm ea quæstio in judicium deducitur, quæ vel tota vel ex aliquâ parte communis est quæstioni de re majori. l. 21.

13. Exceptio est conditio, quæ modò eximit reum damnatione, modò minuit damnationem. l. 22.

14. Debitores quidem hereditarii unicuique heredum, pro portione hereditariâ *a*, antiquâ lege obligati sunt. Sed si eis heredibus omnem pecuniam exsolvisti quibus nomen patris tui testator in divisione adscripserat, doli mali exceptione adversùs alios agentes tueri te potes. l. 1. Cod. de except. seu præsc.

a Pariter heres creditoris non potest petere ab heredibus debitoris, nisi partes singulas. Vid. l. 1 et 2. Si unus ex pluribus heredibus.

15. Replicatio doli opposita bonæ fidei judicium facit, et commentum fraudis repellit. l. 3. Cod. eod.

16. Exceptiones peremptorias *a* antè sententiam quándocumque objicere licet. l. 4 et l. 8. Cod. eod.

a La loi 2, Cod. sententiam rescindi non posse, *dit :* Peremptorias exceptiones omissa in initio antequàm sententia feratur opponi posse; et judicatum contrà majores viginti quinque annis non oppositæ præscriptionis velamento, citrà remedium appellationis rescindi non posse.

17. Dilatoria exceptio in exordio litis proponi debet. l. penult. Cod. eod.

18. Præscriptio fori in principio litis opponenda est. l. ult. Cod. eod.

TITULUS II.

De exceptione rei judicatæ.

1. Res inter alios judicatæ, nullum aliis præjudicium faciunt. l. 1 *a.*

a L. 63. De re judicatà. l. 10. De exceptionibus. tit. Cod. Inter alios acta vel judic.

2. Julianus respondit, exceptionem rei judicatæ obstare, quotiens eadem quæstio inter easdem personas revocatur. Et ideò et si singulis rebus petitis hereditatem petat *a,* vel contrà, exceptione summovebitur. l. 3 *b.*

a Vide l. 10. De exceptionibus.

b Vide l. 28, infrà. l. 12, 13, 14.

3. Julianus scribit, exceptionem rei judicatæ à personâ auctoris ad emptorem transire solere, retrò autem ab emptore ad auctorem reverti non debere *a.* Quare si

hereditariam rem vendideris, ego eamdem ab emptore petiero, et vicero, petenti tibi non opponam exceptionem *b*. l. 9, § 2.

a Secùs contrà.

b Item si victus fuero, tu adversùs me exceptionem non habebis. l. 10.

Exceptio rei judicatæ nocebit ei qui in dominium successit ejus qui judicio expertus est. l. 28 *c*.

c Vide l. 3, sùpra. l. 13. Communia prædiorum.

4. Quùm quæritur, hæc exceptio noceat, necne; inspiciendum est, an idem corpus sit, quantitas eadem, idem jus : et eadem causa petendi, et eadem conditio personarum. Quæ nisi omnia concurrunt, alia res est : idem corpus in hâc exceptione, non utique omni pristinâ qualitate vel quantitate servatâ, nullâ adjectione, diminutioneve factâ, sed pinguius pro communi utilitate accipitur *a*. l. 12, l. 13, l. 14.

a Res aliquandò pinguis accipitur in jure.

5. Actiones in personam ab actionibus in rem hoc differunt, quòd quùm eadem res ab eodem mihi debeatur, singulas obligationes, singulæ causæ sequuntur, nec ulla earum alterius petitione vitiatur : at *quùm in rem* ago non expressâ causâ ex quâ rem meam esse dico, omnes causæ unâ petitione adprehenduntur : neque enim ampliùs quam semel res mea esse potest. Sæpiùs autem deberi potest. l. 14, § 2.

6. Si quis interdicto egerit de possessione, posteà in rem agens non repellitur per exceptionem : quoniam in interdicto possessio, in actione proprietas vertitur. l. 14, § alt. Vid. sup. uti possidetis. l. 1, § 3.

7. Si cum uno herede depositi actum sit, tamen et

cum cæteris heredibus rectè agetur, nec exceptio rei judicatæ eis proderit. Nam et si eadem quæstio in omnibus judiciis vertitur, tamen personarum mutatio, cum
quibus singulis suo nomine agitur, aliam atque aliam rem
facit. l. 22 *a*.

a Vide l. 19. De inofficioso testamento. l. 46. De usu-
fruct. l. 10. De exceptionibus. l. 10, § ult. de appellationibus. l. 25, § 8. Familiæ erciscundæ.

Judicatæ rei præscriptio eo heredi qui non litigavit,
obstare non potest. l. 29.

8. Si debitor de dominio rei, quam pignori dedit,
non admonito creditore causam egerit, et contrariam
sententiam acceperit, creditor in locum victi successisse
non videbitur; quùm pignoris conventio sententiam præcesserit *a*. l. 29, § 1.

a Ex sextante heres institutus qui intestato legitimus
esse potest, quùm de jure testamenti faceret quæstionem,
ab uno ex institutis dimidiam hereditatis petiit, nec obtinuit : videtur in illâ petitione etiam partem sextantis
vindicasse, et ideò cœperit ab. eodem ex testamento
eamdem portionem petere, obstabit ei exceptio rei judicatæ. l. 30. De exceptione rei judicatæ.

TITULUS III.

De diversis temporalibus præscriptionibus, et (de) acces-
sionibus possessionum.

1. An vitium auctoris, vel donatoris, ejusve qui mihi
rem legavit *a* mihi noceat, si fortè auctor meus justum
initium possidendi non habuit, videndum est : Et puto

neque nocere, neque prodesse. Nam denique et usucapere possum quod auctor meus usucapere non potuit *a*. l. 5. Vid. sup. de acq. vel amit. possess. l. 13, § 1. Vid. l. 5. Cod. de usucap. pro empt.

a Attamen in causâ lucrativâ dolus auctoris nocet. l. 4, § 29, tit. sequenti.

b Id obtinet in successore singulari, et modò non utatur accessione auctoris : secùs in successore universali. l. 11.

2. Si quam rem tibi vendiderim, rursùs à te emam, et Titio vendam, et meam omnem et tuam possessionem Titio accessurum, videlicèt et quòd et tu mihi et ego ei possessionem præstare debemus. l. 6.

De *accessionibus possessionum* nihil in perpetuum, neque generaliter definire possumus : consistunt enim in solâ æquitate. Planè tribuuntur his qui in locum aliorum succedunt, sive ex contractu, sive voluntate. Heredibus enim, et his qui successorum loco habentur, datur accessio testatoris. l. 14. Dict. l. § 1.

Ei cui heres rem hereditariam vendidit, et heredis tempus et defuncti debet accedere. l. 25, § ult.

3. Quùm heres *a* in jus omne defuncti succedit, ignoratione suâ defuncti vitia non excludit *b* : veluti quùm sciens alienum illum, illo, vel precario possedit. Quamvis enim precarium heredem ignorantem non teneat, nec interdicto rectè conveniatur ; tamen usucapere non poterit, quod defunctus non potuit. Idem juris est, quùm de longâ possessione quæritur. Neque enim rectè defendetur : quùm exordium ei bonæ fidei ratio non tueatur. l. 11. Vid. sup. de usurp. et usucap. n° 20.

a Secùs de successore singulari. l. 5, suprà. d. *La*

lei 43, de usurpationibus, *dit :* Heres ejus qui bonâ fide rem emit, usu non capiet sciens alienam.

b Vide l. 11, § 2. De publicianâ. In usucapione itâ servatur, ut etiam si minimo momento novissimi diei possessa sit res, nihilominuùs repleatur usucapio, nec totus dies exigitur ad explendum constitutum tempus. l. 15, in princ. Vid. contrà, l. 6. De obligationibus et actionibus.

4. Accessio possessionis fit non solùm temporis, quod apud eum fuit, undè is emit : sed et qui ei vendidit undè tu emisti. Sed si melius (medius) aliquis ex auctoribus non possederit, præcedentium auctorum possessio non proderit, quia conjuncta non est *a*. Sicut nec ei qui non possidet, auctoris possessio accedere potest *b*. l. 15, § 1. Vid. sup. de acq. vel amitt. poss. l. 13, § 4.

a Verùm quæro an possint tempora computari et conjungi deducto saltem medio? an verò sit omninò interrupta possessio? Deciditur in hâc lege tempus præcedens non computari, undè præscriptio de novo post interruptionem est inchoanda. Secùs in interruptione, quæ fit per minorem ætatem, quia est dumtaxat suspensio.

b Ratio discriminis, quò favorabilior sit usucapio, quia in eâ occurrit possessio.

TITULUS IV.

De doli mali, et metûs exceptioue.

1. An dolo quid actum sit, ex facto intelligitur *a*. l. 1, § 2.

a Dolum ex judiciis probari convenit. l. 6, Cod. de dolo.

2. Docere debet is qui objicit doli exceptionem, dolo malo actoris factum, nec sufficiet ei ostendere in re esse dolum. Aut si alterius dicat dolo factum, eorum personas specialiter debebit enumerare *a* : dummodò hæ sint, quarum dolus noceat *b*. l. 2, § 2. Vid. inf. l. 4, § 33.

a Quia non licèt in tanto errore vagari. l. 16, de dolo.

b Si quis sine causâ ab aliquo fuerit stipulatus, deindè ex eâ stipulatione experiatur, exceptio utique doli mali ei nocebit. l. 2, § 3, l. 7, § 4. De pactis.

3. Dolo facit quicumque id quod quaquâ exceptione elidi potest, petit. Nam et si inter initia nihil dolo malo facit, attamen nunc petendo facit dolosè, nisi si talis sit ignorantia in eo, ut dolo careat. l. 2, § 5.

Dolo facit, qui petit quod redditurus est *a*. l. 8.

a La loi 2, § 6, *dit :* Accipiens usuras in futurum videtur convenisse se non petiturum intereà.

4. Opinor de dolo tutoris exceptionem pupillo esse objiciendam. Quæ in tutore diximus, eadem in curatore quoque furiosi dicenda erunt; sed et in prodigi *a* vel minoris viginti quinque annis. l. 4, § 24; in fin. et 25.

a La loi 4, § 3, *dit :* Iniquum est communem malitiam petitori quidem præmio, reo verò penæ esse. Ex dolo tutoris datur exceptio adversùs pupillum, non verò actio: et sic intellige. l. 198. De re judicatâ.

5. De dolo minoris viginti quinque annis exceptio utique locum habebit. Nam et de pupilli dolo interdùm esse excipiendum *a* nequaquàm ambigendum est, ex eâ ætate quæ dolo non careat. Denique Julianus quoque sæpissimè scripsit doli pupillos, qui propè pubertatem sunt, capaces esse. l. 4, § 26.

a Vid. l. 111. De re judicatâ. et l. 23. De furtis.

6. Rei cohærens exceptio etiam emptori nocet. Eam autem quæ ex delicto personæ oriatur, nocere non oportet. l. 4, § 27, in fin.

7. Si quùm legitima hereditas Gaii Seii ad te perveniret *a*, et ego essem heres institutus, persuaseris mihi per dolum malum ne adeam hereditatem : et posteaquàm ego repudiavi hereditatem, tu eam Sempronio cesseris, pretio accepto, isque à me petat hereditatem *b*, exceptionem doli mali ejus qui ei cessit non potest pati *c*. l. 4, § 28.

a Exceptio doli non est scripta in rem : secùs exceptio metùs. l. 4, § 33.

b Quam tamen possideo non obstante meâ repudiatione. l. 36. De verborum obligationibus. *Le cessionnaire a plus de droit ici que le cédant, et cette maxime a lieu dans toutes les exceptions du dol.*

8. Si quis ex causâ legati vindicet, aut is cui ex causâ donationis res præstita est, vindicet, an de dolo exceptionem patiatur ex causâ ejus in cujus locum successerit *a*? et magis putat Pomponius summovendum. Et ego puto exceptione eos esse repellendos, quùm lucrativam causam sint nancti. Aliud est enim emere, aliud ex his causis succedere *b*. l. 4, § 29.

a Attamen currit præscriptio. l. 5. De diversis temporalibus. Discrimen est inter vindicationem et præscriptionem. Non datur vindicatio quidem ei qui titulo gratuito acquisivit, sed acquiritur ei præscriptio si sit bonæ fidei, ut se possit defendere. *La prescription est favorable, parce que c'est un titre qui éteint tous les autres et qu'elle empêche l'incertitude des possessions.*

b Vid. de rei vindicatione, n° 26.

Ex quâcumque aliâ causâ quæ propè lucrativam habet adquisitionem, quæsiisse quis videatur, patietur exceptionem doli ex personâ ejus in cujus locum successit. l. 4, § 31.

9 Qui pretium dedit, vel vice pretii, quùm sit bonâ fide emptor, non patitur doli exceptionem ex personâ auctoris : utique si ipse dolo caret. Cæterùm si ipse dolo non careat, pervenietur ad doli exceptionem et patietur de dolo suo exceptionem. l. 4, § 31, in fin. Vid. sup. Dict. l. § 27 et 28.

10. Metùs causa exceptio in rem scripta est *a*, *si in eâ re nihil metùs causâ factum est :* ut non inspiciamus an is qui agit metùs causâ fecit aliquid, sed an omninò metûs causâ factum est in hâc re, à quocumque, non tantùm ab eo qui agit. Et quamvis de dolo auctoris exceptio non objiciatur *a*, verumtamen hoc jure utimur, ut de metu non tantùm ab auctore, verùm à quocumque adhibito exceptio objici possit. l. 4, § 33, in fin. Vid. sup. l. 2, § 11. Vid. l. 4, § 3. ff. quod met. caus.

a Secùs de doli exceptione quæ non est scripta in rem. l. 4, § 28.

b Quænam est diversitatis ratio, nam et in metu facto dolus inest? Vid. l. 2, § 1, 2, supra. Gotofr. ad. l. 4, § 33, ait : Exceptio doli est in rem ex parte opponentis, in personam ex parte ejus cui opponitur. Exceptio verò metûs ex utràque parte est in rem. Zoesius hanc diversitatis rationem affert, scilicèt propter delicti atrocitatem quam in se vis vel metus habent. Hæc ergò summa est exceptionis doli, ut reus probet dolum in hâc re ab actore commissum esse, licèt adversùs ipsum reum commissus non sit.

11. Non sicut de dolo actio certo tempore finitur, ità etiam exceptio eodem tempore danda est. Nam hæc perpetuò competit : quùm actor quidem in suà potestate habeat quandò utatur suo j..re , is autem cum quo agitur, non habeat potestatem quandò conveniatur *a*. l. 5. § ult. Vid. l. 6. Cod. de except. seu præscript. *b*.

a La loi 17, § 1, h. t. *dit :* Avus nepotibus ex filià legavit singulis 100, et adjecit hæc verba : Ignoscite , nam potueram vobis ampliùs relinquere , nisi me fronto pater vester malè accepisset , cui dederam mutua quindecim quæ ab eo recipere non potui. Quæsitum est an si avi heres abiis nepotibus patris sui heredibus petat quindecim contrà voluntatem defuncti facere videatur, et doli mali exceptio summoveatur ? Respondit exceptionem obstaturam. *La loi* 9, *dit :* Turpiter acceptà pecunià justiùs penès eum est qui deceptus est, quàm qui .decepit. *La loi* 11 *dit :* Litis contestatæ res procuratoris fit : eamque suo jam quodammodo nomine exequitur.

TITULUS V.

Quarum rerum actio non detur a.

a Hic titulus respui debet aut mutari ità ut dicatur : Quarum rerum exceptio non detur. Freigius. *La loi* 2, § 1, *dit :* Si in aleà rem vendam ut ludam, et 'evictà re conveniat , exceptione summovebitur emptor.

1. Jusjurandum vicem rei judicatæ obtinet, non immeritò : quùm ipse quis judicem adversarium suum *a* de causà suà fecerit, deferendo eis jusjurandum. l. 1.

a Vid. l. 1. De jurejurando.

TITULUS VI.

De litigiosis a.
a Vice de litige n'a lieu en France.

TITULUS VII.

De obligationibus et actionibus.

1. Obligationes aut ex contractu nascuntur, aut ex maleficio, aut proprio quodam jure ex variis causarum figuris. l. 1.

2. Obligationes ex contractu, aut re contrahuntur, aut consensu. l. 1, § 1. Vid. l. 52.

3. Re contrahitur obligatio mutui donatione. l. 1. § 2.

Is quoque cui rem aliquam commodamus, re nobis obligatur. Dict. l. 1, § 3.

Is quoque apud quem deponimus, re nobis tenetur. Dict. l. 1, § 5.

Creditor quoque qui pignus accepit, re tenetur. l. 1. § 6.

4. Mutui datio consistit in his rebus quæ pondere, numero, mensurâve constant : veluti vino, aleo, frumento, pecuniâ numeratâ, quas res in hoc damus ut fiant accipientis, posteà alias recepturi ejusdem generis et qualitatis. Dict. l. 1, § 2.

5. Is cui rem aliquam commodamus, re nobis obligatur. Sed is de eâ ipsâ re, quam acceperit, restituendâ tenetur *a*. Et ille quidem qui mutuum accepit, si quolibet casu quod accepit, amiserit, nihilominùs obligatus permanet. Is verò qui utendum accepit, si majore casu

cui humana infirmitas resistere non potest (veluti incendio, ruinâ, naufragio) rem quam accepit amiserit, securus est. l. 1, § 3, in fin. et § 4.

a Lex 5, § 7, l. 18. Commodati vel contrà.

6. Exactissimam diligentiam custodiendæ rei præstare
compellitur (*qui utendam accepit*), nec sufficit ei eamdem diligentiam adhibere, quam suis rebus adhibet, si
alius diligentior custodire poterit. Sed et in majoribus
casibus, si culpa ejus interveniat, tenetur. Veluti, si
quasi amicos ad cœnam invitaturus argentum quod in
eam rem utendum acceperit, peregrè proficiscens, secum portare voluerit, et id aut naufragio aut prædonum *a*,
hostiumve incursu amiserit. l. 1, § 4.

a Vid. legem 18. Commodati vel contrà.

7. Is quoque apud quem rem aliquam deponimus, re
nobis tenetur. Qui et ipse de eà re quam acceperit resti-
tuendà tenetur : sed is etiam si negligenter rem custodi-
tam amiserit, securus est : Quia enim non suà gratià
accepit, sed ejus à quo accipit, in eo solo tenetur, si
quid dolo perierit. Negligentiæ verò nomine ideò non
tenetur, quia *qui negligenti amico rem custodiendam committit, de se queri debet.* Magnam tamen negligentiam
placuit in doli crimine cadere *a*. l. 1, § 5. Vid. l. 32. ff.
de poss.

a Lata culpa dolo æquiparatur.

8. Aut proprio nomine quisque obligatur, aut alieno;
qui autem alieno nomine obligatur, fidejussor vocatur.
Et plerumque ab eo quem proprio nomine obligamus,
alios accipimus qui eàdem obligatione teneantur, dùm
curamus ut quod in obligationem deduximus, tutiùs nobis debeatur. l. 1, § 8.

9. Si id quod dari stipulemur tale sit, ut dari non possit, palàm est naturali ratione inutilem esse stipulationem. l. 1, § 9.

Veluti si quis locum sacrum, aut religiosum dari sibi stipulatus fuerit. Dict. in fin.

10. Sub impossibili conditione factam stipulationem, constat inutilem esse. l. 1, § 11.

Non solùm stipulationes impossibili conditioni applicatæ nullius momenti sunt *a*, sed etiam cæteri quoque contractus, veluti emptiones, locationes, impossibili conditione interpositâ, æquè nullius momenti sunt. Quia in eâ re quæ ex duorum pluriumve consensu agitur, omnium voluntas spectetur *b* quorum procul dubio in hujusmodi actu talis cogitatio est, ut nihil agi existiment appositâ eâ conditione quam sciant esse impossibilem. l. 31.

a Vid. legem 58, de conditione indebiti, et ibi. Gotofr. l. 3. De conditionibus et demonstrationibus.

b. Contrahentes intelliguntur locati.

11. Consensu fiunt obligationes in emptionibus, venditionibus, locationibus, condictionibus, societatibus, mandatis. Ideò autem istis modis consensu dicimus obligationem contrahi, quia neque verborum, neque scripturæ ulla proprietas desideratur : sed sufficit eos qui negotia gerunt, consentire. l. 2. Dict. l. § 1.

12. Inter absentes quoque talia negotia contrahuntur veluti per epistolam, vel per nuntium. l. 2, § 2.

13. In his contractibus alter alteri obligatur de eo quod alteram alteri ex bono et æquo præstare oportet *a*. l. 2, § 3.

a Lex 3, de rebus creditis.

14. Obligationum substantia non in eo consistit, ut aliquod corpus nostrum, aut servitutem nostram faciat: sed ut alium nobis obstringat, ad dandum aliquid vel faciendum, vel præstandum. l. 3.

15. Non satis autem est dantis esse nummos, et fieri accipientis, ut obligatio nascatur: sed etiam hoc animo dari et accipi, ut obligatio constituatur. Itaque si quis pecuniam suam donandi causâ dederit mihi, quamquam et donantis fuerit *a*, et mea fiat, tamen non obligabor ei, quia non hoc inter nos actum est. l. 3, § 1.

a Lex 57. h.

In omnibus rebus, quæ dominium transferunt, concurrat oportet affectus ex utrâque parte contrahentium. Nam sive ea venditio, sive donatio, sive conductio, sive quælibet alia causa contrahendi fuit, nisi animus utriusque consentit, perduci ad effectum id quod inchoatur, non potest. l. 55.

16. Ex maleficia nascuntur obligationes, veluti ex furto, ex damno, ex rapinâ, ex injuriâ, quæ omnia unius generis sunt. Nam hæ re tantùm consistunt, id est ipso maleficio: quùm alioquin ex contractu obligationes non tantùm re consistant, sed etiam consensu. l. 4.

17. Si quis absentis negotia gesserit, si quidem ex mandatu, palam est ex contractu nasci inter eos actiones mandati, quibus invicem experiri possunt de eo quod alterum alteri ex bonâ fide præstare oportet. Si verò sine mandatu, placuit quidem sanè eos invicem obligari, eoque nomine proditæ sunt actiones, quas appellamus *negotiorum gestorum*, quibus æquè invicem experiri possunt de eo quod ex bonâ fide alterum alteri præstari oportet. Sed neque ex contractu, neque ex maleficio actiones nas-

cuntur; neque enim is qui gessit, cum absente creditur antè contraxisse : neque ullum maleficium est, sine mandatu suscipere negotiorum administrationem. Longè magis is cujus negotia gesta sunt ignorans, aut contraxisse, aut deliquisse intelligi potest. Sed utilitatis causâ receptum est invicem eos obligari : Ideò autem id ità receptum est, quia plerumque homines eo animo peregrè proficiscuntur, quasi statim redituri : nec ob id ulli curam negotiorum suorum mandant : deindè novis causis intervenientibus, ex necessitate diutiùs absunt, quorum negotia desperire iniquum erat, quæ sanè desperirent, si vel is qui obtulisset se negotiis gerendis, nullam habiturus esset actionem de eo quod utiliter de suo impendisset, vel is cujus gesta essent adversùs eum qui invasisset negotia ejus, nullo jure agere posset. l. 5.

18. *Tutelæ judicio* qui tenentur, non propriè ex contractu obligari intelliguntur : nullum enim negotium inter tutorem et pupillum contrahitur. Sed quia sanè non ex maleficio tenentur, quasi ex contractu teneri videntur. Et hoc autem casu mutuæ sunt actiones : non tantùm enim pupillus cum tutore, sed et contrà tutor cum pupillo habet actionem, si vel impenderit aliquid in rem pupilli, vel pro eo fuerit obligatus, aut rem suam creditori ejus obligaverit. l. 5, § 1.

19. Heres quoque qui legatum debet, neque ex contractu, neque ex maleficio obligatus esse intelligitur : nam neque cum defuncto, neque cum herede contraxisse quicquam legatarius intelligitur. Maleficium autem nullum in eâ re esse plusquam manifestum est. l. 5, § 2.

20. Is quoque *qui non debitum accepit* per errorem solventis obligatur quidem quasi ex mutui datione : et ea-

dem actione tenetur quâ debitores creditoribus. Sed non potest intelligi is, qui ex causâ tenetur ex contractu obligatus esse : qui enim solvit per errorem, magis distrahendæ obligationis animo, quàm contrahendæ dare videtur. l. 5, § 3.

21. Si judex *litem suam fecerit*, non propriè ex maleficio obligatus videtur, sed quia neque ex contractu obligatus est *a*, et utique peccasse aliquid intelligitur, licèt per imprudentiam, ideò videtur quasi ex maleficio teneri. l. 5, § 4.

a L. 15 et 16, de judiciis.

22. Is quoque ex cujus cænaculo, vel proprio ipsius, vel conducto, vel in quo gratis habitabat, dejectum effusumve aliquid est, ità ut alicui noceret, quasi ex maleficio teneri videtur. Ideò autem non propriè ex maleficio obligatus intelligitur, quia plerumque ob alterius culpam tenetur, aut servi, aut liberi : cui similis est is qui eâ parte quâ vulgò iter fieri solet, id positum aut suspensum habet, quod potest, si ceciderit, alicui nocere. l. 5, § 5.

23. Idem exercitor navis, aut cauponæ, aut stabuli, de damno, aut furto quod in nave, aut cauponâ, aut stabulo factum sit, quasi ex maleficio teneri videtur : si modò ipsius nullum est maleficium, sed alicujus eorum quorum operâ navem, aut cauponam, aut stabulum exerceret. Quùm enim neque ex contractu sit adversùs eum constituta hæc actio, et aliquatenùs culpæ reus est, quòd operâ malorum hominum uteretur : ideò quasi ex maleficio teneri videtur. l. 5, § ult.

24. In omnibus temporalibus actionibus, nisi novis-

simus totus dies compleatur, non finit obligationem *a*. l. 6.

a Vid. contrà. l. 15. De diversis temporalibus. Verum lex 6. De obligationibus et actionibus non loquitur de præscriptionibus. l. 50, infrà. l. 13, 8. De verborum obligationibus, et l. 3, § 3. De minoribus.

Qui *antè kalendas proximas* stipuletur, similis est ei qui kalendis stipulatur. l. 13. ff. de verb. obl. Vid. inf. l. 50.

25. Sub hàc conditione, *si volam*, nulla sit obligatio. Pro non dicto enim est, quod dare, nisi velis, cogi non possis : nam nec heres promissoris ejus qui numquam dare voluerit, tenetur *a* : quia hæc conditio in ipsum promissorem numquam extitit. l. 8.

a Vid. authenticam. Si quandò. Cod. de constitutâ pecuniâ.

26. Naturales obligationes non eo solo æstimantur, si actio aliqua earum nomine competit : verùm etiam eo, si soluta pecunia repeti non possit. l. 10.

Vid. inf. de fidej. l. 16, § 4.

27. Quæcumque gerimus, quùm ex nostro contractu originem trahunt, nisi ex nostrâ personâ obligationis initium sumant, inanem actum nostrum efficiunt. Et ideò neque stipulari *a*, neque emere, vendere, contrahere, ut alter suo nomine rectè agat, possumus. l. 11.

a Quia stipulationes in id dumtaxat inventæ sunt, ut unusquisque quod sua interest persequeretur, non quod alterius. l. 38, § 17. De verborum obligationibus.

28. Ex depositi, et commodati et mandati, et tutelæ et negotiorum gestorum, ob dolum malum defuncti heres in solidum tenetur. l. 12.

Ex contractibus venientes actiones in heredes dantur, licèt delictum quoque versetur : veluti quùm tutor in tutelâ gerendâ dolo fecerit, aut is apud quem depositum. est. l. 49. Vid. inf. l. 33.

29. Omnes debitores, qui speciem ex causâ lucrativâ debent *a*, liberantur, quùm ea species ex causâ lucrativâ ad creditores pervenisset. l. 17. Vid. l. seq.

a Duæ causæ lucrativæ non concurrunt. l. 19. h.

30. Si is qui Stichum dari stipulatus fuerat heres extiterit ei cui ex testamento idem Stichus debebatur, si ex testamento stichum petierit, non consumet stipulationem : et contrà si ex stipulatu Stichum petierit, actionem ex testamento salvam habebit : quia initio ità constiterint hæc duæ obligation i, ut alterâ in judicium deductâ, altera nihilominùs integra remaneret. l. 18. Vid. l. seq.

31. Ex permissione dotis non videbitur lucrativa causa esse *a*, sed quodammodò creditor, aut emptor intelligitur qui dotem petit. porrò quùm creditor, vel emptor ex lucrativâ causâ rem habere cœperit, nihilominùs integras actiones retinent : sicut ex contrario qui non ex lucrativâ causâ rem habere cœpit, eamdem non prohibetur ex lucrativâ causâ petere. l. 19.

a Lex 10. Quæ in fraudem creditorum. Indotatam uxorem maritus ducturus non fuisset. l. 25, § 1, eod.

32. Contraxisse unusquisque in eo loco intelligitur, in quo, ut solveret, se obligavit. l. 21.

33. Servius rectissimè existimavit, si quandò dies, quâ pecunia daretur *a*, sententiâ arbitri comprehensa non esset, modicum spatium. datum videri. Hoc idem dicendum et quùm quid eâ lege venierit, ut n si ad diem pretium solutum fuerit, inempta res fiat. l. 23, in fin.

a Vid. legem 105. De solutionibus. l. 21, § 1. De pecuniâ constitutâ. l. 14. De re judicatâ et l. 21. De judiciis.

34. Actionum genera sunt duo : in rem, quæ dicitur *vindicatio :* et in personam, quæ *condictio* appellatur. In rem actio est, per quam rem nostram quæ ab alio possidetur, petimus, et semper adversùs eum est qui rem possidet. In personam actio est, quâ cum eo agimus, qui obligatus est nobis ad faciendum aliquid, vel dandum: et semper adversùs eumdem locum habet. l. 25.

35. Omnes pœnales actiones, post litem inchoatam, et ad heredes transeunt. l. 26.

Constitutionibus quibus ostenditur *heredes pœnâ non teneri*, placuit, si vivus conventus fuerat, etiam pœnæ persecutionem transmissam videri, quasi lite contestatâ cum mortuo. l. 33.

Jure canonico, quod sequimur, tenetur omninò heres sarcire damnum ex delicto defuncti. 16, q. 6. c. 3, 12, q. 2. c. 36, 1. q. 4. c. 11. *Item peccato Israelitarum in fin. Cod. ult. de sepult. c. 5, de rapt. et incend.*

Cur enim quod in principalibus personis justum est, non ad heredes et adversùs eos transmittatur? l. 13. Cod. de contr. et committ. stipul.

Heres vitiorum defuncti successor. l. 11, § 2, in fin. ff. de public. in rem act. l. 2, in fin. Cod. de fruct. et lit. exp.

Licèt non ea sit harum legum sententia, quæ in causâ delicti adversùs heredem aptari possit; ratio ipsa legum juri canonico convenit, et nostris moribus.

36. Obligationes, quæ non propriis viribus consistunt, neque officio judicis, neque prætoris imperio, neque legis potestate, confirmantur. l. 27.

37. *Mixtæ* sunt *actiones* in quibus uterque actor est : ut putà finium regundorum, familiæ erciscundæ, communi dividundo, interdictum uti possidetis. l. 37, § 1.

38. Hereditariarum actionum loco habentur legata, quamvis ab herede cœperint. l. 40.

39. Creditores eos accipere debemus qui aliquam actionem habent : sic tamen nec exceptione summoveantur. l. 42, § 1.

40. Obligationum ferè quatuor causæ sunt, aut enim dies in his est, conditio, aut modus, aut accessio. l. 44.

41. Circà diem duplex inspectio est : nam vel ex die incipit obligatio, aut confertur in diem. Ex die veluti *kalendis martii dare spondes?* Cujus natura hæc est, ut antè diem non exigatur. Ad diem autem *usque ad kalendas martii dare spondes?* l. 44, § 1.

42. Conditio verò efficax est quæ in constituenda obligatione inseritur, non quæ post perfectam eam ponitur : veluti *centum dare spondes, nisi navis ex Asià venerit?* Sed hoc casu, existente conditione, locus erit exceptione pacti conventi, vel doli mali. l. 44, § 2.

43. Modus obligationis est, quùm stipulamur decem, aut hominem *a*; nam alterius solutio totam obligationem interimit; nec alter peti potest : Utique quamdiù utrumque est. l. 44, s 3.

a Lex 17, § ult. De conditionibus et demonstrationibus.

44. Accessio verò in obligatione, aut personæ, aut rei fit : personæ, quùm mihi aut Titio stipulor : rei, quùm mihi decem, aut Titio hominem stipulor : ubi quæritur, an ipso jure fiat liberatio homine soluto Titio. l. 44, § 4.

45. Si ità stipulatus sim, *si fundum non dederis, cen-*

tum dare spondes, sola centum in stipulatione sunt : in exsolutione, fundus *a*. Sed si navem fieri stipulatus sum, et, si non feceris, centum : videndum utrùm duæ stipulationes sint, pura et conditionalis, et existens sequentis conditio non tollat priorem, an verò transferat in se, et quasi novatio prioris fiat. Quod magis verum est. l. 44, § penult. et ult.

a Et quasi nova actio est.

46. Furiosus et pupillus, ubi ex re actio venit, obligantur, etiam sine curatore, vel tutoris auctoritate. Veluti si communem fundum habeo cum his, et aliquid in eum impendero : vel damnum in eo pupillus dederit. Nam judicio communi dividundo obligabuntur. l. 46.

47. Arrianus ait, multùm interesse, quæras utrùm aliquis obligetur, an aliquis liberetur. Ubi de obligando quæritur, propensiores esse debere nos, si habeamus occasionem ad negandum *a*. Ubi de liberando, ex diverso, ut facilitor sis ad liberationem. l. 47.

a Vid. legem 109. De verborum obligationibus. l. 138, eod.

48. In quibuscumque negotiis sermone opus non est, sufficiente consensu, iis etiam surdus intervenire potest : quia potest intelligere et consentire. Veluti in locationibus, conductionibus, emptionibus, et cæteris. l. 48.

49. Quod quis aliquo anno dare promittit, aut dare damnatur, ei potestas est quolibet ejus anni die dandi *a*. l. 50 *b*.

a Vid. legem 6, suprà. Quid, potestne solvere antè diem præfixum, si forte moneta imminutionem patiatur?

b L. 70. De solutionibus.

Qui hoc anno, aut hoc mense dari stipulatus sit, nisi

omnibus partibus præteritis, anni vel mensis, non rectè petet. l. 42. ff. de verb. obl.

49. Nihil aliud est actio quàm jus, quod sibi debeatur, judicio persequendi. l. 51.

51. Nutu solo pleraque consistunt. l. 52, § ult.

52. In omnibus negotiis contrahendis, sive bonà fide sint, sive non sint, si error aliquis intervenit, ut aliud sentiat (putà) qui emit, aut qui conducit *a*, aliud qui cum his contrahit, nihil valet quod acti sit. Et idem in societate quoque coëundà respondendum est, ut si, dissentiant, aliud alio existimante, nihil valet ea societas quæ in consensu consistit. l. 57 *b*.

a L. 15. De jurisdictione.

b L. 3, § 1. h. l. 83, § 1. De verborum obligationibus. l. 66. De judiciis.

53. Sciendum est ex omnibus causis lites contestatas et in heredem, similesque personas transire. l. 58.

54. Numquam actiones pœnales de eàdem pecunià concurrentes alia aliam consumit. l. 60.

55. Seia quùm salarium constituere vellet, ità epistolam emisit. *Lucio Titio salutem. Si (in) eodem animo et eàdem affectione circà me es qui semper fuisti a, ex continenti acceptis litteris meis, distractà re tuà, veni : hoc tibi quamdiu vivam præstabo, annuos decem : scio enim quia valde me benè ames.* Quæro, quùm et rem suam distraxerit Lucius Titius, et ad eam profectus sit, et ex eo cum eà sit, an ei ex his epistolis salarium annuum debeatur? Respondit ex personis causisque eum cujus notio sit, æstimaturum an actio danda sit. l. ult. § 1.

a Epistola obligationem parit.

56. Bonam fidem in contractibus considerari æquum est, l. 4. Cod. de obl. et act.

57. Sicut initio libera potestas unicuique est habendi, vel non habendi contractus : ità renuntiare semel constitutæ obligationi, adversario non consentiente, nemo potest. Quapropter intelligere debetis, voluntariæ obligationi semel vos nexos, ab hâc, non consentiente alterâ parte, de cujus precibus fecistis mentionem, minimè posse discedere. l. 5. Cod. eod.

58. Adversùs debitorem electis pignoribus (personalis) actio non tollitur, sed eo quod de pretio servari potuit in debitum computato, de residuo manet integra. l. 10. Cod. eod.

59. Ab heredibus et contrà heredes incipiunt actiones et obligationes. l. un. Cod. ut act. et ab hered. et contr. her. inc.

60. Certissimum est ex alterius contractu neminem obligari. l. 3. in fin. Cod. ne ux. pro mar. vel. mar. p. v.

DIGESTORUM

LIBER QUADRAG. QUINT.

TITULUS PRIMUS.

De verborum obligationibus.

1. Stipulationum quædam in dando, quædam in faciendo consistunt, et harum omnium quædam partium præstationem recipiunt, veluti quùm *decem* dari stipula-

mur : quædam non recipiunt , ut in his quæ naturâ divisionem non admittunt, veluti *quùm viam, iter, actum stipulamur a.* l. 2. Dict. l. § 1.

a Ex personâ heredum conditio obligationis non immutatur. l. 2, § 2. Ergò nomina non deberent passivè dividi inter plures heredes debitoris, licèt activè dividantur ex. l. 12. Tab. dividuntur etiam passivè. l. 1 et 2. Cod. si unus ex pluribus heredibus. In Neustriâ nomine et actiones non dividuntur inter heredes debitoris; sicut in quibusdam aliis consuetudinibus.

2. Satis acceptio est stipulatio quæ ità obligat promissorem, ut ad promissores quoque ab eo accipiantur : id est qui idem promittunt. l. 5, § 2.

3. Si *sortem* promiseris, *et si eas soluta non esset, pœnam,* etiam si unus ex heredibus tuis portionem suam ex sorte solverit, nihilominùs pœnam committet, donec portio coheredis solvatur *a.* Idemque est de pœnâ ex compromisso si unus paruerit, alter non paruerit sententiæ judicis *b*, sed à coherede ei satisfieri debet. Nec enim aliud in his stipulationibus sine injuriâ stipulatoris constitui potest. l. 5, in fin.

a Quid *des héritiers du vassal pour la foi?*

b Qui non paret, pœnam integram debet, non potest partem offerre, quùm plures sint. Qui autem paret ; nil debet ; nec enim iniqua conditio alteri per alterum inferri debet. l. 6 ait : Is cui bonis interdictum est, stipulando sibi acquirit ; tradere verò non potest vel promittendo obligari ; et ideò nec fidejussor pro eo intervenire poterit, sicut nec pro furioso. Vid. contrà l. 25. De fidejussor. Quid si fidejussor sese in solidum et tanquàm principalem debitum obliget ?

4. In illà stipulatione, *si kalendis Stichum non dederis, decem dare spondes a?* Mortuo homine quæritur an statim antè kalendas agi possit? Sabinus, Proculus expectandum diem actori putant; quod est verius. Tota enim obligatio sub conditione, et in diem collata est. Et licèt ad conditionem committi videatur, dies tamen superest. l. 8.

a Idem in legatis, ubi tempus et conditio sunt in favorem heredis. Vid. l. 3, § 3. De usuris.

5. Si ex legati causà aut ex stipulatu hominem certum mihi debeas *a,* non aliter post mortem ejus tenearis mihi; quàm si per te steterit, quominùs vivo eo, eum mihi dares *b* : quod ità fit, si aut interpellatus non dedisti, aut occidisti eum. l. 23. Vid. l. 33 et l. 82, § 1.

a La loi 19 *dit :* Contenti esse debemus pœnis legum comprehensis. *C'est pourquoi quand il s'agit d'une somme, on ne peut adjuger plus que les intérêts pour dommages et intérêts.*

b Qui moram commisit, tenetur de casu fortuito. Moram fecisse videtur qui litigare maluit quàm restituere. l. 82, § 1.

6. Generaliter novimus turpes stipulationes nullius esse momenti. l. 26 l. 15 de conditionibus institutionum.

7. Si in nomine servi quem stipularemur dari, erratum fuisset, quùm de corpore constitisset, placet stipulationem valere *a.* l. 32.

a Quia nomina dumtaxat inventa sunt ad res significandas, si indubitabili signo eum demonstraverit. l. 9, § 8. De heredibus instituendis.

8. Si Stichus certo die dari promissus, antè diem moriatur, non tenetur promissor *a.* l. 33. Vid. sup. l. 23 et l. 82, § 1.

a Debitor interitu rei debitæ liberatur.

9. Si quis, quùm aliter eum convenisset obligari, aliter per machinationem obligatus est, erit quidem subtilitati juris obstrictus, sed doli exceptione uti potest. Quia enim per dolum obligatus est, competit ei exceptio. Idem est, et si nullus dolus intercessit stipulantis, sed ipsa res in se dolum habet *a*. Quùm enim quis petat ex eâ stipulatione, hoc ipso dolo facit, quòd petit. l.36.

a Vid. l. 4, § 28. De except. d.

10. *Alteri* stipulari nemo potest. l. 38, § 17.

Inventæ sunt enim hujusmodi obligationes ad hoc, ut unusquisque sibi adquirat quod suâ interest. l. Cæterùm ut alii detur nihil interest meâ. l. 38, § 17.

a Lex 11. De obligationibus et actionibus.

Si stipuler *alii* quùm meâ interesset, videamus an stipulatio committetur? Et ait Marcellus stipulationem valere in specie hujusmodi. l. 38, § 20.

11. In stipulationibus quùm quæritur quid actum sit, verba contrà stipulatorem interprætandà sunt. l. 38, § 18. Vid. l. 39, ff de pact. l. 21 et 33, ff. de contr. empt. l. 39. ff. de act. empt. et vend. Vid. inf. l. 99.

12. Quotiens in obligationibus dies non ponitur *a*, præsenti die pecunia debetur. Nisi si locus adjectus spatium temporis inducat, quo illò possit perveniri. l. 41, § 1. l. 73.

a Lex 14 de re judicatâ. Vid. l. 105. De solutionibus. L. 21. De pecuniâ constitutâ, § 1. Neque eum magnum damnum est in morâ modici temporis. Nec quis cum sacco venire debet, sed decem dies sunt indulgendi.

13. Si quis *arbitratu* (putà) *Lucii Titii restitui sibi* stipulatus est, deindè ipse stipulator moram fecerit, quominùs arbitretur Titius, promissor, quasi moram fece-

rit, non tenetur. Quid ergò si ipse qui arbitrari debuit moram fecerit *a*, magis probandum est à personâ non esse recedendum ejus cujus arbitrium incertum est. Et ideo, si omninò non arbitretur, nihil valet stipulatio : ideò ut et si pœna adjecta sit, ne ipsa quidem committatur. l. 43 et 44.

a Quia hicce igitur industria personæ non æquitas in genere. l. 76, 77, 78, 79. Pro Iccio. l. 24. Locati conducti.

14. Si decem *quùm petiero* dari fuero stipulatus, monitionem magis quamdam, quò celeriùs reddantur, et quasi sine morâ, quàm conditionem habet stipulatio, et ideò licèt decessero priusquàm petiero non videtur defecisse conditio. l. 48.

15. In conventionalibus stipulationibus contractui formam contrahentes dant. Enim verò prætoriæ stipulationes legem accipiunt de mente prætoris, qui eas proposuit. Denique prætoris stipulationibus, nihil immutare licet, neque addere, neque detrahere. l. 5, l. 9, in fin. de stip. præt.

16. Stipulationes commodissimum est ità componere, ut quæcumque specialiter comprehendi possint, contineantur : doli autem clausula ad ea pertineat, quæ in præsentiâ occurrere non possint, et ad incertos casus pertinent. l. 53. l. 110.

Quotiens *in diem* vel *sub conditione oleum* quis stipulatur *a*, ejus æstimationem eo tempore spectari oportet, quo dies obligationis venit. Tunc enim ab eo peti potest. Alioquin (aliàs) rei captio erit. Idem erit, et *si Capuæ certum olei pondo dari* quis stipulatus sit : nam ejus temporis fit æstimatio, quùm petit potest. Peti autem potest, quò primum in locum perveniri potuit. l. 59 et 60.

a Vid. l. 2. De rebus creditis.

18. Si quis ità stipuletur, *sive navis ex Asiâ venerit, sive Titius consul factus fuerit*, utra priùs conditio extitisset, stipulatio committetur etampliùs committi non potest; sed enim quùm ex duabus disjunctivis conditionibus altera defecerit, necesse est ut ea quæ extiterit stipulationem committat. l. 63.

19. Interdùm pura stipulatio ex re ipsâ dilationem capit. l. 73. Sic qui *Carthagini dari* stipulatur, quùm Romæ sit, tacitè tempus complecti videtur, quo perveniri Carthaginem potest. Dict. l. 73. Vid. infr. l. 137, § 2, l. 41.

20. Stichi promissor, post moram offerendo purgat moram *a*: certè enim doli mali exceptio docebit ei qui pecuniam oblatam accipere noluit. l. 73, § ult.

a L. 17. De periculo et com. l. 51. De actione emptitià. Vid. l. 19. Cod. de usuris. l. 102. De solutionibus. l. 72, eod.

21. Stipulationum quædam certæ sunt, quædam incertæ. Certum est quod ex ipsâ pronuntiatione apparet *a*, quid, quale, quantumque sit : ut ecce aurei decem, fundus Tusculanus, homo Stichus, tritici Africi optimi modii centum, vini Campani optimi amphoræ centum. Ubi autem non apparet quid, quale, quantumque est in stipulatione, incertam esse stipulationem dicendum est. Ergò si quis *fundum* sine propria appellatione, vel *hominem* generaliter sine proprio nomine, aut *vinum frumentumve* sine qualitate, dari sibi stipulatur, incertum deducit in obligationem. Usque adeò ut si quis ità stipulatus sit, *tritici Africi boni modios centum, vini Campani boni*

amphoras centum, incertum videatur stipulari : quia bono melius inveniri potest. Quo fit ut boni appellatio non sit certæ rei significativa; quùm id quod bono melius sit, ipsum quoque bonum sit. At quùm *optimum* quisque stipulatur, id stipulari intelligitur cujus bonitas principalem gradum bonitatis habet : quæ res efficit ut ea appellatio certi significativa sit. l. 74, l. 75. Dict. l. § 1 et 2.

a Quid dicatur certum. Vid. l. 6. De rebus creditis.

22. Si stipulatus fuerim illud aut illud, quod ego voluero, hæc electio personalis est. l. 76. In heredes tamen transit obligatio, et antè electionem mortuo stipulatore. Dict. l. 76. Vid. n° 40.

23. Ad diem sub pœnà pecunia promissa *a*, et antè diem mortuo promissore, committetur pœna, licèt non sit hereditas ejus adita. l. 77, l. 82, § 1.

a Contrà in. l. Æmilius de minoribus.

24. In stipulationibus id tempus spectatur quo contrahimus. l. 78, l. 144. ff. de reg. jur. l. 18, eod.

25. Quotiens in stipulationibus ambigua oratio est, commodissimum est id accipi, quo res, quà de agitur *a*, in tuto sit. l. 80.

a Magis ut actus valeat.

26. Si post moram promissoris homo decesserit, tenetur nihilominùs, perindè ac si homo viveret *a*. l. 82, § 1. Vid. sup. l. 23 et l. 33.

a Si Stichum stipulatus de alio sentiam, tu de alio, nil actum erit; quod in judiciis Aristo existimavit; sed hìc magis est ut is petitus videatur de quo actor sentit : nam stipulatio ex utriusque consensu valet; judicium autem etiam in invitum redditur, et ideò actori potiùs credendum est; alioquin semper negabit reus se con-

sensisse. l. 83, § 1. h. t. Vid. l. 66. De judiciis. l. 57.
De obligationibus et actionibus. l. 15. De jurisdictione.

Quoties culpa intervenit, debitoris perpetuatur obligatio *b.* l. 91, § 3.

b La loi 83, § 5, *dit :* Casum adversamque fortunam
hominis liberi expectare neque civile, nèque naturale est.
l. 34, § 2. De contrahendà emptione. *La loi* §5, *dit :* In
executione obligationis sciendum est quatuor causas esse.
Nam interdùm est aliquid quod à singulis heredibus divisum consequi possumus. Aliud quod tutum peti necesse
est, nec divisum præstari potest. Aliud quod pro parte
petitur, sed solvi nisi totum non potest. Aliud quod solidum petendum est, licèt in solutionem admittat solutionem.

27. Mora rei fidejussori quoque nocet *a.* l. 88.

a Undè usuræ currunt adversùs fidejussorem ex morà
rei, modò fidejussor in omnem causam intercesserit.
l. 54. Locati conducti. Cujac. ad. l. 21, § 1. De usuris.
l. 2, § 2. De administratione rerum ad civitates pertinentium. l. 10. Cod. de fidejussoribus. Vid. l. 68. De fidejussoribus. l. 10. Rem pupilli vel adolescentis salvam fore.

28. (*In quæstionibus de bono et æquo*) *plerumque, sub
auctoritate juris, scientià periculosè erratur.* l. 91, § 3.

29. Quidquid adstringendæ obligationis est, id nisi
palam verbis exprimitur *a* omissum intelligendum est, aç
ferè secundùm promissorem interprætamur : quia stipulatori liberum fuit verba latè concipere. l. 99. Vid.
n° 31 *b.*

a Omissum in contractu habetur pro omisso.

b Vid. suprà. l. 38, § 18, l. 39. De pactis. l. 21. De
contrahendà emptione et l. 26. De rebus creditis.

30. Conditio in præteritum non tantùm in præsens tempus relata, statim aut peremit obligationem, aut omnino non diffe. t. l. 100.

31. Si ità *post annum aut biennnium dabis*, post biennium debentur. Quia in stipulationibus id servatur, ut quod minus esset quodque longius *a* esse videtur in obligationem deductum. l. 109 *b*.

a Vid. l. 47. De obligationibus et actionibus.

b L. 138.

32. Si quis stipulatus sit *Stichum aut Pamphilum, utrum ipse vellet*, quem elegerit petet : et is erit solus in obligatione. An autem mutare voluntatem possit et ad alterius petitionem transire, quærentibus respiciendus erit sermo stipulationis *a*. l. 112. Vid. inf. l. 138, § 1.

a Vid. l. 20, de optione legatà.

33. In insulam deportato reo promittendi, stipulatio ità concepta, *quùm morieris dari;* non nisi moriente eo committitur *a*. l. 121, § 2.

a Mais la banqueroute fait échoir les billets.

34. Plerumque ea quæ præfationibus convenisse concipiuntur, etiam in stipulatione reposita, creduntur *a*. l. 134, § 1.

a La loi 134, in fin. princ. *dit :* Inhonestum visum est vinculo pœnæ matrimonia obstringi sive futura sive jam contracta.

35. Plura ad judicis cognitionem remittenda sunt *a*. l. 135, § 2, in fin.

a Hobbes de Cive, 13, 15.

36. Quùm stipulatus sum *Ephesi dari;* inest tempus : Quod autem accipi debeat, quæritur. Et magis est ut totam eam rem ad judicem, id est, ad virum bonum re-

mittamus, qui æstimet quanto tempore diligens paterfamilias conficere possit quod facturum se promiserit.
l. 137, § 2 *a*.

a Le § *ajoute :* Ut qui Ephesi daturum se promisse-
rit, neque diplomate, diebus ac noctibus, et omni tempestate contemptâ, ter continuare cogatur; neque tàm
deligatè progredi debeat, ut reprehensione dignus sit.
Duplomata sunt codicilli qui dantur cursu publico uten-
tibus. 27, in fine ad legem Corn. De falsis, Duplomate
uti, *courir la poste*. Godefroi.

Item qui *insulam fieri* spopondit, non utique conqui-
sitis undique fabris, et plurimis operis adhibitis, festi-
nare debet : nec rursùs utroque *a* aut altero contentus
esse : sed modus adhibendus est secundùm rationem di-
ligentis ædificatoris, et temporum locorumque. l. 137,
§ 3.

a Uno aut altero.

37. Eum, qui *certarum nundinarum diebus dari* stipuletur *a*, primo die petere posse Sabinus ait : Proculus
autem et cæteri diversæ scholæ auctores quamdiù vel
exiguum tempus ex nundinarum spatio superesset, peti
posse existimant : sed ego cum Proculo sentio *b*. l. 138.

a Imò totus novissimus dies arbitrio solventis est. Vid.
l. 70. De solutionibus.

b Vid. l. 47, de obligationibus. l. 109. h.

38. Quùm purè stipulatus sum, *illud aut illud dari*,
licebit tibi, quotiens voles, mutare voluntatem in eo quod
præstaturus sis : quia adversa causa est voluntatis ex-
pressæ, et quæ inest. l. 138, § 1. Vid. sup. l. 112.

39. Omnes stipulationes, etiam si non solemnibus,
vel directis, sed quibuscumque verbis consensu contra-

hentium compositæ sunt, vel legibus cognitæ suam habeant firmitatem. l. 10. Cod. de contr. et comm. stip.

40. Sancimus omnem stipulationem sive in dando, sive in faciendo, sive mixta et dando et faciendo inveniatur, et ad heredes *a*, et contrà heredes transmitti, sive specialis heredum fiat mentio, sive non. Cur enim quod in principalibus personis justum est, non ad heredes, et adversùs eos transmittatur? l. 13. Cod. de contr. et comm. stipul.

a Non solùm nobis, sed et heredibus nostris contrahimus.

41. Ex eo instrumento nullam vos habere actionem, in quo contrà bonos mores de successione futurà interposita fuit stipulatio, manifestum est : quàm omnia quæ contrà bonos mores, vel in pactum, vel in stipulationem deducuntur, nullius momenti sint. l. 4. Cod. de inutil. stipul. *a*.

a Lex ultima Cod. de pactis. l. 29 et 30. De donationibus.

TITULUS II.

De duobus reis constituendis.

1. Qui stipulatur reus stipulandi dicitur ; qui promittit, reus promittendi habetur. l. 1.

2. Quùm duo eamdem pecuniam aut promiserint aut stipulati sunt, ipso jure et singuli singulis in solidum debetur in solidum debentur, et singuli debent. l. 2. Vid. infr. l. 11, § 1.

3. In duobus reis promittendi frustrà timetur novatio. Nam licèt antè prior responderit, posterior etsi ex in-

tervallo accipiatur, consequens est dicere pristinam obligationem durare, et sequentem accedere ; et parvi refert simul spondeant , an separatim promittant ; quùm hoc actum inter eos sit ut duo rei constituantur; neque ulla novatio fiet. l. 3.

4. Ubi duo rei facti sunt, potest vel ab uno eorum solidum peti : hoc est enim duorum reorum, ut unusquisque eorum in solidum sit obligatus, possitque ab alterutro peti. l. 3, § 1.

Creditor prohiberi non potest exigere debitum *a*, quùm sint duo rei promittendi ejusdem pecuniæ, à quo velit. Et ideò, si probaveris te conventum in solidum exolvisse, rector provinciæ adjuvare te adversùs eum, cum quo communiter mutuam pecuniam accepisti, non cunctabitur *b*. l. 2. Cod. eod. Vid. inf. n. ult.

a Celui des coobligés qui a payé avec cession les donations du créancier, peut-il exercer le recours solidaire contre les autres, sa part confuse? M. Gueret sur M. le Prêtre, cent. 1, c. 69, tient l'affirmative. Il répond à l'arrêt de Dufresne du 22 février 1650. l. 5. C. 54, ce que Dufresne dit lui-même que cet arrêt répugnait à la discipline publique, et qu'il vaut mieux suivre les mieux suivre de Louet. l. R. n. 11. Il répond encore à l'arrêt du 5 septembre 1674, rendu contre Cochon, procureur, qui voulait faire des frais. Duperier, 3, 15.

a Contrà olim, quia proprium quis non alienum negotium gesserat. Vid. infrà de fidejussoribus , n°. 14 et n° 20. Est hic Tribonianismus. Anton. Fab. conject. Duperier, l. 3, q. 15.

5. Ex duobus reis promittendi alius in diem, vel sub conditione obligari potest : nec enim impedimento erit

dies, aut conditio, quominùs ab eo qui purè obligatus est, petatur. l. 7.

6. Eamdem rem apud duos pariter deposui *a*, utriusfidem fidem in solidum secutus *b* : vel eamdem rem duobus similiter commodavi : fiunt duo rei promittendi, quia non tantùm verbis stipulationis, sed cæteris contractibus, veluti emptione, venditione, locatione, conductione, deposito, commodato, testamento, ut putà, si, pluribus heredibus institutis testator dixit, *Titius et Mœvius Sempronio decem dato. c l.* 9.

a Voyez le conseil donné par Démosthène à un dépositaire.

b Vid. l. 47. Locati conducti.

c La loi 10 *dit :* Si duo rei promittendi socii non sint, non proderit alteri quod stipulator alteri reo pecuniam debet. *La loi* 11 *dit :* Reos promittendi vice mutuâ fidejussores non inutiliter accipi convenit.

Et stipulationum prætoriarum duo rei fieri possunt. l. 14.

7. Quùm tabulis esset comprehensum, *illum et illum centum aureos stipulatos*, neque adjectum ità ut duo rei stipulandi essent, virilem partem singuli stipulari videbantur. Et è contrario quùm ità cautum inveniretur, *tot aureos rectè dari stipulatus est Julius Carpus spopondimus ego Antonius Achilleus et Cornelius Dius,* partes viriles deberi : quia non fuerat adjectum singulos in solidum spopondisse, ità ut duo rei promittendi fierent *a.* l. 11, § 1, 2.

a Vid. contrà l. 2, suprà, in quâ tamen de pecuniâ agitur. Vix est ut concilientur leges Digestorum circà soliditatem. Locum habet in mandato, deposito, com-

modato, et quandò quis duorum fidem in solidum secutus est. Hìc vero exigitur ut expressè adjecta fuerit. Idem
in nov. 99, quam sequimur.

Exprimere debueras tuis precibus utrumve *in partem*
an *in solidum* singuli vos obligaveritis, ac duo rei promittendi extiteritis : quùm, siquidem ab initio unusquisque pro parte sit obligatus, egredi contractûs fidem non
possit : si verò in solidum, electio rescripto adimi non
debeat. l. 3, Cod. de duob. reis stip. et prom.

8. Si reus promittendi altero alteri reo heres extiterit, duas obligationes eum sustinere dicendum est *a*. Nam
ubi quidem altera differentia obligationum esse possit,
ut in fidejussore et reo principali, constitit alteram ab
alterâ perimi *a* : quùm verò ejusdem duæ potestatis sint,
non potest reperiri quâ altera potiùs quàm alteram con-
summari. Ideòque etsi reus stipulandi heres extiterit ,
duas species obligationis eum sustinere. l. 13. Vid. l. 5,
in fin. de fidejuss.

a L. 3, § 2. De solutionibus.

b Et de novâ cavendum est. l. 8, § 3. Qui satisdare
coguntur.

9. Et duobus reis stipulandi *a*, si semel unus egerit ,
alteri promissor offerendo pecuniam, nihil agit. l. 16.

a Primo agenti solvendum est, se nonne is partiri debet cum altero, si quidem in correis debendi, qui totum solvit, regressum habet. l. 2, Cod. h. t. Vid. l. 1,
§ 13. De tutelâ rationibus nisi socii sint.

10. Ex duobus reis ejusdem Stichi promittendi factis,
alterius factum alteri quoque nocet. l. 18. Vid. inf.
n°. 12.

11. Quùm duo eamdem pecuniam debent, si unus ca-

pitis diminutione exemptus est obligatione, alter non liberatur : multùm enim interest, utrùm res ipsa solvatur, an persona liberetur. Quàm persona liberatur manente obligatione, alter durat obligatus ; et ideò si aquâ et igni interdictum est alicui, fidejussor posteà ab eo datus tenetur. l. ult.

12. Si reus stipulandi, vel plurium stipulandi correorum unus, promissorem, vel plurium promissorum unum interpellaverit, aut si promissor, vel unus promissorum spontè agnoverit debitum uni stipulatorum , tota obligatio omnibus stipulatoribus adversùs omnes promissores integra perpetuatur *a*. ult. Cod. de duob. reis stip. et prom. *b*.

a Vid. 48. De fidejussoribus, et l. 47, eod. Id verum est inter correos dumtaxat, id est, qui se invicem et mutuò obligaverunt principaliter : secùs inter eos qui in solidum quidem obligati sunt ; veluti tutores, derelinquentes, etc., sed quid reciprocam non subierunt obligationem, neque inter realiter tantùm obligatos. Quid inter realiter obligatos in solidum, si alter totum solvat ? Regressum habet adversùs alterum. Verùm regressus iste exerceri debet intrà triginta annos (à die obligationis) sicut et ipsa actio principalis moveri debet intrà trigenta annos, adeò ut per eosdem triginta annos et actio principalis et actio regressùs nomine extinguitur ; ne solutio ab uno facta alteri noceat postquàm hic per præscriptionem liberatus est : nam præscriptio pro solutione est. Regulariter et jure antiquo, qui totum solvit regressum non habet , quia suum negotium gessit ; datur dumtaxat iste regressus benignitatis nomine. Verùm ista benignitas verti non debet in præjudicium alterius, ità ut postquàm liberatus est ab actione principali, teneatur adhùc regressùs nomine, licèt à compossessore pulsatus inquietudine litis non fuerit. Vid. Molin. De usuris. q. 89, n° 671 et seq.

b Voy. Louet. l. P. n° 2.

13. Si duo vel plures in solidum promiserint *a*, non in solidum tamen singuli, pro suà quisque parte convenientur. Verùm quod à quibusdam exigi non potuerit, cæterorum onus erit. Nov. 99.

a Quid? ex istà novel. Divisio facta estne inter creditores sicut inter debitores? Respondeo affirmativè. Vide Duperier, l. 3, q. 14 et 17.

LIBER QUADRAGES. SECT.

TITULUS PRIMUS.

De fidejussoribus et mandatoribus.

1. Omni obligationi fidejussor accedere potest. l. 1.

Et commodati, et depositi fidejussor accipi potest, et tenetur. l. 2.

Et generaliter omnium obligationum fidejussorem accipi posse nemini dubium est *a*. l. 8, § 6.

a Excipe casum interdicti. l. 6. De verborum obligationibus.

Sed et si ex delicto oriatur actio, magis putamus teneri fidejussorem. l. 8, § 5. Vid. l. 70, § ult.

2. Qui *satisdare* promisit, ità demùm implesse stipulationem satisdationis videtur, si eum dederit accessionis loco, qui obligari potest, et conveniri *a*. l. 3.

a Fidejussor debet renuntiare privilegio fori. l. 2. Qui satisdare coguntur. l. 7, in. p. eod.

3. Planè si non idoneum fidejussorem dederit, magis est ut satisfactum sit, quia qui admisit eum fidejubentem, idoneum esse comprobavit *a*. l. 3, in f.

a L. 10. Qui satisdare coguntur. l. 3 et 4. Ut in possessionem legatorum.

4. Potest accipi fidejussor ejus actionis quam habiturus sum adversùs eum pro quo fidejussi, vel mandati, vel negotiorum gestorum *a*. l. 4.

a Fidejussor in antecessum obligationis; *mais les biens du fidéjusseur ne seront hypothéqués que du jour de l'obligation contractée par le débiteur qui emprunte.* Vid. l. 1, l. 9, l. 11, § 1. Qui potiores, *et l'obligation accessoire ne peut subsister sans principal. Quid. peut-on opposer qu'il ne dépend pas du fidéjusseur de n'être pas obligé, et que l'obligation du fidéjusseur est conditionnelle, et la condition a un effet rétroactif dans le contrat? D'ailleurs il peut y avoir hypothèque sur les biens du fidéjusseur, sans qu'il y en ait sur ceux du débiteur, si le cautionnement est passé pardevant notaire, et que le débiteur ne soit obligé que sous seing-privé. Ce parti est le meilleur, et c'est un principe que* fidejussor, pignus et hypotheca possunt accipi in antecessum futuræ obligationis. Vide l. 16, infrà, et l. 8, § 4. h.

Stipulatus sum à reo, nec accepi fidejussorem; posteà volo adjicere fidejussorem; si adjecero, fidejussor obligatur. Et parvi refert utrùm purè fidejussorem obligem, an ex die, an sub conditione. Adhiberi autem fidejussor tàm futuræ, quàm præcedenti obligationi potest dummodò sit aliqua, vel naturalis futura obligatio. l. 6. Dict. l. § 1 et 2.

5. Fidejussor et ipse obligatur, et heredem obligatum relinquit, quàm rei locum obtineat. l. 4, § 1.

6. Illud commune est in universis qui pro aliis obligantur, quòd si fuerint in duriorem causam adhibiti, placuit, eos omninò non obligari *a*. In leviorem planè causam accipi possunt. Propter quod in minorem summam rectè fidejussor accipietur. Item accepto reo purè, ipse ex die, vel sub conditione accipi potest. Enim verò si reus sub conditione sit acceptus, fidejussor purè non obligabitur. l. 8, § 7.

a Obligantur saltem in veram causam. l. 22. Mandati vel contrà.

7. Pro fidejussore fidejussorem accipi, aequaquàm dubium est. l. 8, § ult.

8. Si mandatu meo Titio decem credideris *a*, et mecum mandati egeris, non liberatur Titius, sed ego tibi non aliter condemnari debebo, quàm si actiones quas adversùs Titium habes, mihi præstiteris. l. 13.

a Beneficium cedendarum actionum. l. 17.

9. Si cum Titio debitore egeris, ego (*mandator*) non liberabor, sed in id dumtaxat tibi obligatus ero quod à Titio servare non potueris. l. 13, in fin. l. 55. in fin. l. 68, § 1, in fin.

Priùs debitor conveniendus, et quod ab eo creditor non potuerit recipere, secundùm hoc ad fidejussorem, aut sponsorem, aut mandatorem veniat, et ab illo quod reliquum est sumat. Nov. 4, cap. 1.

10. Si stipulatus esses à me sine causâ, et fidejussorem dedissem *a*, et nollem eum exceptione uti, sed potiùs solvere, ut mecum mandati judicio ageret; fidejussori, etiam invito me, exceptio dari debet. Interest enim ejus

pecuniam retinere potiùs, quàm solutam stipulari à reo repetere. l. 15.

a Vid. legem 19. De exceptionibus. l. ult. De pactis.

Ex personâ rei, et quidem invito reo, exceptio et cœtera rei commoda fidejussori, cæterisque accessionibus competere potest. l. 32.

11. Fidejussor obligari non potest ei apud quem reus promittendi obligatus non est. l. 16.

12. Naturales obligationes non eo solo æstimantur, si actio aliqua eorum nomine competit, verùm etiam quùm soluta pecuniâ repeti non potest. Nam licèt minùs propriè debere dicantur naturales debitores, per abusionem intelligi possunt debitores : et qui ab his pecuniam recipiunt, debitum sibi recepisse. l. 16, § 4. Vid. sup. de obl. et act. n° 26.

13. Stipulatione, in diem conceptâ, fidejussor si sub conditione acceptus fuerit, jus ejus in pendenti erit : ut si antè diem conditio impleta fuerit, non obligetur; si concurret dies et conditio, vel etiam diem conditio secuta fuerit, obligetur. l. 16, § 5.

16. Fidejussoribus succurri solet, uti stipulator compellatur ei qui solidum solvere paratus est, vendere cæterorum nomina *a*. l. 17. Vid. l. 39, l; 41, § 1, l. 13.

a Quid, possuntne actiones cedi ex intervallo propter legem 76. De solutionibus? Vid. l. 57. De legatis 1°.

Quùm is, qui et reum et fidejussores habens, ab uno ex fidejussoribus acceptâ pecuniâ, præstet actiones, poterit quidem dici nullam jam esse, quùm suum perceperit, et perceptione omnes liberati sunt. Sed non ità est, non enim in solutum accipit, sed quodammodò nomen debitoris vendidit, et ideò habet actiones, quia tenetur

ad id ipsum ut prætet actiones. l. 36, l. 76, de solutionibus. l. 28. Mandati vel contrà.

Quùm alter ex fidejussoribus in solidum debito satis-
faciat, actio ei adversùs eum qui unà fide jussit non
competit *a*. Potuisti sanè, quùm fisco solveres, desiderare ut jus pignoris quod fiscus habuit in te transferetur,
et si hoc ità factum est, cessis actionibus uti poteris,
quod et in privatis debitis observandum est. l. 11. Cod.
de fidejuss.

a Quia fidejussor suum proprium non alienum negotium gessit. Idem olim in correis; secùs hodiè. l. 2. Cod.
De duobus reis. Vid. n° 4, 5. De duobus reis, et infrà.
l. 39.

15. Heres à debitore hereditario fidejussorem accepit,
deindè hereditatem ex Trebelliano restituit. Fidejussoris
obligationem in suo statu manere ait. Idemque in hac
causâ servandum, quòd servaretur quùm heres contrà
quem emancipatus filius bonorum possessionem accepit,
fidejussorem accepit : Ideòque in utrâque specie transeunt actiones *a*. l. 21.

a L. 25, ait : si quis pro pupillo sine tutoris auctoritate obligato, prodigove, vel furioso fidejusserit ; magis
esse ut ei non subveniatur : quoniam his mandati actio
non competit. Vid. contrà. l. 6. De verborum obligationibus. Gotofredus legit : Quamvis ei mandati actio non
competit. Vid. l. 46. h.

16. Inter fidejussores non ipso jure dividitur obligatio.
Ex epistola divi Hadriani : et ideò si quis eorum, antè
exactam à se partem, sine herede decesserit, vel ad ino-
piam pervenerit, pars ejus ad cæterorum onus respicit *a*.
l. 26.

n Nonne distinguendum est inter eos qui simul uno actu fidejusserunt, et eos quorum alter post alterum fidejussit? tunc enim primus accessit alienæ obligationi integræ et solus. Secundus autem potuit ignorare primum fidejussisse.

Ut autem is qui cum altero fidejussit, non solus conveniatur, sed dividatur actio inter eos qui solvendo sunt, antè condemnationem ex ordine postulari solet. l. 10, § 1, Cod. de fidejuss. Vid. § 4, inst. eod.

17. Sicut ipsi fidejussori, ità heredibus quoque eorum succurrendum. l. 27, § 3.

18. Fidejubere pro alio potest quisque, etiam si promissor ignoret. l. 30.

19. Si fidejussor, vel quis alius pro reo antè diem creditori solverit, expectare debebit diem quo eum solvere oportuit. l. 31.

20. Ut fidejussor adversùs confidejussorem suum agat, danda actio non est. Ideòque si ex duobus fidejussoribus ejusdem quantitatis, quùm alter electus à creditore totum ei exsolvet *a*, nec ei cessæ essent actiones; alter nec à creditore, nec à fideconjussore convenietur. l. 39.

a Vid. suprà n° 14 in fine.

21. Si fidejussores *in id accepti sunt, quod à curatore servari non possit*, et post impletam legitimam ætatem, tàm ab ipso curatore, quàm ab heredibus ejus in solidum servari potuit *a*; et cessante eo qui pupillus fuit *b*, solvendo esse desierit, non temerè *c* utilem in fidejussores actionem competere. l. 41.

a Parentes pupilli vel judex fidejussorem pro pupillo acceperunt ab ejus curatore, sed subsidiarium dumtaxat, est, in id quod à curatore servari non posset.

b Loiseau concilie ces deux lois, en distinguant le fidé-
jusseur subsidiaire et le fidéjusseur pur et simple.

c Facilè.

Si fidejussor creditori denuntiaverit ut debitorem ad
solvendam pecuniam compelleret, vel pignus distraheret,
isque cessaverit, an possit eum fidejussor doli mali exceptione summovere? respondit, non posse. l. 62.

22. Quùm lex venditionibus occurrere voluerit *a*, fidejussor quoque liberatur *b* : eò magis quòd per ejusmodi
actionem ad reum pervenitur *c*. l. 46.

a Vid. l. 25, h.

b Par exemple si une veuve qui se remarie donne le con-
quêt de sa première communauté avec garantie contre l'ar-
ticle ·279 *de Paris* Gotofr. ait : Putà de donationibus
inter conjuges quæ vetitæ sunt.

c Quid *du fidéjusseur d'une femme mariée qui s'oblige*
sans son mari? Id locum habet in fidejussore minoris.
Vide n° 27.

23. Si Titius et Seia pro Mævio fidejusserint, sub-
ductà muliere dabimus in solidum adversùs Titium actionem : quùm scire potuerit aut ignorare non debuerit
mulierem frustrà intercedere *a*. l. 48. Vid. ult. de duobus reis.

a La loi 47 *dit :* Si debitori deportatio irrogata est,
non posse pro eo fidejussorem accipi, scribit Jul. quasi
obligatio extincta sit. Voy. Duperier, l. 1, q. 6. Ratio
quia condemnatus intelligitur mortuus civiliter et hereditatem habet, undè sicut bonis exuitur, ità et omni ære
alieno liberatur. Vid. l. 6. De verborum obligationibus.
La loi 47 *dit :* Si debitori deportatio irrogata est, non
posse pro eo fidejussorem accipi scribit Julianus,

quasi tota obligatio contrà eum extincta sit. Duperier, l. 1, q. 6 hoc limitat ad obligationem contractam antè deportationem, quia deportatus exuitur bonis, et successorem accipit : secùs si post condemnationem mutuum acceperit et fidejussorem dederit, quia remanet capax juris naturalis et gentium. Obligatur saltem naturaliter et obligatio naturalis sufficit ad fidejussionem. l. 16, § 3. De fidejussoribus. Quid de minore si restituatur adversùs fidejussorem? Vide § 1, cujus distinctioni non plaudo.

24. Creditor pignus distrahere non cogitur, si fidejussorem simpliciter acceptum omisso pignore, velit convenire. l. 51, § 3.

Sed neque ad res debitorum quæ ab aliis detinentur veniat priùs, antequàm transeat viam super personalibus contrà mandatores, et fidejussores, et sponsores. Nov. 4. Cod. 2, ap.

25. Non deceptus videtur jure communi usus. l. 51, § 4, ult. Cod. de in integrum restitutionibus.

26. Quùm facto suo reus principalis obligationem perpetuat *a*, etiam fidejussoris durat obligatio : veluti si moram fecit in Sticho solvendo *b*, et is decessit. l. 58, § 1.

a Le débiteur peut couvrir la péremption au préjudice du fidéjusseur. Quid si elle emportait prescription ? Vid. l. 3, § 1. Quæ in fraudem creditorum, sed dumtaxat debitor hic jure suo non usus est, sed fidejussor potest adesse liti ne colludatur. Authent. Nunc. Cod. De litig.

b Reus potest perpetuare obligationem morâ suâ. Quid, potestne augere usuras ex morâ ? Vid. l. 88. De verborum obligationibus.

27. Ubicumque reus ità liberatur à creditore, ut naturà debitum maneat, teneri fidejussorem respondit *a*. Quùm verò genere novationis transeat obligatio, fidejussorem aut jure, aut exceptione liberandum. l. 6o.

a Quid, post præscriptionem debitori acquisitam ? Fidejussor liberatur. Si debitor perperàm à judice absolutus sit, liberatur fidejussor propter auctoritatem judiciorum.

Minoris fidejussor, eo restituto, non liberatur, nisi intervenerit dolus creditoris. l. 1, Cod. de fidejuss. min. *a*.

a Vid. l. 10. Rem pupilli salvam ubi fidejussor tutoris debet usuras. l. 2, § 2. De administratione rerum ad civ. pertinent.

28. Fidejussores magistratuum in pœnam, vel vindictam quam non spopondissent, non debere conveniri decrevit. l. 68 *a*.

a La caution du bail sera tenue des dommages et intérêts de l'incendie. Secùs *de la simple caution des loyers.* Dargentré, l. 54. Locati. Quid de usuris quæ ex morà veniunt. Vid. l. 88. De verborum obligationibus. l. 54. Locati. l. ult. De magistrat. conveniendis. l. 17, § ult. Ad municip. l. 21, § 1, cod. l. 10. Rem pupil. sal.

Fidejussores magistratuum in his quæ ad reipublicæ administrationem pertinent, teneri; non in his quæ ob culpam, vel delictum eis pœnæ nomine irrogentur, tàm mihi quàm divo Severo patri meo placuit. l. un. Cod. de peric. eor. qui pro mag. interv.

29. Id quod vulgò dictum est *a*, *maleficiorum fidejussorem accipi non posse*, non sic intelligi debet, ut in pœ-

nam furti, is cui furtum factum est, fidejussorem accipere non possit. l. 70, § ult. Vid. l. 8, § 5.

a Vid. l. 68, § 1. Quæ multùm obtinet in praxi ubi fidejussor tenetur de secundâ summâ, non de primâ, si fortè debitor solvendo sit in primâ summâ, *parce que le fidéjusseur ne serait que certificateur, et les créanciers ne trouveraient aucune sûreté dans le cautionnement. Voy. les arrêts de Augeard, t. 2, art. 89.*

3o. Si vel unum è reis, vel unum è fidejussoribus creditor convenerit, non amittit jus agendi contrà cæteros. l. 28. Cod. de fidejuss. et mand.

TITULUS II.

De novationibus et delegationibus.

1. Novatio est prioris debiti in aliam obligationem vel civilem, vel naturalem transfusio atque translatio *a*. Hoc est, quùm ex præcedenti causâ itâ nova constituatur, ut prior perimatur : Novatio enim à novo nomen accepit, et a novâ obligatione. l. 1.

a Point de novation. in l. 33, § 3 De donationibus. In l. 24. De mortis causâ donationibus. in l. 17, in fine princ. De rebus auctoritate judicis possidendis. in. l. 11, § 1. De pigneratitiâ actione. in. l. 1, § 10. De separationibus. in. l. 3. De duobus reis. l. 6, hic. Cujacius 11, ob. C. 32, ait novatione obligationem mutari, superioris temporis ordinem non mutari. Loyseau, *du déguerpissement,* l. 6, c. 7, n° 8, *dit que cette clause de* sans préjudicier à l'hypothèque, *est d'ordinaire superflue aux contrats. Voyez* Louet et Brodeau. l. n. c. 7.

2. Illud non interest qualis *processit* obligatio, utrùm naturalis, an civilis, an honoraria : et utrùm verbis, an re, an consensu : qualiscumque igitur obligatio sit quæ præcessit, novari verbis potest : dummodò sequens obligatio, aut civiliter teneat, aut naturaliter : ut putà si pupillus sine tutoris auctoritate promiserit *a*. l. 1, § 1.

a La femme mariée chez nous ne peut donner lieu à la novation sans l'autorité de son mari.

3. Novatio ità demùm fit, si hoc agatur, ut novetur obligatio. Cæterùm si non hoc agatur *a*, duæ erunt obligationes. l. 2. in fin. *b*.

a Quare si in stipulatum funeris impensa deducta est, dicendum est locum esse privilegio, si modò quis non objiciendi privilegii causâ stipulatus est. l. 17, in fine princ. De rebus auctoritate judicis.

b Vid. ibi. l. 8, § 1, hic. l. ult. Qui potiores, nᵒ 5.

Novationem nocentia corrigentes volumina, et veteris juris ambiguitates resecantes, sancimus, si quis vel aliam personam adhibuerit, vel mutaverit, vel pignus acceperit vel quantitatem augendam, vel minuendam esse crediderit, vel conditionem, seu tempus addiderit, vel detraxerit, vel cautionem minorem acceperit, vel aliquid fecerit ex quo veteris juris conditores introducebant novationes, nihil penitùs prioris cautelæ innovari, sed anteriora stare et posteriora incrementum illis accedere *c*; nisi ipsi specialiter remiserint quidem priorem obligationem, et hoc expresserint, *quòd secundam magis pro anterioribus elegerint.* Et generaliter definimus voluntate solùm esse, non lege novandum; etsi non verbis exprimatur, ut sine novatione (quod solito vocabulo ανευκαινὸ τετος græci dicunt) causa procedat *d*. Hoc enim naturalibus

inesse rebus volumus, et non verbis extrinsecùs super-
venire. l. ult. Cod. cod.

c Licèt utraque subsistat obligatio, idem tamen non
bis datur.

d Jure distinguitur. Non sit novatio nisi hoc actum sit.
Jure verò Cod. Nisi expressum sit. Actum autem intelligitur tàm ex metu debitoris quàm creditoris, et apud nos
novatio locum habet, nisi hypotheca prioris obligationis
expressè retenta fuerit. Vide tamen Louet, l. n. c. 7.

4. Cui bonis interdictum est, novare obligationem
suam non potest, nisi meliorem suam conditionem fecerit. l. 3.

5. Si ità fuero stipulatus *quanto minus à Titio debitorem exegissem, tantùm fidejubes?* Non fit novatio, quia
non hoc agitur ut novetur. l. 6.

6. Legata, vel fideicommissa, si in stipulatione fuerint deducta, et hoc actum ut novetur, fiet novatio. l. 8,
§ 1. Vid. sup. l. 2, in fine.

7. Quod ego debeo, si alius promittat, liberare me
potest, si novationis causâ hoc fiat. l. 8, § ult.

Me is qui quod debeo promittit, etiam si nolim, liberat. Dict. § in fin. Vid. inf. de solut. l. 23.

8. Qui sub conditione stipulatur quæ omnimodò exta-
tura est, purè videtur stipulari. l. 9, § 1.

9. Delegare est vice suâ alium reum dare creditori, vel
cui jusserit. l. 11.

10. Novatione legitimè factâ, liberantur hypothecæ *a*,
et pignus : usuræ non currunt *b*. l. 18.

a Vid. l. 11, § 1. De pigneratitiâ actione, l. 17, in fine
princ. De rebus auctoritate judicis possidendis. *La loi* 27,
dit : Emptor eum delegante venditore pecuniam ità pro-

mittit quidquid ex vendito dare facere oportet novatione secutâ usuras neutri post insecuti temporis debet. Nota, Venditio fundi parit usuras ipso jure. l. 2. Cod. De usuris. l. 5. Cod. De actione emptitiâ.

b Cujacius ad. l. 6. Si certum petatur, *dit :* Pecunia aliundè veniens veluti ex vendito vel ex mandato potest transire in mutuum partium conventione, nec illa tamen novatio impedit usuras.

Ex contractu pecuniæ creditæ, actio inefficax dirigitur, si delegatione personæ ritè factâ, jure novationis vetustior contractus evanuit. l. 2. Cod. eod.

11. Doli exceptio quæ poterat deleganti opponi, cessat in personâ creditoris, cui qui delegatus est : Idemque est, et in cæteris similibus exceptionibus. l. 19.

(*Qui*) jam excessit ætatem viginti quinque annorum, quamvis adhùc possit restitui adversùs priorem creditorem, (*delegatione exceptionem amittit*). Ideò autem denegantur exceptiones adversùs secundum creditorem, quia in privatis contractibus et pactionibus, non facilè scire petitor potest quid inter eum qui delegatus est *a* et debitorem actum est, aut etiam si sciat, dissimulare debet, ne curiosus videatur *b* : et ideò meritò denegandum est adversùs eum exceptionem ex personâ debitoris. Dict. l. 19.

a Creditor curiosus esse debet in. l. 3, § 9. De in rem verso. l. ult. De exercitoriâ.

b Vide l. 33, § 3. De donationibus. l. 41. De re judicatâ.

Si Titius donare mihi volens, delegatus à me creditori meo stipulandi spopondit, non habebit adversùs eum illam exceptionem, ut quatenùs facere potest condemnetur.

Nam adversùs me tali defensione meritò utebatur, quia donatum ab eo petebam, creditor autem debitum persequitur *c*. l. 33.

c Secùs *par la voie de la simple cession sans délégation formelle.*

12. Tutor (novare) potest, si hoc pupillo expediat *a*. l. 20, § 1.

a Vid. contrà. l. 96. De solutionibus. Ubi potest tutor delegare, licèt non expediat pupillo, modò non malo concilio fecerit. Reverà domini loco habetur. l. 2. De administratione et periculo tutorum.

13. Novare possumus aut ipsi, si sui juris sumus, aut per alios, qui voluntate nostrâ stipulantur. l. 20.

Procurator omnium bonorum (novare potest). Dict. l. 20, § 1, in fin. Vid. contrà. l. 60, de procuratoribus.

14. Agnatum furiosi, aut prodigi curatorem novandi jus habere minimè dubitandum est, si hoc furioso, vel prodigo expediat. l. ult. § 1.

15. Paulus respondit, si creditor à Sempronio novandi animo stipulatus esset, ità ut à primâ obligatione in universum discederetur, rursùm easdem res à posteriore debitore, sine consensu prioris, obligari non posse. l. 30.

16. Si duo rei stipulandi sint *a*, an alter jus novandi habeat quæritur; et quid juris unusquisque sibi adquisierit? Ferè autem convenit, et uni rectè solvi, et unum judicium petentem totam rem in litem deducere *b*; item unius acceptilatione perimi utriusque obligationem; ex quibus colligitur *c* unumquemque perindè sibi acquisisse ac si solus stipulatus esset : excepto eo, quòd etiam facto ejus, cum quo commune jus stipulantis est, amit-

tere debitorem potest. Secundùm quæ si unus ab alio quo stipuletur, novatione quoque liberare eum ab altero poterit, quùm id specialiter agit. l. 31, § 1.

a L. 27. De pactis contrà.

b L. 13, § ult. De acceptilatione. l. 16, eod.

c Si alter è correis credendi prævenit, debitor non potest alteri solvere. Verùm qui totum accepit debet partem alteri inferre. Arg. l. 2. Cod. De duobus reis. Ergò antè solutionem totius potest debitor mediam partem alteri non petenti solvere. Item potest hujusce mediæ partis compensationem petenti solidum opponere. Vid. l. 16. De duobus reis. Nota semper ipso jure inesse societatem in hâc parte.

17. In summâ admonendi sumus nihil vetare unâ stipulatione plures obligationes novari, veluti si ità stipulemur : *Quod Titium et Seium mihi dare oportet, id dari spondes ?* Licèt enim ex diversis causis singuli fuerant obligati, utrique tamen novationis jure liberantur : quùm utriusque obligatio in unius personam, à quo nunc stipulemur, confluat. l. ult. § 2.

18. Delegatio debiti, nisi consentiente et stipulanti promittente debitore, jure perfici non potest *a*. Nominis autem venditio, et ignorante, vel invito eo adversùs quem actiones mandantur, contrahi solet. l. 1. Cod. de novat. et deleg.

a Discrimen cessionis et delegationis.

19. Si delegatio non est interposita debitoris tui, ac proptereà actiones apud te remanserunt, quamvis creditori tuo adversùs eum solutionis causâ mandaveris actiones : tamen antequàm lis constetur, vel aliquid ex debito accipiat, vel debitori tuo denuntiaverit, exigere *b*

debitóre tuo debitam quantitatem non vetaris : et eo modo tui creditoris exactionem contrà eum inhibere. l. 3. Cod. eod.

20. Si delegatione factâ jure novationis tu liberatus es, frustrà vereris, ne eo quòd qua⁻i à cliente *a* suo non faciat exactionem, ad te periculum redundet : quàm per verborum obligationem voluntate novationis interpositâ, à debito liberatus sis. l. 3, in fin. Cod eod.

a Istud verbum non est appositum : Reverà non est jurisconsultorum, sed imperatorum.

TITULUS III.

De solutionibus et liberationibus.

1. Quotiens quis debitor ex pluribus causis unum debitum solvit, est in arbitrio solventis dicere, quod potius debitum voluerit solutum : et quod dixerit, id erit solutum. Possumus enim certam legem dicere ei quod solvimus. l. 1.

In potestate ejus est qui ex pluribus contractibus pecuniam debet, tempore solutionis exprimere in quam causam reddat. l. 1. Cod. eod.

2. Quotiens verò non dicimus id quod solutum sit, in arbitrio est accipientis, cui potiùs debito acceptum fuerat dummodò in id constituat solutum, in quod ipse, si deberet, esset soluturus, quoque debito se exoneraturus esset, si deberet *a* : id est, in debitum quod non est in controversiâ, aut in illud quod pro alio quis fidejusserat, aut cujus dies nondùm venerat : æqui⁻simum enim visum est creditorem ità rem agere debitoris, ut

suam ageret. Permittitur ergò creditori constituere, in quod velit solutum : dummodo sic constituamus, ut in re suâ constitueret, sed constituere in re præsenti, hoc est statim atque solutum est *b*. Dùm in re agendâ hoc fiat, ut vel creditori liberum sit non accipere, vel debitori non dare, si alio modo exsolutum quis eorum velit. Cæterùm posteà non permittitur. Hæc res efficiet, ut in duriorem causam *c* semper videatur sibi debere accepto ferre. Ità enim et in suo constitueret nomine. l. 1, 2, 3.

a Idque juxtà præceptum *alteri ne feceris,* etc. tàm præclara humanitatis principia.

b Vid. l. 73.

c Vid. l. 10, § 1. h. t. et l. 35. De pigneratitiâ actione. In dictâ lege 101. Creditor qui pignus distrahit, pretium imputat in quamlibet causam. Arg. tit. Cod. Etiam ob chirogr. pecun. pig. Item ad puniendam contumaciam debitoris, et ut indemnis evadat creditor. Vid. tamen, l. 103, *qui peut s'appliquer à un héritier qui doit du chef du défunt et de son propre chef. Si le titre qui était contre le défunt n'est pas déclaré exécutoire contre l'héritier, il faudra imputer ce que l'héritier a payé sur ce qu'il devait de son chef,* qui nondùm compelli poterat. Idem *s'il n'était héritier que par bénéfice, quand le titre aurait été exécutoire.*

3. Quòd si forte à neutro dictum sit, in his quidem nominibus, quæ diem (vel conditionem) habuerint, id videtur solutum, cujus dies venit : et magis quod meo nomine, quàm quod pro alio fidejussorio nomine debeo : et potiùs quod cum pœnâ, quàm quod sine pœnâ debetur : et potiùs quod satisdato, quàm quod sine satisdatione debeo. l. 3, § 1 et l. 4.

Quùm ex pluribus causis debitor pecuniam solvit, utriusque demonstratione cessante, potior habebitur causa ejus pecuniæ quæ sub infamiâ debetur : mox ejus quæ pœnam continet *a* : tertiò quæ sub hypothecâ, vel pignore contracta est. Post hunc ordinem potior habebitur propria, quàm aliena causa, veluti fidejussoris quod veteres ideò definierunt, quòd verisimile videretur diligentiam debitorem admonitu ità negotium suum gesturum fuisse. Si nihil eorum interveniat, vetustior contractus antè solvetur *b*. Si major pecunia numerata sit, quàm ratio singulorum exposcit, nihilominùs, primo contractu soluto, qui potior erit *c*, superfluum ordini secundo, vel in totum, vel pro parte minuendo videbitur datum. l. 97.

a Sed quo proprio nomine debetur etiam sine hypothecâ durius est eo quod debetur nomine fidejussorio cum hypothecâ. Quod cum pœnâ vel usuris debetur durius est quàm cum fidejussore.

b Si sint duo vel plures conctractus ejusdem temporis, in singulos imputabitur pro rata. l. 96, § 3, l. 8, eod.

c Quid, *peut-on payer et recevoir par avance des arrérages d'un contrat de constitution, sans que le débiteur puisse dans la suite les faire imputer au principal pour le diminuer? Le créancier pourrait-il dire qu'il n'avait intention de morceler son principal, et que le débiteur ne pouvait en payer une partie? La loi 2, § 6. De doli exceptione, dit:* Accipiendo usuras in futurum distulisse videtur petitionem in id tempus quod est post diem usurarum præstitarum, et tacitè convenisse interim se non petiturum. *Il faut distinguer entre ce qui est exigé et ce qui est payé volontairement.*

4. In his quæ præsenti die debentur, constat quotiens indistinctè quid solvitur, in graviorem causam videri solutum : si autem nulla pergravet, id est si omnia nomina similia fuerint, in antiquiorem *a*. Gravior videtur, quæ et sub satisdatione videtur, quàm ea quæ pura est. l. 5.

a Contrà *le débiteur a intérêt d'éteindre les nouvelles dettes, parce qu'il empruntera plus aisément de l'argent pour payer les anciennes, en donnant la subrogation ; mais c'est une subtilité.*

5. Si quid ex famosâ causâ et non famosâ debeatur, id solutum videtur quod ex famosâ causâ debetur; proindè si quid ex causâ judicati, et non judicati *a* debetur, id putem solutum quod ex causâ judicati *b* debetur *c*. l. 7.

a La loi 6 *dit :* Nec ordo scripturæ spectatur, sed potiùs ex jure sumitur quod agi videtur. Idem in l. 77, § 12. De legatis 2°. Causa judicati durior erat, 1°. Quia inficiatio rei judicatæ crescebat in duplum. Cujacius, ad. l. 36. Familiæ erciscundæ. 2°. Propter usuras rei judicatæ quæ sunt centesimæ. l. ult. Cod. De usuris rei judicatæ. *Chez nous la chose adjugée par sentence.* Paris, art. 111.

b L. 24, hîc loquitur de fidejussore duorum debitorum qui solvit aliquid, solutio imputatur in antiquius debitum.

6. Quod generaliter constitutum est *a, priùs in usuras nummum solutum accepto ferendum,* ad eas usuras videtur pertinere, quas debitor exsolvere cogitur *b*. l. 5, § 2, in fin *c*.

a L. 35. De pigneratitiâ actione.

b Vid. l. 5, § 21. Ut in possessionem legatorum.

c Vid. l. 103.

Si fortè usurarum rationem arbiter dotis recuperandæ

habere debuerit *d*, ità est computandum, ut prout quidque ad mulierem pervenit, non ex universâ summâ decedat, sed priùs in eam quantitatem quam usurarum nomine mulierem consequi oportebat; quod non est iniquum. l. 48.

d La première imputation est pour le débiteur in graviorem. *La seconde est pour le créancier* in usuras. *Le § dernier de la loi* 5 *dit :* Si quis ità caverit debitori in sortem et usuras se accipere non sorti et usuris pro ratâ decedere, sed priùs in usuras, tunc deindè si quid superfuerit in sortem cedat. *La loi* 6 *dit :* Nec enim ordo scripturæ spectatur, sed potiùs ex jure sumitur id quod agi videtur. Gotofr. ait 1°. Volumus contrahentium expressa. 2°. Juris dispositio. 3°. Ordo scripturæ inspicitur et sic voluntas tacita.

7. Apud Marcellum quæritur, si quis ità caverit debitori, *in sortem et usuras se accipere*, utrùm pro rata et sorti, et usuris decedat, an verò priùs in usuras, et si quid superest, in sorte? Sed ego non dubito quin hæc cautio, *in sorte et in usuras*, priùs usuras admittat, tunc deindè, si quid superfuerit, in sortem cedat *a*. l. 5, § ult.

a Nous distinguons quand les intérêts sont aussi anciens que le principal.

8. Vero procuratori rectè solvitur. Verum autem accipere debemus eum, cui mandatum est, vel specialiter, vel cui omnium negotiorum administratio mandata est *a*. l. 12 *b*.

a Quand le débiteur doit ex pluribus causis, *l'imputation se fait en sa faveur. Quand il doit* ex eâdem causâ, *mais principal et intérêt, elle se fait en faveur du créancier* priùs in usuras, *pourvu que les intérêts soient aussi anciens que le principal. Quand les intérêts sont dus par une sentence, qui les adjuge, on peut dire que c'est* diversa causa à sorte principali; *en sorte que dans quelques lieux l'hypothèque des intérêts n'a lieu que du jour de la sentence ; ainsi en imputant sur le principal, c'est imputer sur la cause la plus dure et la plus ancienne.*

u Non autem procuratori ad lites. l. 86. h. Vid. l. 58, 59. De procuratoribus.

9. Sed et si quis mandaverit, ut Titio solvam, deindè vetuerit eum accipere, si ignorans prohibitum eum accipere, solvam, liberabor; sed si sciero, non liberabor *a*. l. 12, § 2. Vid. n.º 17.

a Idem in cæteris contractibus, empti venditi, locati conducti, etc. *Mais quelles précautions prendre pour faire signifier la révocation à toute la terre?* Sibi enim imputet qui mandatum dedit. Hoc jure utimur ut litis procuratori non rectè solvatur. l. 86.

Si Titium omnibus negotiis meis præposuero, deindè vetuero eum, ignorantibus debitoribus, administrare negotia mea, debitores ei solvendo liberabuntur. Nam is qui omnibus negotiis suis aliquem proponit, intelligitur etiam debitoribus mandare, ut procuratori solvant. l. 34, § 3.

10. Sunt quidam tutores qui honorarii appellantur, sunt qui rei *notitiæ gratiá* dantur, sunt qui ad hoc dantur, ut gerant, et hoc vel pater adjicit ut unus (putà) gerat, et vel voluntate tutorum uni committitur gestus, vel prætor ità decernit. l. 14, § 1.

11. Sive legitimi sunt (*tutores*), sive testamentarii, sive ex inquisitione dati; rectè vel uni solvitur. l. 14, § 5.

12. Curatori quoque rectè furiosi solvitur : item cura-

tori sibi non sufficientis vel per ætatem, vel per aliam justam causam : sed et pupilli curatori rectè solvi constat. l. 14, § 7.

13. Cassius ait, si cui pecuniam dedi, ut eam creditori meo solveret, in suo nomine dederit, neutrum liberari : me, quia non meo nomine data sit; illum, quia alienam dederit : Cæterùm mandati eum teneri : sed si creditor eos nummos sine dolo malo consumpsisset, is qui suo nomine eos solvisset, liberatur : ne, si aliter observaretur, creditor in lucro versaretur *a*. l. 17.

a Et creditor de prædà magis quàm de damno sollicitus esset. l. 25, in fine. De administratione et periculo tutorum.

14. Solutione pro nobis et inviti, et ignorantes liberati possumns. l. 23.

Solvere pro ignorante et invito cuique licet, quùm sit jure civili constitutum licere etiam ignorantis invitique meliorem conditionem facere *a*. l. 53. Vid. inf. n° 40.

a Vid. Cod. l. 69. De re judicatà.

15. Debitores solvendo ei qui pro tutore negotia gerit, liberantur, si pecunia in rem pupilli pervenit. l. 28.

16. Inter artifices longa differentia est, et ingenii, et naturæ, et doctrinæ et institutionis. Ideò si *navem a se fabricandam* quis promiserit, vel *insulam ædificandam focamve faciendam*, et hoc specialiter actum est, *ut suis operis id perficiat*, fidejussor ipse ædificans, vel fossam fodiens, non consentiente stipulatore, non liberabit reum. l. 31.

17. Si nullo mandato intercedente debitor falsò existimaverit voluntate meâ pecuniam se numerare, non liberabitur. Et ideò procuratori qui se ultrò alienis negotiis offert solvendo, nemo liberabitur?

Si quis offerenti se negotiis alieno bonâ fide solverit, quandò liberetur? Et ait Julianus, quùm dominus ratum habuerit, tunc liberali. l. 58.

18. Reo criminis postulato interim nihil prohibet rectè pecuniam à debitoribus solvi : alioquin plerique innocentium necessario sumptu egebunt *a*. Sed nec illud prohibitum videtur, ne à reo creditori solvatur *b*. l. 41 et 42.

a Vid. l. De donationibus. l. 46 , § 6. De jure fisci. l. 20. De accusat. l. 15. Qui et à quibus maj. contrarium dicit in crimine Majest.

b Sed curandum ne reo qui profugit aliquid à debitoribus ejus solvatur, ne per hoc fuga ejus instruatur. l. ult. De requirendis reis.

19. In omnibus speciebus liberationum etiam accessiones liberantur : putà adpromissores, hypothecæ, pignora. l. 43.

20. Inter creditorem et adpromissores confusione factâ reus non liberatur. l. 43. in fin.

21. In numerationibus aliquandò evenit , ut unâ numeratione duæ obligationes tollantur uno momento. Veluti si quis pignus pro debito vendiderit creditori. Evenit enim, ut et ex vendito tollatur obligati et debiti. Item si pupillo, qui sine tutoris auctoritate mutuam pecuniam accepit, legatum à creditore fuerit sub eâ conditione, *si eum pecuniam numeravit*, in duas causas videri eum numerasse, et in debitum suum ut in falcidiam heredi imputetur , et conditionis gratiâ ut legatum consequatur. l. 44. Vid. infr. l. 64.

22. Si quis aliam rem pro aliâ volenti solverit, et evicta fuerit (res), manet pristina obligatio, et si pro parte

fuerit evicta, tamen pro solido durat obligatio *a*. Nàm non accepisset re integrà creditor, nisi pro solido ejus fieret l. 46.

a Item non puto hîc fidejussorem liberari quandò solutum non durat solutum. Vide l. fin. l. 47, § 1. De minoribus. l. 84. De regulis juris.

23. Satisfactio pro solutione est l. 52.

Solutionis verbum pertinet ad omnem liberationem quoquo modo factam : magisque ab substantiam obligationis refertur, quàm ad nummorum solutionem. l. 54.

24. In perpetuum quotiens id quod tibi debeam, ad te pervenit, et tibi nihil absit, neque quod solutum est repeti possit, competit liberatio. l. 6 .

25. Quùm jussu meo, id quod mihi debes, solvis creditori meo, et tu à me, et ego à creditore meo liberor. l. 64.

26. Quod certà die promissum est, vel statim dari potest *a* : totum enim medium tempus, ad solvendum promissori liberum relinqui intelligitur. l. 70 *b*.

a Quid si immineat monetæ immunitio? Puto non posse solvi antè diem locationis : alioquin captaretur jus civile tanquàm ex aucupio syllabarum contrà mentem legis.

b Vide l. 138. De verborum obligationibus. l. 50. De obligationibus et actionibus.

27. Modestinus respondit, si post solutum sine ullo pacto omne quod ex causà tutelæ debeatur, actiones post aliquod intervallum cessæ sint, nihil eà cessione actum, quùm nulla actio superfuerit *a* : quòd si antè solutionem hoc factum est, vel quùm convenisset, *ut mandarentur actiones b*, tunc solutio facta esset, mandatarum subsecutum est, salvas esse mandatas actiones : quùm novissimo quoque casu *c*, pretium magis mandatarum ac-

tionum solutum, quam actio quæ fuit, perempta videatur.
l. 76 d.

a Gouj t, *des hypothèques.* P. III, p. 196. *distingue comme M. Louet.* Vid. l. 5 de legatis 1°. L. 25. De administratione et periculo tutorum. L. 23. De peculio legato. *Chez nous on ne pratique point la cession et intervention* ex intervallo *en faveur de celui qui pouvait être contraint, parce qu'elle a lieu de plein droit, comme dit Dumoulin.*

a Voyez M. Louet. L. C. n° 38. Il distingue si celui qui paie pouvait y être forcé, il peut recevoir cession de droit ex intervallo : secùs contrà glos. Vid. l. 1 et 3, Cod. de his qui in priorum creditorum locum succedunt. L. 25. De administratione et periculo tutorum. L. 1, Cod. de contrario judicio tutelæ. L. 25, ff. De administratione et periculo tutorum. *M. le Prêtre, centur.* 1, *C.* 99, *distingue* inter debitorem et extraneum. *La loi* 95, § 10, h. t. *dit :* Si mandatu meo Titio pecuniam credidisses, mandatore damnato, quanquam pecunia soluta sit, non liberari debitorem ratio suadet, sed et præstare debet creditor actiones mandatori adversùs debitorem, ut ei satisfiat. *La loi* 28 Mandati *dit la même chose.* Molinæus, de usuris 176. *Dumoulin* ad L. Modestinus, *qui est la première leçon du dol, prétend que celui qui* creditori principaliter vel realiter obligatus solvit quùm cogi posset ipso jure actiones ejus cessas habere intelligitur, licèt de hoc in solutione nulla mentio facta sit. Voy. *le Prêtre et M. Guerel, cent.* 1, *C.* 69, *Maynard* contrà in l. 5. De censibus. Fiscus mandat actiones suas ex intervallo et post solutionem acceptam, quia novum venditorum pretium acceptum videtur.

b La loi 28, Mandati, *dit que* mandatorsolvens reum ipso jure non liberat quia supersunt actiones quas creditor potest ex intervallo cedere saltem mandatori non extraneo.

c L. De fidejussoribus.

28. Si lancem apud me deposuerit Titius, et pluribus heredibus relictis decesserit *a*, si pars heredum me interpellet, optimum quidem esse, si prætor aditus jussisset me parti heredum eam lancem tradere : quo casu depositi me reliquis coheredibus non teneri. Sed et si sine prætore, sine dolo malo, hoc fecero, liberabor *b* : aut, quod verius est, non incidam in obligationem : optimum autem est id per magistratum facere. l. 81, § 1.

a Il y a un beau conseil que Démosthène donna à un dépositaire qui avait été trompé par un de ses déposans. l. ult. Cod. depositi.

b Payer par autorité de justice.

29. Quasi generale quid retinendum est *a*, ut ubi ei obligationi quæ sequelæ locum obtinet, principalis accedit, confusa sit obligatio *b :* quotiens duæ sint principales, altera alteri potiùs adjicitur ad actionem, quàm confusionem parere. l. 93, § 2.

a L. 13. De duobus reis ubi dixi de novo cavendum esse. l. 8, § 3. Qui satisdare coguntur.

b Remanet etiam beneficium separationis bonorum. l. 3, § 1. De separationibus.

30. *Stichum aut Pamphilum, utrum ego velim, dare spondes ?* Altero mortuo, qui vivit solus petetur : nisi (si) mora facta sit in eo mortuo quem petitor elegerit. Tunc enim perindè solus ille qui decessit, præbetur *a.* ac si solus in obligationem deductus fuisset. l. 95.

a Saltem æstimatio.

31. Si creditor à debitore culpâ suâ causâ ceciderit, propè est ut actione mandati nihil à mandatore consequi debeat : quùm ipsius vitio acciderit, ne mandatori possit actionibus cedere. l. 95, § 11 *a.*

a Vid. legem 67. De fidejussoribus, ubi ultima verba expungenda sunt : Cujacius 6, ad Afr.

32. Quùm eodem tempore pignora duobus contractibus obligantur, pretium eorum pro modo pecuniæ cujusque contractùs creditor accepto facere debet. Nec in arbitrio ejus electio erit, quùm debitor pretium pignoris consortioni subjecerit. Quod si temporibus discretis superfluum pignorum obligari placuit, prius debitum pretio pignorum jure solvetur, secundùm superfluo compensabitur. l. 96, § 3 *a.* Vid. n° 3.

a Vid. l. 36 in princ. quæ ait : pupillo debitor tutore delegante creditori tutoris solvit, liberatur si non malo consilio factum est. Vid. l. 20, § 1. De novationibus. Ratio, quia tutor poterat ipse recipere debitum : secùs autem si debitor nondùm solvit : nam pupillus aut ejus curator poterit impedire solutionem. Vid. l. 23. De compensationibus. Duperier 3, .

33. In perpetuum sublatâ obligatio restitui non potest. l. 98, § 8. l. ult. de pactis.

34. Debitorem *a* creditore non esse cogendum in aliam formam nummos accipere, si ex eâ re damnum aliquod passurus sit. l. 99.

a L. 101, § 1 ait : Paulus respondit aliam causam esse debitoris solventis, aliam creditoris pignus distrahentis ; nam quùm debitor solvit pecuniam in potestate ejus esse commemorare in quam causam solveret ; quùm autem creditor pignus distraheret, licere ei pretium in acceptum referre etiam in eam quantitatem quæ naturâ tantùm debebatur, et ideò deducto eo tantùm debitum peti posse. l. 5, § 2, hic. l. 35. De pigneratitiâ actione. l. 103, ait : quùm ex pluribus causis debitor pecuniam solvit, Julianus putat eum ex hâc causâ videri solvisse ex quâ tunc compelli poterat.

35. Creditor oblatam à debitore pecuniam *a*, ut aliâ die accepturus, distulit, mox pecunia, quâ illa respublica utebatur, quasi ærosa jussu præsidis sublata est : item pupillaris pecunia ut possit idoneis nominibus credi servata, ità interempta est : *quæsitum est b*, cujus detrimentum esset ? Respondi, secundùm ea quæ proponerentur, nec creditoris, nec tutoris detrimentum esse *c*. l. 102.

a Cambol. 2, 24.

b Vid. l. ult. hîc et Cujacium 1. Obs. 38.

c Quod dicimus in eo herede sui fidejussori testatoris id quod antè aditam hereditatem ab eo solutum est, debere statim solvere, quùm aliquo scilicet temperamento temporis intelligendum esse, nec eum cum sacco adire debet. l. 105, l. 23 in fine. De obligationibus et actionibus. l. 21, § 1. De pecuniâ constitutâ. l. 21. De judiciis. Quia debitor debebat pecuniam solemniter oblatam obsignare. Vid. n° 34. l. 19, Cod. De usuris. l. 73, § ult. De verborum obligationibus.

36. Ejus quantitatis cujus petitionem ratio compensationis excludit, usuras non posse reposci manifestum est. l. 7, Cod. de solut. et lib. *a*.

a Vid. l. 11. De compensationibus. l. 4 et 5, Cod. eod.

37. Obsignatione totius debitæ pecuniæ solemniter

factâ, liberationem contingere manifestum est : sed ità
demùm oblatio debiti liberationem parit, si eo loco quo
debetur solutio fuerit celebrata. l. 9, Cod. eod.

38. Pecuniæ solutæ *a* professio collata instrumento
majorem rei gestæ probationem continet, quàm si chirographum acceptæ pecuniæ mutuæ fuisset redditum. l. 14,
Cod. eod.

a Vid. l. 2, § 1 de pactis.

39. Eum à quo mutuam sumpsisti pecuniam in solutum nolentem suscipere nomen debitoris tui, compelli
juris ratio non permittit. l. 16, Cod. eod.

40. Manifesti juris est tam alio pro debitore solvente,
quam rebus pro numeratâ pecuniâ, consentiente creditore, datis, tolli paratam obligationem *a*. l. 17, Cod.
eod. Vid. sup. l. 23. Nov. 4, cap. 3 et sup. tit. de cess.
bon.

a Obligation parée.

41. Quùm pro pecuniâ quam (mutuò) acceperas, secundùm placitum Evandro te fundum dedisse profitearis:
ejus industriam, vel eventum meliorem, tibi non ipsi
prodesse, contrarium non postulaturus, si minoris dis-
traxisset, non justè petis. l. 24, Cod. eod.

42. Solutionem asseveranti probationis onus incum-
bit : quo facto chirographum condicere potest. l. ult.
Cod. eod.

TITULUS IV.

De acceptilatione.

1. Pluribus stipulationibus factis, si promissor ità accepto rogasset : *quod ego tibi promisi habesne acceptum ?*

Si quidem apparet quid actum est, id solum per acceptabilem sublatum est : si non apparet, omnes stipulationes solutæ sunt. l. 6.

Et uno et pluribus contractibus, vel certis vel incertis, vel quibusdam exceptis cæteris, et omnibus ex causis una acceptilatio et liberatio fieri potest. l. 18.

2. Species acquirendi *a* est liberari obligatione. l. 11.

a Qui s'acquitte s'enrichit.

3. Ex pluribus reis stipulandi, si unus acceptum fecerit *a*, liberatio contingit in solidum. l. 13, § ult.

a L. 31, § 1. De novationibus.

4. Si ex pluribus obligatis uni accepto feratur, non ipse solus liberatur, sed et hi qui secum obligantur. Nam quùm ex duobus pluribusque ejusdem obligationis participibus uni accepto fertur, cæteri quoque liberantur, non quoniam ipsis accepto latum est, sed quoniam velut solvisse videtur *a* is qui acceptilatione solutus est. l. 16.

a L. 3, § 3. De liberatione legatâ. Si res sit indivisibilis, veluti servitus, acceptilatio in partem est inutilis. l. 13, § 1 et ff. h. t.

5. Per Aquilianam stipulationem pacto subditam obligatione præcedente sublatâ, et acceptilatione quæ fuit inducta, peremptâ, ei qui ex nullâ causâ restitui potest omnis agendi via præcluditur. l. ult. Cod. de acceptil.

TITULUS V.

De stipulationibus prætoriis.

1. Si quid vel addi, vel detrahi, vel immutari in stipu-

latione oporteat, prætoriæ erit jurisdictionis. l. 1, § ult.

2. Prætoriæ satisdationes personas desiderant pro se intervenientium : et neque pignoribus quis, neque pecuniæ, vel auri, vel argenti depositione, in vicem satisdationis fungitur. l. 7 *a*.

a Lex 8 ait : Paulus notat. Qui sub conditione institutus est agnitâ bonorum possessione, cogitur substituto in diem cavere longiorem : prætor enim beneficium suum nemini vult esse captiosum, nec potest videri calumniosè satis petere quem alius antecedit. l. 8. Species est : Titius heres esto, si navis ex Asiâ venerit : si non venerit, Caïus heres esto. Omni casu heres legitimus excluditur, sive navis venerit, sive non : undè institutus admittitur ad possessionem bonorum, non autem heres legitimus, sed institutus admittitur tantùm ex beneficio prætoris, quia reverà nondùm est dominus et incerta est conditio. Posset autem bona dilapidare intereà, undè tenetur satisdare substituto vulgariter, ne beneficium prætoris noceat substituto. DD. ad hanc l. quærunt utrùm gravatus teneatur satisdare substituto. Cambol. 4, 15. Cujac. 9, ob. 5. Nota; defectus conditionis ex parte instituti, retrotrahitur ad tempus mortis testatoris in favorem substituti, licèt substitutus decesserit antè defectum conditionis; et ità potest transmittere, quia agnovit judicium defuncti quandò satis petiit. Verùm ipse potiori jure frui deberet : nam videtur jure institutus, quùm primus institutus vocatur tantùm sub conditione ; et ipsi dari deberet possessio potiùs quàm instituto. Lex ità sequitur potiùs ordinem verborum, quàm mentem testantis.

3. In prætoriis stipulationibus, si ambiguus sermo acciderit, prætoris erit interpretatio. Ejus enim mens æs-

timanda est. l. 9. Vid. l. 9. De verborum obligationibus.

4. In ejusmodi stipulationibus, quæ *quanti res est* promissionem habent, commodius est certam summam comprehendere ; quoniam plerumque difficilis probatio est, quanti cujusque intersit, et ad exiguam summam deducitur. l. ult. Vid. l. 24 de re judicatâ.

TITULUS VI.

Rem pupilli, vel adolescentis, salvam fore.

.1. Si posteaquàm pupillus ad pubertatem pervenerit, tutor in restituendâ tutelâ aliquamdiù moram fecerit *a*, certum est et fructuum nomine, et usurarum medii temporis, tam fidejussores ejus, quàm ipsum teneri *b*. l. 10.

a Mora rei nocet fidejussori. l. 88. De verborum obligationibus. l. 68. de fidejussoribus. l. 54. Locati. Vid. l. 41. De fidejussoribus, quæ est tantùm de fidejussore subsidiario.

a Ergò fidejussor tutelæ in omnem causam fidejubet.

TITULUS VII.

Judicatum solvi.

1. In stipulatione judicatum solvi, post rem judicatam statim dies cedit : sed exactio in tempus reo principali indultum differtur. l. 1. Vid. instit. de satisd. et l. ult. Cod. de usur.

TITULUS VIII.

Ratam rem haberi, et de ratihabitione.

1. Julianus ait, interesse quandò dominus ratam habere debere solutionem in procuratorem factam, an tunc demùm quùm primum certior factus esset, hoc autem ἐνπλάτει, id est, *cum laxamento et amplitudine* accipiendum, et cum spatio quodam temporis, nec minimo, nec maximo (et) quod magis intellectu percipi, quàm locutione exprimi possit. l. 12, § 2.

2. Si commissa est stipulatio, *ratam rem dominum habiturum a*, in tantum competit, in quantum meâ interfuit. Id est, quantum mihi abest, quantumque lucrari potuit *b*. l. 13.

a Dommages-intérêts. Lucrum cessans, damnum emergens. l. 2, § ult. De eo quod certo loco. Sæpiùs ex stipulatione rem ratam haberi agi potest, prout intersit agentis quod litigat, quod consumit, quod advocat, quod damnatus solvit. l. 18, contrà in l. 6, § 4. Nautæ caupones. Lucrum continetur in æstimatione damni. l. 30 et 33. Locati l. 7, Cod. Arbitrium tutelæ.

In stipulatione quâ procurator cavet *ratam rem dominum habiturum*, id continetur quod intersit stipulatoris. l. 19.

LIBER QUADRAG. SEPT.

TITULUS PRIMUS.

De privatis delictis.

1. Civilis constitutio est *pœnalibus actionibus heredes non teneri, nec cæteros quidem successores;* idcircò nec furti conveniri possunt *a.* l. 1. Vid. sup. l. 26, de ob. et act.

a Contrà apud nos, quia debemus exonerare animas parentum.

2. Hæredem autem furti agere posse æquè constat; executio enim quorumdam delictorum heredibus data est. Ità et legis Aquiliæ actionem heres habet. l. 1, § 1.

3. Sed injuriarum actio heredi non competit *a.* l. § 1, in fin.

a Quia pœnæ non irrogatæ indignatio solam duritiem continet. l. 7. De servis exportandis.

4. Numquam plura delicta concurrentia faciunt, ut ullius impunitas detur : neque enim delictum ob aliud delictum minuit pœnam. Qui igitur hominem subripuit, et occidit, quia subripuit furti, quia occidit, Aquiliâ tenetur : neque altera harum actionum alteram consumit. Idem icendum si rapuit et occidit. Nam et vi bonorum raptorum, et Aquiliâ tenebitur. l. 2, dict. l. § 1 et 2.

TITULUS II.

De furtis.

1. Sola cogitatio furti faciendi non facit furem *a*. l. 1. § 1.

a Cogitationis pœnam nemo patitur. l. 18. De pœnis. Vide l. 225. De verborum significatione. Nec etiam adulterum licet quis eo animo sit occasione datâ γοναῖκα φθίνη. l. 225. De verborum significatione.

2. Furtum est contrectatio rei fraudulosa, lucri faciendi gratiâ, vel ipsius rei, vel etiam usûs ejus possessionisve. Quod lege naturali *a* prohibitum est admittere. l. 1, § 3.

a Id est, jure gentium.

3. Furtorum genera duo sunt, manifestum, et nec manifestum. l. 2.

4. Fur et manifestus quem ἐπ ἀυτοφόρῳ appellant, hoc est, eum qui deprehenditur cum furto. l. 3.

Nec manifestum furtum quid sit, apparet : nam quod manifestum non est, hoc scilicèt nec manifestum est. l. 8.

5. Cujus interfuit non subripi, is actionem furti habet : tùm is cujus interest furti habet actionem, si honesta causa interest : Itaque fullo qui curanda, polienda vestimenta accepit, semper agit : Prestare enim custodiam debet. l. 10, 11, 12.

Qui non habet quod perdat, ejus periculo nihil est *a*. l. 12.

a Inanis est actio quam inopia debitoris excludit. *La*

loi 6. De dolo. Qui decumbit humi, non habet undè cadat.

7. Sed (et) si res pignori data sit, creditori quoque damus furti actionem, quamvis in bonis ejus res non sit.

Quinimò non solùm adversùs extraneum dabimus, verùm et contrà ipsum quoque dominum furti actionem. l. 12, § 2.

8. Prætereà habent furti actionem coloni, quamvis domini non sint, quia interest eorum. l. 14, § 2.

9. Et puto omnibus quorum periculo res alienæ sunt veluti commodati, item locati, pignorisve accepti, si hæ subreptæ sint, omnibus furti actiones competere *a*. l. 14, § 16.

a Si debitor rem pignori datam aut dumtaxat obligatam vendat, furtum facit. l. 19, § 6. l. 66. De furtis. Ergò *chez nous on peut contraindre au rachat celui qui vend l'hypothèque.*

10. Si duo pluresve unum tignum furari sunt, quod singuli tollere non potuerint, dicendum est omnes eos furti in solidum teneri, quamvis id contrectare nec tollere solus posset : et ità utimur. Neque enim potest dicere pro parte furtum fecisse singulos, sed totius re universos : sic fiet singulos furti teneri. l. 21, § 9. Vid. l. 1, in fin. ff. si is qui test. lib. esse juss. er. l. 6, ff. arb. furt. cæs.

11. Impubes furtum facere potest, si jam doli capax sit *a*. l. 23.

a L. 4 § 6. De doli exceptione. l. 111. De re judicatà.

12. Qui tabulas vel cautiones amovet, furti tenetur non tantùm pretii ipsarum tabularum, verùm ejus quod interfuit : quod ad æstimationem refertur ejus summæ

quæ in his tabulis continetur; scilicèt si tanti interfuit.
l. 27.

13. Qui jumenta sibi commodata longiùs eduxerit *a*,
alienâve re invito domino usus sit, furtum facit. l. 40 *b*.

a L. 15, § 3. Locati.

b Vide l. 76.

14. Falsus creditor (hoc est is qui se simulat creditorem), si quid acceperit, furtum facit. l. 43.

15. Si quis nihil in personâ suâ mentitus est, sed
verbis fraudem adhibuit, fallax est magis, quàm furtum
facit. Ut putà, si dixit se locupletem, si in mercem se
collocaturum quod accepit *a*, si fidejussores idoneos daturum, vel pecuniam confestim se solutorum : nam ex
his omnibus magis decepit, quàm furtum fecit, et ideò
furti non tenetur : sed quia dolo fecit, nisi sit alia adversùs eum actio, de dolo dabitur. l. 43, § 3.

a Stellionat, ou plutôt défaut d'emploi.

16. Qui alienum quid jacens, lucri faciendi causâ,
sustulit, furti obstringitur, sive scit cujus sit, sive ignoravit? Nihil enim ad furtum minuendum facit, quòd cujus sit ignoret. l. 43, § 4.

17. Solent plerique etiam hoc facere, ut libellum pro-
ponant continentem invenisse, et redditurum ei qui de-
sideraverit. Hi ergò ostendunt non furandi animo se
fecisse. l. 43, § 8 in fin.

Quid ergò si ευρετρα, id est, *inventionis præmia* quæ
dicunt petat : nec id videtur furtum facere, et si non
probè petat aliquida. l. 43, § 9.

a L. 1, § 5. De extraordinariis cognitionibus : ubi
quædam licèt honestè accipiantur, inhonestè tamen petuntur.

19. Inter omnes constat, etiamsi extincta res furtiva, attamen furti remanere actionem adversùs furem.
l. 46.

20. Rectè dictum est, qui putavit se domini voluntate rem attingere, non esse furem *a*. Quid enim dolo
facit, qui putat dominum consensurum fuisse, sive falsò
id, sive verè putet? Is ergò solus fur est qui attrec-
tavit quod invito domino se facere scivit. l. 46, § 7 in
fin.

a Sine dolo furtum non committimus. l. 5, § 3.

21. Qui furem novit, sive indicet eum, sive non indicet, fur non est : quùm multum intersit furem quis ce-
let *a*, an non indicet : qui novit, furti non tenetur; qui
celat, hoc ipso tenetur. l. 48, § 1.

a Vid. l. 1. De receptatoribus, et ad leg. Jul. de vi
priv. n. ult.

22. Rectè Pedius ait, sicut nemo furtum facit sine
dolo malo, ità nec consilium, vel opem ferre sine dolo
malo posse : consilium autem dare videtur, qui persuadet
et impellit, atque instruit consilio ad furtum faciendum *a*:
opem fert qui ministerium atque adjutorium ad subri-
piendas res præbet. l. 50, § 2 et 3.

a Vid. l. 53, § 1. De verborum significatione.

23. Tanti æstimanda (res) quanti emptorem *a* potest
invenire. l. 52, § 29 in f.

a Non ergò ex affectione omnium res hìc æstimatur,
sed ex affectione singulari. Contrà l. 33. Ad legem Aquiliam.

24. Maleficia voluntas et propositum delinquentis dis-
tinguit. l. 53.

25. Si pignore creditor utatur, furti tenetur. l. 54.

26. Eum qui quid utendum accepit, si ipse alii commodavit, furti obligari, responsum est. Ex quo satis apparet furtum fieri, et si quis usum alienæ rei in suum lucrum convertat : nec movere quem debet, quasi nihil lucri sui gratiâ *a. Species* enim *lucri est, alieno largiri b* et beneficii debitorum sibi adquirere : Undè et is furti tenetur, qui ideò rem amovet, ut eam alii donet. l. 54, § 1.

a L. 72. De re judicatâ.

b Quia donatio obligat ad ἀντιδωρα l. 25, § 11. De hereditatis petitione.

27. Quod verò ad mandati actionem attinet *a*, dubitare se ait, nùm æquè dicendum sit omnimodò damnum præstari debere? Et quidem hoc ampliùs quàm in superioribus causis servandum, ut etiam si ignoraverit is qui certum hominem emi mandaverit, furem esse, nihilominùs tamen damnum decidere cogetur : justissimè enim procuratorem allegare, non fuisse se id damnum passurum, si id mandatum non suscepisset. Idque evidentiùs in causâ depositi apparere : nam licèt alioquin æquum videatur non oportere cuiquam plus damni per servum evenire, quàm quanti ipse servus sit *b* : multò tamen æquius esse, *nemini officium suum*, quod ejus cum quo contraxerit, non etiam sui commodi causâ susceperat, *damnosum esse :* Et sicut in superioribus contractibus, venditione, locatione, pignore, dolum ejus qui sciens reticuerit, puniendum esse dictum sit ; ità in his culpam eorum quorum causâ contrahatur, ipsis potiùs damnosam esse debere : nam certè mandantis culpam esse, qui talem servum emi sibi mandaverit.

Et similiter ejus qui deponat, quòd non fuerit diligentior circà monendum, qualem servum deponeret. l. 6r, § 5.

a La loi 56, § 1, *dit :* Si fur in periculum majoris pœnæ deductus est, et judex jussit tantùm restituere, quæstio furti sublata est. Voy. Baudin, ad l. 8 de postulando. Vid. l. ult. h. Vid. n. ult. de accusationibus.

b L. 7, § 1. De damno infecto.

Circà commodatum autem meritò aliud existimandum, videlicèt quòd tunc ejus solius commodum qui utendum rogaverit, versetur : itaque eum qui commodaverit, sicut in locatione, si dolo quid fecerit, non ultrà pretium servi quid amissurum ; quin etiam paulò remissiùs circà interprætationem doli debere nos versari : quoniam ut dictum sit, nulla utilitas commodantis interveniat. Dict. l. § 6.

Hæc ità puto vera, si nulla culpa ipsius, qui mandatum, vel depositum susceperit, intercedat : cæterùm si ipse ultrò ei custodiam argenti fortè, vel nummorum commiserit, quùm alioquin nihil unquam dominus tale quid fecisset, aliter existimandum est. *c.* l. 6r, § 7.

c Dicitur autem in § 8 colonum teneri furti, si fructus pendentes vendiderit in fraudem domini.

28. Ea quæ legantur rectà vià ab eo qui legavit *a*, ad eum cui legata sunt, transeunt. l. 64 in fin.

a L. 15. De rebus dubiis.

29. Qui eà mente alienum quid contrectavit, ut lucri faceret ; tametsi mutato consilio, id domino posteà reddidit, fur est : nemo enim tali peccato pœnitentià suà nocens esse desiit *a.* l. 65. Vid. 5, ff. vi bon raptt

a L. 8, Cod. Ad legem Corneliam de falsis.

3o. Qui re sibi commodatà, vel apud se deposità usus

est, aliter atque accepit : si existimavit se non invito domino id facere, furti non tenetur, sed nec depositi ullo
modo tenebitur *a*. Commodati an teneatur, in culpâ æstimatio erit, id est, an non debuerit æxistimare id dominum permissurum *a*. l. 76.

a Vid. l. 40.

b La loi 91 *dit :* Si quis quùm sciret quid sibi subripi
non prohibuit quùm posset, nihilominùs furti aget.

31. Incivilem rem desideratis ut agnitas res furtivas
non priùs reddatis, quàm pretium fuerit solutum à dominis. Curate igitur cautiùs negotiari, ne non tantùm in
damna ejusmodi, sed etiam in criminis suspicionem in-
cidatis. l. 2, Cod. de furt. serv. corrupt.

32. Civile est quod à te adversarius tuus exigit, ut rei
quam apud te fuisse fateris, exhibeas venditorem. Nam
à transeunte et ignoto te emisse dicere non convenit, volenti evitare alienam bono viro suspicionem. l. 5, Cod.
de furt. et serv. corrupt.

TITULUS III.

De tigno juncto.

1. Lex duodecim *a* tabularum *neque solvere permittit
lignum furtivum ædibus, vel vineis junctum, neque vindicare.* Quod providenter lex efficit, ne vel ædificia sub
hoc prætextu diruantur, *b* vel vinearum cultura turbetur.
Sed in eum qui convictus est junxisse, in duplum dat
actionem. Tigni autem appellatione continetur omnis
materia ex quâ ædificium constet, vineæque necessaria.
Undè quidam aiunt tegulam quoque, et lapidem, et tes-

tam, cæteraque, si qua ædificiis sunt utilia : tigna enim
à tegendo dicta sunt : Hoc ampliùs et calcem, et arenam
tignorum appellatione contineri. Sed et in vineis tigni
appellatione omnia vineis necessaria continentur, ut putà
perticæ, pedamenta. l. 1, l. dict. § 1.

a Vid. l. 33, § 6. De rei vindicatione. l. 7, § 10. De
acquirendo rerum dominio.

b. Nota legem extendi adalios casus identitate rationis.

TITULUS IV.

*Si is qui testamento liber esse jussus erit a, post mortem
domini antè aditam hereditatem subripuisse aut corru-
pisse quid dicetur.*

a Vid. l. 48. Ad Trebellianum.

1. Si quidem civilis deficit actio, *quod* naturâ æquum
est, *sequimur.* l. 1, § 1.

2. In pluribus causis justa ignorantia excusationem
meretur. l. 2, in fin.

TITULUS V.

Furti adversùs nautas, caupones stabularios.

1. In eos qui naves, cauponas, stabula exercebunt, si
quid à quoquo eorum quosve ibi habebunt, furtum factum esse dicetur, judicium datur : sive furtum ope, consilio exercitoris factum sit, sive eorum cujus qui in eâ
navi navigandi causâ esset. Navigandi autem causâ accipere debemus eos qui adhibentur ut navis naviget, hoc
est, nautas. l. 1. Dict. l. § 1.

2. Caupo præstat factum eorum qui in eâ cauponâ ejus cauponæ exercendæ causâ ibi sunt : item, eorum qui habitandi causâ ibi sunt : Viatorum autem factum non præstat : namque viatorem sibi eligere caupo vel stabularius non videtur. Nec repellere potest iter agentes *a* : inhabitatores verò perpetuos ipse quodammodò elegit qui non rejecit, quorum factum oportet eum præstare. l. 1, § ult.

a Vid. Cod. l. 1, § ult. l. 2 et 3. Nautæ, caupones.

3. In navi vectorum factum non præstatur *a*. l. un. § ult. in fin.

a Scilicèt in duplum, secùs in simplum. Cuj. Vide quæ dixi hîc ad. l. 6, § 3. Nautæ, caupones.

TITULUS VI.

Si familia furtum fecisse dicetur.

1. Ii accipitur scire, qui scit et potuit prohibere. l. 1, § 1.

TITULUS VII.

Arborum furtim cæsarum.

1. Sciendum est eos qui arbores, et maximè vites ceciderant, etiam tamquam latrones puniri. l. 2.

2. Si plures eamdem arborem furtim ceciderint *a* cum singulis in solidum agetur. l. 6.

a L. 21, § 9. De furtis.

3. Si arbor in vicini fundum radices porrexit, recidere eas vicino non licebit *a* : agere autem licebit, non esse

ejus, sicuti tignum aut protectum, immissum habere. l. 6, § 2.

a Nemo sibi jus potest dicere, ne occasio sit tumuitùs. l. 176. De re judicatâ.

4. Si radicibus vicini arbor aletur, tamen ejus est, in cujus fundo origo ejus fuerit. l. 6, in fin. *a*.

a Vide tit. De glande legatâ. l. 12, h. l. 6. De aquâ et aquæ. Utrùm hæc actio detur venditori vel emptori fundi.

TITULUS VIII.

Vi bonorum raptorum et de turbâ.

1. *Prætor ait a, si cui dolo malo hominibus coactis damni quid factum esse dicetur, sive cujus bona rapta esse dicentur, in eum qui id fecisse dicatur, judicium dabo.* l. 2.

a La loi 2, § 20, *dit :* Si publicanus pecus abduxit dùm putat contrà legem vectigalis aliquid factum esse, quamvis erraverit, agi tamen non potest adversùs eum vi bonorum raptorum. Reverà furtum sine affectu furandi non committitur.

2. Res obligatas sibi creditorem vi rapientem, non rem licitam facere, sed crimen committere convenit. l. 3. Cod. eod. Vid. inf. ad leg. jul. de vi priv. l. 7 *a*.

a L. 13. Quod metûs causâ. l. 5. Ad leg. Jul. De vi priv. l. 5. De acquirendâ vel amittendâ possessione.

TITULUS IX.

De incendio, ruinâ, naufragio, rate, nave expugnatâ.

1. In eum (judicium datur) qui ex incendio, ruinâ,

naufragio, rate, nave expugnatâ quid rapuisse, recepisse dolo malo *a*, damnive quid in rebus dedisse dicetur.
l. 1.

a L. 1. Ad leg. Jul. De vi priv.

Hujus edicti utilitas evidens, et justissima severitas
est.: si quidem publicè interest nihil rapi ex hujusmodi
casibus. Dict. l. § 1.

2. Non tantùm autem qui rapuit, verùm is quoque qui
recepit ex causis suprà scriptis tenetur : quia receptores
non minùs delinquunt, quam adgressores. l. 3, § 3.

3. Quod ait prætor de damno dato, ità demùm locum
habet si dolo malo damnum datum sit : nam si dolus
malus absit *a*, cessat edictum : quemadmodùm ergò procedit quod Labeo scribit, si defendendi mei causâ vicini
ædificium orto incendio dissipaverim : et meo nomine,
et familiæ, judicium in me dandum?

a Delictum sine dolo non committitur, sed quasi delictum.

Quùm enim defendendarum mearum ædium causâ fe-
cerim, utique dolo careo. Puto igitur non esse verum
quod Labeo scribit. An tamen lege Aquiliâ *b* agi cum
hoc possit? Et non puto agendum. Nec enim injuriâ hoc
fecit, qui se tueri voluit, quùm aliàs non posset. Et ità
Celsus scribit. l. 3, § 7.

b Vid. l. 49, § 1. Ad legem Aquiliam. l. 7, § 4. Quod
vi aut clam. Vid. l. 27, § 1. Locati.

4. Plurimùm interest peritura collegerint (qui diri-
puisse aliqua ex naufragio probantur) an quæ servari
possint, flagitiosè invaserunt. l. 4, § 1. *Et omninò ut in
cæteris, ità hujusmodi causis, ex personarum conditione, et
rerum qualitate, et diligenter sunt æstimandæ, ne quid aut*

durius aut remissius constituatur quam causa postulabit.
Dict. § in fin.

5. Rates vi fluminis in agrum meum delatæ *a*, non aliter potestatem tibi faciendam, quàm si præterito quoque damno mihi cavisses. l. 8.

a Vid. De damno infecto, n° 3 et 4.

TITULUS X.

De injuriis et famosis libellis.

1. Injuria ex eo dicta est, quod non jure fiat. Omne enim quod jure non fit, injuriâ fieri dicitur : hoc generaliter. Specialiter autem injuria dicitur contumelia, interdùm injuriæ appellatione damnum culpâ datum significatur, ut in lege Aquiliâ dicere solemus : interdùm iniquitatem, injuriam dicemus. Nam quùm quis iniquè, vel injustè sententiam dixit, injuriam ex eo dictam, quod jure et justitiâ caret, quasi non injuriam : contumeliam autem à contemnendo. l. 1.

2. Injuriam autem fieri Labeo ait, aut re, aut verbis : re, quotiens manus inferuntur : verbis autem, quotiens non manus inferuntur, convicium fit. l. 1, § 1.

3. Omnemque injuriam aut in corpus inferri, aut ad dignitatem, aut ad infamiam pertinere : in corpus fit, quùm quis pulsatur : ad dignitatem quùm comes matronæ abducitur : ad infamiam, quùm pudicitia attentatur. l. 1, § 2.

4. Item aut per semetipsum alicui fit injuria, aut per alias personas : per semet, quùm directò ipsi cui patrifamilias, vel matrifamilias fit injuria : per alias, quùm

per consequentias fit, quùm fit liberis meis, vel servis meis *a*, vel uxori, nuruive. Spectat enim ad nos injuria quæ in his fit, qui vel potestati nostræ, vel affectui subjecti sunt. l. 1, § 3.

a L. 8, § 3. Quod metûs causâ.

5. Heredis interest defuncti existimationem purgare *a*. l. 1, § 6.

a Egregium et honestum interesse. Contrà injuriarum actio heredi non competit. l. 10, § 2. Si quis caution. l. 13, hic.

6. Quòd si viro injuria facta sit, uxor non agit : quia defendi uxores à viris, non viros ab uxore æquum est. l. 2.

7. Sanà sunt quidam qui facere non possunt (*injuriam*); ut putà furiosus, et impubes, qui doli capax non est. Namque hi pati injuriam solent, non facere : quùm enim injuria ex affectu facientis *a* consistat, consequens erit dicere hos, sive pulsent, sive convicium dicant, iniuriam fecisse non videri. l. 3, § 1.

a L'on ne peut faire le procès à un furieux, ni le punir pour un crime commis tempore dilucidii intervalli, *parce qu'il faut que chacun ait la liberté de se défendre, et peut-être aurait de bonnes raisons pour le faire s'il était dans son bon sens. On ne peut lui créer un curateur, parce que l'ordonnance ne le dit pas, elle ne parle que du muet et du sourd, ce qui ne peut s'appliquer à l'insensé : en sorte que s'il devient furieux après l'instruction, mais avant le dernier interrogatoire, la peine publique ne pourra être infligée. Mais pour les intérêts civils de la patrie, on peut le condamner, mais ce sera par la voie civile seulement, en sorte qu'il faudra convertir les informations en enquêtes, de même que s'il était mort.* Pœnæ propter exemplum infliguntur. l. 7, § 3. Ad legem Juliam majestatis, et in emendationem hominum. l. 20. De pœnis.

8. Pati quis injuriam, etiam si non sentiat, potest: facere nemo, nisi qui scit se injuriam facere. l. 3, § 2.

9. Atrocem injuriam quasi contumeliosiorem, et majorem accipimus, atrocem autem injuriam aut personâ, aut tempore, aut reipsâ fieri Labeo ait. Personâ atrocior injuria fit, ut quùm magistratui, quùm parenti, patrono fiat: tempore, si ludis et in conspectu; nam prætoris in conspectu, an in solitudine injuria facta sit, multùm interesse ait *a* : quia atrocior est quæ in conspectu fiat. l. 7, § 7 et 8.

a Vid. l. ult. De ritu nuptiarum. l. ult. De abigeis.

10. Injuriarum actio ex bono et æquo est : et dissimulatione aboletur. Si quis enim injuriam derelinquerit, hoc est statim passus ad animum suum non revocaverit, posteà ex pœnitentiâ remissam injuriam non poterit recolere *a.* l. 11, § 1.

a Réminiscence non-recevable. Remittentibus actiones suas non datur regessus. l. 14, § 9. De ædilitio edicto. l. 7, in fine. De servis exportandis.

Qui accipit satisdationem, injuriam suam remisit. Nam et si nudâ voluntate injuriarum remisit, indubitatè dicendum est extingui injuriarum actionem, non minùs quàm si tempore abolita fuerit injuria. l. 17, § 6.

Injuriarum actio anno præscribitur *a.* l. 5. Cod. de inj.

a Nisi de creditore agatur : tunc enim viginti anni requiruntur.

11. Si mandatu meo facta sit alicui injuria, plerique

aiunt, tàm me qui mandavi, quàm eum qui suscepit, injuriarum téneri. l. 11, § 3.

12. Injuriarum actio neque heredi *a*, neque in heredem datur. l. 13 *b*.

a L. 1, § 6. Ubi heredis interest defuncti existimationem purgare.

b L. 10, § 2. Si quis caution.

Lite contestatâ hæc actio ad successores pertinet. Dict. l.

13. Is qui jure publico utitur, non videtur injuriæ faciendæ causâ hoc facere : Juris enim executio non habet injuriam. l. 13, § 1.

14. Si quis de honoribus decernendis alicujus passus non sit decerni, ut putà imaginem alicui, vel quid aliud tale, an injuriarum teneatur : et ait Labeo, non teneri : quamvis hoc contumeliæ causâ faciet. Etenim multùm interest, (inquit) contumeliæ causâ quid fiat, an verò fieri quid in honorem alicujusquis non patiatur. l. 13, § 4.

15. Quæ jure potestatis à magistratu fiunt, ad injuriarum actionem non pertinent. l. 13, § 6.

16. Quod ait prætor : *si quis adversùs ea fecerit, prout quæque res erit animadvertam :* sic intelligendum est, ut plenior esset prætoris animadversio, id est, et quodcumque eum moverit *a*, vel in personâ ejus qui agit injuriarum actione, vel ejus adversùs quem agitur, vel etiam in re ipsâ in qualitate injuriæ audiat eum qui agit *b*. l. 15, § 28.

a La loi 18 *dit :* Eum qui nocentem infamavit non esse bonum æquum ob eam rem condemnari, peccata

enim nocentium nota esse et oportere et expedire. l. 31.
Depositi.

b Non tenetur qui curavit ut convicium fieret, si factum non sit. l. 15, § 10. Vid. l. t. s.

17. Injuriarum æstimatio non ad id tempus quo judicatur, sed ad id quo facta est, referri debet *a*. l. 21.

a Non augetur ex post facto præteriti delicti æstimatio.
l. 134, § 1, De regulis juris.

18. Si quis injuriam atrocem fecerit, qui contemnere
injuriarum judicium possit ob infamiam suam et egestatem *a*, prætor acriter exequi hanc rem debet *b*, et eos
qui injuriam fecerunt coercere. l. 35.

a Infamia et egestas.

b L. 1, § ult. De pœnis.

19. Constitutionibus principalibus cavetur, ea quæ
infamandi alterius causâ in monumenta publica posita
sunt, tolli de medio. l. 37.

20. Aliud convicii consilio aliquid injuriosum dicere,
aliund in rixâ inconsulto calore prolapsum convicium objicere. l. 5. Cod. de injur.

21. Injuriarum causa non publici judicii, sed privati
continet querelam. l. 7. Cod. eod.

22. Si quis famosum libellum sive domi, sive in publico, vel quocumque loco ignarus reperit, aut corrum-
pat priusquàm alter inveniat, aut nulli confiteatur inven-
tum; si verò non statim easdem chartulas vel corruperit,
vel igni consumpserit, sed vim earum manifestaverit,
sciat se quasi auctorem hujusmodi delicti capitali sententiæ subjugandum. l. 1. Cod. de famos. libell. Vid. l. 5,
§ 9, l. 15, § 29. ff. de injur.

TITULUS XI.

De extraordinariis criminibus.

1. Sollicitatores alienarum nuptiarum, itemque matrimoniorum interpellatores, et si effectu sceleris potiri non possunt, propter voluntatem perniciosæ libidinis *a* extrà ordinem puniuntur. l. 1.

a Contra. l. 18. De pœnis. Et distingue conatum à spei cogitatione. Vid. l. 225. De verborum significatione. l. 15, § 10. Tituli præcedentis.

2. Sub prætextu religionis, vel sub specie solvendi voti, cœtus illicitos nec à veteranis tentare oportet. l. 2.

3. Stellionatûs vel expilatæ hereditatis judicia accusationem quidem habent, sed non sunt publica. l. 3.

4. Debet custodire (proconsul) ne Dardanarii *a* ullius mercis sint, ne aut ab his qui coemptas merces supprimunt, aut à locupletioribus qui fructus suos æquis pretiis vendere nollent, dùm minùs uberes proventus expectant (ne) annona oneretur. l. 6 *b*.

a Dardanarius, cociator, ariblator, παντοπώλης, μετάβος, παντομοτάβολος, σιτοκάπηλος, *monopoleur.*

b Vid. tit. de lege Juliâ. De annonâ.

5. Onerant annonam etiam stateræ adulterinæ *a*, de quibus D. Trajanus edictum proposuit, quo edicto pœnam legis Corneliæ in eos statuit. l. 6, § 1.

a L. 32, § 1. De lege Corneliâ. De falsis.

6. Sunt quædam quæ more provinciarum coercitionem solent admittere : ut putà in provinciâ Arabiâ σκοπελισμὸν, *id est, lapidum positionem,* crimen appellant *a*. l. 9 *b*.

a Vid. l. 16, § 9. De pœnis.

b Plerique inimicorum solent lapides ponere indicio futuros quòd si quis eum agrum coluisset, malo letho periturus esset.

TITULUS XII.

De sepulchro violato.

La loi 3, § 5, *dit :* D. Hadrianus rescripto pœnam statuit in eos qui in civitate sepeliunt. Quid tamen si lex municipalis permittat? Post rescripta principalia an ab hoc discessum sit, videbimus. Quia generalia sunt rescripta, et oportet imperialia statuta suam vim obtinere et in omni loco valere.

TITULUS XIII.

De concussione a.

a Concussio est terror injectus pecuniæ vel rei alterius extorquendæ causâ. Cujacius.

1. Si simulato præsidis jussu concussio intervenit, ablatum ejusmodi terrore restitui præses provinciæ jubet, et delictum coercet. l. 1.

2. Si ideò pecuniam quis accepit, quòd crimen minatus sit, potest judicium publicum esse ex senatusconsultis, quibus pœnâ legis Corneliæ teneri jubentur qui in accusationem innocentium coierint, quive ob accusandum vel non accusandum, denuntiandum vel non denuntiandum testimonium, pecuniam acceperint. l. 2.

TITULUS XIV.

De abigeis.

1. Abigei quàm durissimè puniuntur ad gladium damnari solent : puniuntur autem durissimè non ubique, sed ubi frequentius est id genus maleficii. l. 1.

2. Abigei autem propriè hi habentur qui pecora ex pascuis, vel ex armentis subtrahunt, et quodammodò deprædantur, et abigendi studium quasi artem exercent, equos de gregibus, vel boves de armentis abducentes. Cæterùm si quis bovem aberrantem, vel equos in solitudine relictos abduxerit, non est abigeus, sed fur potiùs. l. 1, § 1.

3. Qui porcam vel capram, vel vervecem abduxit, non tam graviter, quàm qui majora animalia abigunt, plecti debet. l. 1, § 2.

4. Quia plerumque abigei et ferro utuntur, si deprehendantur, ideò et graviter puniri eorum admissum solet. l. 2. Vide infrà de furib. bal. n° 2.

5. Oves pro numero abactorum, aut furem aut abigeum faciunt. Quidam decem oves gregem esse putaverunt, porcos etiam quinque, vel quatuor abactos, equum, bovem vel unum abigeatûs crimen facere. l. 3.

6. Eum quoque pleniùs *a* coercendum qui à stabulo abegit domitum pecus non à sylvâ, nec grege *b*. l. 3, § 1.

a Cujacius legit *leniùs* non *pleniùs.*

b Vid. l. ult. De ritu nuptiarum. l. 7, § 7 et 8. De injuriis. l. 1. De furibus balnearum.

TITULUS XV.

De prævaricatione.

1. Prævaricator est quasi varicator *a*, qui diversam partem adjuvat prodità causà suà : quod nomen Labeo à varià certatione tractum ait : nam qui prævaricatur ex utràque parte constitit, quinimò ex alterà. l. 1.

a L. 1, § 1 et l. 1, § 6. Ad senatusconsultum Turpillianum.

2. In omnibus causis, præterquam in sanguine, qui delatorem corrupit *a*, ex senatusconsulto pro victo habetur. l. ult. *b*.

a Quælibet est honesta ratio sanguinis eximendi. l. 18. Cod. De transactionibus.

b L. 29. De jure fisci. l. 14. Ad leg. Jul. de adulteriis.

TITULUS XVI.

De receptatoribus.

1. Pessimum genus est receptatorum, sine quibus nemo latere diù potest *a*. Et præcipitur, ut perindè puniantur, atque latrones. In pari causà habendi sunt : quia apprehendere latrones possent, pecunià acceptà, vel subreptorum parte dimiserunt *b*. l. 1.

a Vid. l. 48, § 1. De furtis. Ad legem Juliam. De vi privatà, n° ult. et de vi bonorum raptorum, n° ult.

b Affinis autem qui latronem recepit, non tam graviter punitur. l. 2.

Eos, qui secum alieni criminis reos occultando, eum eamve sociarunt, par ipsos et reos pœna expectet : et latrones quisquis sciens susceperit, et eos offerre judicibus supersederit, supplicio corporali, aut dispendio facultatum, pro qualitate personæ, et judicis æstimatione plectetur. l. 1. Cod. de his qui latr. vel al. crim. 1. occ.

2. Latrones auxilio militari indè eximendi *a* quo aufugerunt, et latirant : iique puniendi, qui apud se latitantem non exhibent. l. 2. Cod. eod.

a Manu militari. l. 68. De rei vindicatione.

TITULUS XVII.

De furibus balneariis.

1. Fures nocturni extrà ordinem audiendi sunt, et causâ cognitâ puniendi *a*. l. 1.

a L. 3, § 1. De abigeis. l. 2. De effractoribus.

2. Si telo se fures defendunt, vel effractores, vel cæteri his similes, nec quicquam *b* percusserunt, metalli pœnâ, vel honestiores relegationis, afficiendi erunt. l. 1.

b Quemquam.

TITULUS XVIII.

De effractoribus et expilatoribus.

1. De his qui carcere effracto evaserunt sumendum supplicium *a*. l. 1. Quòd si per negligentiam custodum evaserunt, leviùs puniendi. Dict. l. v. l. 13. ff. de custod. et exhib. reor.

a En France on fait le procès pour le bris de prison.

2. Inter effractores variè animadvertitur. Atrociores enim sunt nocturni effractores. l. 2.

TITULUS XIX.

Stellionatus.

1. Maximè in his locum habet (*stellionatus*) *a*, si quis fortè rem alii obligatam, dissimulatâ *b* obligatione, per calliditatem, alii distraxerit, vel permutaverit, vel in solutum dederit : nam hæ omnes species stellionatum continent. l. 3, § 1 *c*.

a L. 43, § 3. De furtis.

b Chez nous il faut déclarer la chose franche et quitte.

c Vid. L. 36. De pigneratitiâ actione.

Improbum quisdem et criminosum fateris, easdem res pluribus pignorasse, dissimulando in posteriore obligatione, quòd cædem aliis pignori tenerentur. Verùm securitati tuæ consules, si oblato omnibus debito, criminis instituendi causam peremeris. l. 1. Cod. de crim. stellion.

Rem donatam obligare stellionatus est. l. 2, Cod. eod.

TITULUS XX.

De termino moto.

1. Divus Hadrianus in hæc verba rescripsit : quin pessimum factum sit eorum qui terminos finium causâ positos propulerunt, dubitari non potest. De pœnâ tamen

modus ex conditione personæ, et mente facientis magis statui potest. l. 2. Vid. l. 1. Cod. de accus. et insc.

2. Ili quoque qui finalium *a* quæstionum obscurandarum causâ faciem locorum convertunt, ut ex arbore arbustum, aut ex sylvâ novale *b*, aut aliquid ejusmodi faciunt, pœnâ plectendi sunt, pro personâ et conditione, et factorum violentiâ. l. 3, § ult.

a L. 11. Finium regundorum.

b L. 30. De verborum significatione.

TITULUS XXI.

De collegiis et corporibus.

1. Mandatis principalibus præcipitur præsidibus provinciarum, ne patiantur esse collegia sodalitia. l. 1.

In summâ nisi ex senatusconsulti auctoritate *a*, vel Cæsaris, collegium vel quodcumque tale corpus coierit, contrà senatusconsultum, et mandata, et constitutiones collegium *b* celebrant. l. 3, § 1.

a Vid. l. Quod cujusque universi. *En l'année 1662, déclaration du roi qui oblige toutes les communautés de France établies depuis quarante ans, de rapporter les lettres-patentes de leur établissement.*

b Sed permittitur ipsis quàm dissolvuntur pecunias communes partiri. Pacta collegiorum servantur ne quid ex publico corrumpant. l. ult. Vid. Bodin, *de la république.*

LIBER QUADRAG. OCTAV.

TITULUS PRIMUS.

De publicis judiciis.

1. Publicorum judiciorum quædam capitalia, quædam non capitalia *a*. Capitalia sunt ex quibus pœna, mors aut exilium *b* est, hoc est aquæ et ignis interdictio : per has enim pœnas eximitur caput de civitate. Nam cætera, non exilia, sed relegationes propriè dicuntur : tunc enim civitas retinetur. Non capitalia sunt, ex quibus pecuniaria *c*, aut in corpus aliqua coercitio pœna est. l. 2.

a L. 2. De pœnis.

b Scilicèt perpetuum. l. 39. De jure fisci.

c L. 2 et 21. De pœnis. l. 103. De verborum significatione.

2. Publica accusatio, reo vel reâ antè defunctis, perimitur. l. 3. Vid. exceptionem tit. seq. l. 20.

3. Si quis reus factus est, purgare se debet *a* : nec antè potest accusare, quàm fuerit excusatus. Constitutionibus enim observatur, *ut non relatione criminum, sed innocentiâ reus purgetur.* l. 5.

a Récrimination.

4. Infamem non ex omni crimine sententia facit, sed ex eo quod judicii publici causam habuit : itaque ex eo crimine quod judicii publici non fuit, damnatum infamia non sequetur : nisi id crimen ex eâ actione fuit, quæ etiam in privato judicio infamiam condemnato importat : velut furti, vi bonorum raptorum *a*. l. 7.

a Idem *de l'amende*.

5. Feriatis diebus custodias *a* audire posse rescriptum est, ità ut innoxios dimittat, et nocentes qui duriorem *b* animadversionem indigent, differat. l. 12.

a Id est, custodià detentos.

b Duriore animadversione.

TITULUS II.

De accusationibus et inscriptionibus.

1. Si cui crimen objiciatur, præcedere debet in crimen subscriptio. Quæ res ad id inventa est, ne facilè quis prosiliat ad accusationem *a*, quùm sciat inultam sibi accusationem non futuram. l. 7.

a Quia visum est temeritatem agentium etiam extraordinarià animadversione coercendam. l. ult. De furtis.

2. (Accusare non licet) eum qui reipublicæ causâ abfuerit, dùm non retractandæ legis causâ abest. l. 12. Vid. l. 15, § 1. ff. ad leg. Jul. de adult.

3. Ex judiciorum publicorum admissis non aliàs transeunt adversùs heredes pœnæ bonorum ademptionis, quàm si lis contestata, et condemnatio fuerit secuta: excepto repetundarum, et majestatis judicio: quæ etiam mortuis reis, cum quibus nihil actum est, adhùc exerceri placuit, ut bona eorum fisco vindicentur: adeò ut D. Severus et Antoninus rescripserint, *ex quo quis aliquod ex his causis crimen contraxit, nihil ex bonis suis alienare, aut manumittere eum posse a.* Ex cæteris verò delictis pœna incipere ab herede ità demùm potest, si vivo reo accusatio mota est, licèt non fuit condemnatio secuta. l. 20.

Vid. sup. tit. prox. l. 3. Vid. inf. de leg. Jul. repet. l. 2.

a. L. 15. De donationibus. 41. De solutionibus. 46, § 6. De jure fisci. l. 15. Qui et à quibus manumissi.

4. Alterius provinciæ reus apud eos accusatur et damnatur apud quos crimen contractum ostenditur. l. ult. Vid. tit. seq. l. 11.

5. Non ideò minùs crimine, sive atrocium injuriarum judicio tenetur is qui in justam accusationem incidit, quia dicit alium se hujusmodi facti mandatorem habuisse : namque hoc casu, præter principalem reum mandatorem quoque ex suâ personâ conveniri posse, ignotum non est. l. 5. Cod. eod.

6. Quotiens de re familiari et civilis et criminalis competit actio, utràque licet experiri, sive priùs criminalis sive civilis actio moveatur : nec sive civiliter fuerit actum, criminalem posse consumi : et similiter à contrario. Sic denique et per vim de possessione dejectus, si de eâ recuperandâ interdicto undè vi fuerit usus, non prohibetur tamen etiam lege Juliâ de vi, publico judicio instituere accusationem *a.* un. Cod. quando civ. act. crim. præjud.

a. Vid. 56, § 1, et l. ult. De juris.

TITULUS III.

De custodiâ et exhibitione reorum.

1. De custodiâ reorum proconsul æstimare solet, utrùm in carcerem recipienda sit persona. l. 1. Hoc autem vel pro criminis quod objicitur qualitate, vel propter honorem, aut propter amplissimas facultates, vel pro inno-

centiâ personæ, vel pro dignitate ejus qui accusatur Dict. l. 1.

2. Si quis reum criminis pro quo satisdedit, non exhibuerit, pœnâ pecuniariâ plectitur. l. 4.

3. Irenarchæ quùm apprehenderint latrones, interrogent eos de sociis et receptatoribus. l. 6.

4. Solent præsides provinciarum, in quibus delictum est, scribere ad collegas suos ubi factores facinorosi agere dicuntur, et desiderare ut cum prosecutoribus ad se remittantur. l. 7.

5. Carceri præpositus si pretio corruptus, sine vinculis agere custodiam vel ferrum venenumve in carcerem inferri passus est, officio judicis puniendus est. l. 8.

6. Non est dubium, quin cujuscumque est provinciæ homo qui ex custodiâ producitur, cognoscere debeat is qui ei provinciæ præest, in quâ (provinciâ *a*) agitur : illud à quibusdam observari solet, ut quùm cognovit, et constituit, remittat illum cum elogio *b* ad eum qui provinciæ præest, undè is homo est. Quod ex causâ faciendum est. l. 11. Dict. l. § 1.

a. Vid. l. ult. De accusationibus.

b Informations.

7. Rei non diutiùs in custodiâ detinendi sunt, sed quantò citiùs aut puniendi, aut absolvendi. Nec vinculis, aut intimâ sede *a* cruciandi : sed pro modo criminis custodiendi. Nec ferenda custodum avaritia qui crudelitatem accusatoribus vendant. l. 1. Cod. de cust. reor.

a Intima sedes est locus ultimus carceris ubi nulla lux.

De his quos tenet carcer inclusos, id apertà definitione sancimus, ut aut convictos velox pœna subducat, aut liberandos custodia diuturna non maceret. l. 5. Cod. eod.

8. Quoniam unum carceris conclave permixtos sexu criminosos includit, hâc lege sancimus, ut etiamsi pœna qualitas permixtione jungenda est, sexu tamen dispares diversa claustrorum habere tutamina jubeantur. l. 3. Cod. eod.

9. Ad commentariensem *a* receptarum personarum custodia observatioque pertineat. l. 4. Cod. eod.

a Greffier des prisons.

10. Neminem oportet injici custodiæ absque jussione magistratuum. l. ult. Cod. eod.

11. Jubemus nemini penitùs licere in quibuslibet provinciis, vel in agris suis, aut ubicumque domi privati carceris exercere custodiam. l. 1. Cod. de priv. carc. inhib.

TITULUS IV.

Ad legem Juliam majestatis.

1. Majestatis crimen illud est, quod adversùs populum romanum, vel adversùs securitatem ejus committitur. l. 1, § 1.

2. Etiam ex aliis causis majestatis crimina cessant meo sæculo : nedùm etiam admittam te paratum accusare judicem proptereà crimine majestatis, quòd contrà constitutionem meam (eum) dicis pronuntiasse. l. 1. Cod. eod.

3. Eâdem severitate voluntatem sceleris quà effectum (in reis majestatis) puniri jura voluerunt. l. 5. Cod. eod. Vid. inf. de pœn. l. 18 *a*.

a Vid. l. 1. De extraordinariis criminibus.

Propter cogitationem dignus est pœnâ *b*, l. 6. Cod. eod.

b La seule pensée est criminelle. 1°. *A l'égard de la sou-*
veraineté. 2°. *A l'égard de la foi.* 3°. *A l'égard de la chas-*
teté.

4. Filii verò (reorum majestatis) quibus vitam imperato-
riâ specialiter lenitate concedimus, (paterno enim deberent perire supplicio, in quibus paterni, hoc est hereditarii criminis exempla metuuntur) à materna *a*, vel avitâ,
omnium etiam proximorum hereditate ac successione habeantur alieni : testamentis extraneorum nihil capiant,
sint perpetuò egentes, et pauperes, infamia eos paterna
semper comitetur, ad nullos prorsùs honores, ad nulla
sacramenta perveniant : sint postremò tales, ut his perpetuâ egestate sordentibus, sit et mors solatium, et vita
supplicium. l. 5. Cod. eod. Vid. inf. de pœn. n° 42 *b*.

a Charitas enim parentum ergà liberos parentes ami-
ciores reipublicæ reddidit.

b L. 2, § 7. De decurionibus et filiis eorum.

5. Hoc tamen crimen à judicibus non in occasionem
ob principalis majestatis venerationem habendum est, sed
in veritate. Nam et personam sectandam esse an potuerit facere, et an antè quid fecerit, et an cogitaverit, et
an sanæ mentis fuerit. *Nec lubricum linguæ ad pœnam fa-*
cile trahendum est a. Quamquam enim temerarii digni pœnâ
sint, tamen ut insanis illis parcendum est, si non tale sit
delictum, quod vel ex scripturâ legis descendit ad exemplum legis vindicandum est *b*. l. 7, § 3.

a L. ult. Cod. Si quis imperatori maledixerit.

b Pœnæ propter exemplum infliguntur. Voy. Hobbes
de cive, 13. n° 16. Vide ad l. 3, § 1. De injuriis.

6. Is qui in reatu decedit, integri statûs decedit : extinguitur enim crimen mortalitate, nisi forte quis majes-

tatis reus fuit. Nam hoc crimine, nisi à successioribus purgetur, hereditas fisco vindicatur. l. ult.

Majestatis rei etiam post mortem tenentur, et confiscatur eorum substantia. Et post mortem hoc crimen moveri incipit, et mei . defuncti damnatur, et res ejus heredibus auferuntur. Nam ex eo tempore quo hanc cogitationem subiit, propter cogitationem dignus est pœnà. l. 6. Cod. eod. l. *penult. et ult. eod.*

Post mortem nocentium hoc crimen inchoari potest. Dict. l. *ult. Cod. eod.*

TITULUS V.

Ad legem Juliam de adulteriis coercendis.

1. Lenocinii crimen lege Julià de adulteriis præscriptum est, quùm sit in eum maritum pœna statuta qui de adulterio uxoris suæ quid ceperit. l. 2, § 2.

2. Propriè adulterium in nuptà committitur; propter partum ex altero conceptum composito nomine. Stuprum verò in virginem, viduamve committitur. Quod græci φπορὰν id est, *corruptionem* appellant. l. 6, § 1.

3. Ignorare non debuisti, durante eo matrimonio in quo adulterium dicitur esse commissum, non posse mulierem ream adulterii fieri, sed nec adulterum interim accusari posse. l. 11, § 10, in fin.

Constante matrimonio, ab eo qui extrà maritum ad accusationem admittitur, accusari mulier adulterii non potest. Probatam enim à marito uxorem, et quiscens matrimonium non debet alius turbare, atque inquietare, nisi prius lenocinii maritum accusaverit. l. 26.

4. Mulier, quùm absentem virum audisset vitâ defunctum esse, alii se junxit, mox maritus reversus est. Quæro, quid adversùs eam mulierem statuendum sit? l. 11, § 12. Non licet mulieri quantocumque tempore vir adfuerit, alteri nubere : nisi certissimo mortuum esse virum legitimis probationibus constiterit. *Nov.* 117, *cap.* 11.

5. Divi Severus et Antoninus rescripserunt, etiam in sponsâ hoc idem vindicandum. Quia neque matrimonium qualecumque, nec spem matrimonii violare permittimur. l. 13, § 3.

6. Is cujus ope, concilio, dolo malo factum est *a*, ut vir fœminave in adulterio deprehensa, pecuniâ aliâve quâ pactione *b* se redimerent, eâdem pœnâ damnatur. l. 14.

a L. 18. Cod. De transactionibus.

b L. ult. De prævaricat.

7. Marito mulierem adulteram non est permissum occidere. l. 22, § *ult.* Mariti calor et impetus facilè decernentis, fuit refrænandus *a*. Dict. §. Vid. l. 38, § 8 eod. l. 1, § 5, *ff. ad leg. Corn. de sic.*

a Patri autem occidere filiam permittitur, plerumque pietas paterni nominis consilium pro liberis capit. Dictâ lege 22, § *ult.*

8. Sacrilegos nuptiarum gladio puniri oportet. l. 30. Cod. *ad leg. Jul. de adult. a.*

a Item sollicitatores et interpellatores l. 1. De extraordinariis criminibus.

9. Adultera in monasterium detrudenda *a. Nov.* 134, *cap.* 10.

a Authent. Sed hodiè Cod. h. t. *Au Châtelet de Paris on adjuge la dot au mari, mais en usufruit seulement, quand il y a des enfans.*

10. Propter dotis quæstionem, utrùm in lucro marito cedat, an heredibus mulieris (adulteræ) restituatur facultatem maritus habeat probationes adulterii præstare. *l.* 36, *Cod, ad leg. Jul. de adult.*

TITULUS VI.

Ad legem Juliam de vi publicâ.

1. Lege Juliâ de vi publicâ tenentur, qui turbæ seditionisve faciendæ consilium inierint, aut homines in armis habuerint. l. 3. *Vid. leg.* 10 *eod.*

2. In eadem causa sunt, qui pessimo exemplo convocatu, seditione villas expugnaverint, et cum telis et armis bona rapuerint. l. 3, § 2.

a Point d'assemblées illicites sans port d'armes : point de port d'armes défendu sans assemblées.

Hi, qui ædes alienas aut villas expilaverint, effregerint, expugnaverint, si quidem in turbâ cum telo fecerint, capite puniuntur. l. 11.

3. Eàdem lege tenetur, qui cum hominibus armatis possessorem domo agrove suo, aut navi suâ dejecerit, expugnaverit (concursu). l. 3, § *ult.*

Qui cætu, concursu, turbâ, seditione, incendium fecerit, quique hominem dolo malo incluserit, obsederit. l. 5.

Quive per vim sibi aliquem obligaverit : nam eam obligationem lex rescindit. Dict. l. 5.

4. Si de vi et possessione, vel dominio quæratur, antè cognoscendum de vi, quàm de proprietate rei. l. 5, § 1.

Priùs de vi quæratur, quàm de jure dominii, sive possessionis. Dict. § in fin.

Antè omnia violentiæ causam examinari præcipimus;
et in eâ requiri, quis ad quem pervenerit possidentem :
ut ei quem constiterit expulsum, amissæ possessionis jura
reparentur. l. 7. Cod. eod.

5. Qui vacantem *a* mulierem rapuit, vel nuptam, ultimo supplicio punitur. l. § 2.

a Viduam.

Raptores virginum, sive jam desponsatæ fuerint, sive
non, vel quarumlibet viduarum fœminarum, pessima criminum peccantes, capitis supplicio plectendos decernimus. *l. un. Cod. de rapt. virg.*

Eâdem pœnâ tenentur qui eos comitati fuerint : item
conscii, et ministri hujus criminis. Dict. l. 5, § 2.

6. Armatos non utique eos intelligere debemus qui
tela habuerint, sed etiam qui aliud quod nocere potest.
l. 9.

TITULUS VII.

Ad legem Juliam de vi privatâ.

1. Ex constitutionibus principum extrâ ordinem qui de
naufragiis aliquid diripuerint, puniuntur. Nam et divus
Pius rescripsit, nullam vim nautis fieri debere, et si quis
fecerit, ut severissimè puniatur. l. 1, § 2 *a*.

a De incendio, ruinâ, naufragio.

2. Sed si nulli convocati, nullique pulsati sint, per injuriam tamen ex bonis alienis quid ablatum sit, hâc lege
teneri eum, qui id fecerit. l. 3, § 2.

3. Creditores, si adversùs debitores suos agant, per judicem in quod sibi deberi putant, reposcere debent. Alioquin, si in rem debitoris sui intraverint, id nullo concedente, divus Marcus decrevit jus crediti eos non habere. Verba decreti hæc sunt : *Optimum est a, ut si quas putes te habere petitiones, actionibus experiaris. Interim ille in possessione debet morari, tu petitor es.* Et quùm Marcianus diceret, *Vim nullam feci;* Cæsar dixit, *Tu vim putas esse solum, si homines vulnerentur? Vis est et tunc, quotiens quis id quod deberi sibi putat, non per judicem reposcit : non puto autem, nec verecundiæ, nec dignitati tuæ convenire quicquam non jure facere. Quisquis igitur probatus mihi fuerit nullam debitoris non ab ipso sibi traditam, sine ullo judice merè possidere, eumque sibi jus in eam rem dixisse, jus crediti non habebit.* l. 7, l. 5, Cod. eod.

a L. 13. Quod metùs causâ. l. 5. De acquirendâ vel amittendâ possessione. De vi bonorum raptorum. n. ult.

5. Quoniam multa facinora sub uno violentiæ nomine continentur, quùm aliis vim inferre certantibus, aliis cum indignatione resistentibus, verbera cædesque crebrò deteguntur admissæ; placuit si fortè quis ex possidentis parte, vel ex ejus qui possessionem temerè tentaverit, interemptus sit, in eum supplicium exerceri, qui vim facere tentaverit, et alterutri parti causam malorum præbuerit : et non jam aut relegatione, aut deportatione insulæ plectatur, sed supplicium capitale excipiat. l. 6, *Cod. eod.*

5. Crimen non dissimile est rapere, et ei qui rapuit raptam rem , scientem delictum servare. l. 9, *Cod. eod. a.*

a Vid. titulum. De receptatoribus. l. 48, § 1. De furtis.

TITULUS VIII.

Ad legem Corneliam de sicariis et veneficiis.

1. Lege Corneliâ de sicariis et veneficiis tenetur qui hominem occiderit. l. 1. Prætereà tenetur, qui hominis necandi causâ venenum confecerit, dederit : quive falsum testimonium dolo malo dixerit, quo quis publico judicio rei capitalis damnaretur; quive magistratus judexve quæstionis sub capitalem causam, pecuniam acceperit, ut publicâ lege reus fieret, dict. l., § 1.

2. Qui hominem occiderit, punitur, non habitâ differentiâ cujus conditionis hominem interemit. l. 1, § 2.

3. Divus Hadrianus rescripsit eum qui hominem occidit, si non occidendi animo hoc admisit, absolvi posse. l. 1, § 3.

4. Si gladium strinxerit et in eo percusserit, indubitatè occidendi animo id eum admisisse : Sed si clavi percussit, aut cucumâ *a* in rixâ, quamvis ferro percusserit, tamen non occidendi animo, leniendam pœnam ejus, qui in rixâ causâ (casu) magis, quam voluntate homicidium admisit. Dict., § 3.

a Genus vasis.

5. Qui venenum necandi hominis causâ fecerit, vel vendiderit, vel habuerit, plectitur. l. 3.

6. Pigmentari *a* si cui temerè *b* venena dederint, pœnâ teneantur hujus legis. l. 3 § 3, *c*.

a Pharmacopolæ.

b Facilius.

c Lex 3 , § 2, *ait :* Relegatur qui portionem concipiendi causâ dedit, licet non malo animo, sed malo exemplo, si ea quæ sumpsit decesserit.

7. Solent hodiè (sicarii et veneficii) capite puniri. !. 3,
§ 5 *a.*

a Lex 7 *ait :* In hâc lege dolus pro facto accipitur :
nec lata culpa pro dolo accipitur. Vid. quod dixi ad tit.
de suspectis tutoribus.

8. Si quis dolo insulam meam exusserit, capitis pœnâ
plectetur, quasi incendiarius. l. 10.

9. Infans vel furiosus qui hominem occiderint, lege
Corneliâ non tenentur : quùm alterum innocentia consilii
tuetur, alterum fati infelicitas excusat *a.* l. 12.

a. Sufficit eum furore ipse puniri. l. 9, § 2. De lege
Pompeiâ de parricidiis. l. 14. De officio præsidis.

10. In malificiis voluntas spectatur, non exitus. l. 14.
Vid. n° 14.

11. Nihil interest, occidat quis, an causam mortis præbeat. l. 15.

12. O ἐντειλάμενος τινι φονεῦσαι, ὥς φονεός κρινεται, id est,
mandator cædis, pro homicida habetur. l. 15, § 1.

13. Si in rixâ percussus homo perierit, ictus uniuscu-
jusque in hoc collectorum contemplari oportet. l. *ult.*

15. Crimen contrahitur, si et voluntas nocendi intercedat : Cæterùm ea quæ ex improviso casu potiùs quàm
fraude accidunt, fato plerumque, non noxæ imputantur.
l. 1, *in fin. Cod. eod.* l. 5, *eod.*

15. Plus est hominem extinguere veneno, quàm occidere gladio. l. 1, *Cod. de malef. et math.*

16. Eorum est scientia punienda *a,* et severissimis
meritò legibus vindicanda, qui magicis accincti artibus,

aut contrà salutem hominum moliri, aut pudicos animos ad libidinem deflexisse *b*, detegentur. l. 4, *Cod. de malef. et math. Vid. not. seq.*

a Voyez la déclaration du roi de 1682.

b Bonum hoc amatorium sine medicamento', carmine, vel herbâ, si vis amari, ama. Senec. 1. epist. 9.

17. Nemo aruspicem consultat, aut mathematicum, nemo ariolum. Augurum et vatum prava confessio conticescat. Chaldæi ac magi, et cæteri quos maleficos, ob facinorum magnitudinem vulgus appellat, nec ad hanc partem aliquid moliantur. Sileat omnibus perpetuò divinandi curiositas. Etenim supplicio capitis ferietur, gladio ultore prostratus, cuicumque jussis (nostris) obsequium denegaverit. l. 5, *Cod. eod*

18. Culpa similis est tam prohibita discere, quàm docere. l. 8, *Cod. eod.*

TITULUS IX.

De lege Pompeiâ de parricidiis.

1. Si quis parentis, aut filii, aut omninò affectionis ejus quæ nuncupatione parricidii continetur, fata, preperaverit, sive clam, sive palam id enisus fuerit, pœnâ parricidii puniatur. l. 1, *Cod. de his qui par, vel lib. occid. Vid.* l. 1, l. 9, *eod.*

2. Utrùm qui occiderunt parentes, an etiam conscii pœnâ parricidii adficiantur, quæri potest : Et ait Mæcianus, etiam conscios eâdem pœnâ adficiendos, non solum parricidas : Proindè conscii etiam extranei eâdem pœnâ adficiendi sunt *a*. l. 6.

a La loi 6 *dit que :* Patria potestas in pietate, non in atrocitate consistit. *La loi* 1, § *dernier*, De liberis exhibendis, *dit :* Ità tamen ut patri persuadeatur ne acerbè patriam potestatem exerceat.

TITULUS X.

De lege Corneliâ de falsis, et de senatusconsulto Liboniano a.

a L'ordonnance de Blois permet aux curés de recevoir des testamens, quoiqu'il y ait des legs au profit de l'Église. Vid. l. 14, § 1, h.

1. Pœna legis Corneliæ irrogatur ei, qui falsas testationes faciendas, testimoniave falsa inspicienda dolo malo conjecerit. (Coegerit.) l. 1.

2. Qui testamentum amoverit, celaverit, eripuerit deleverit, interleverit, subjecerit, resignaverit ; quive testamentum falsum scripserit, signaverit, recitaverit dolo malo cujusve dolo id factum erit, legis Corneliæ pœnà damnatur. l. 2, l. 9, § 3.

3. Qui ignorans falsum esse testamentum, vel hereditatem adiit, vel legatum accepit, vel quoquo modó agnovit, falsum testamentum dicere non prohibetur *a.* l. 3, *Cod. eod.*

a L. 14.

b De inofficioso testamento. l. 5. De his quæ ut indignis auferuntur. *Point de fin de non-recevoir en faux.*

4. Quicumque nummos aureos *a* partim raserit, partim tinxerit, vel finxerit, summo supplicio affici debent. l. 8.

a Idem si argenteos. Paul. 5. Sent. 25, § 1 contrà pœna non extenditur secundùm quosdam.

Lege Corneliâ cavetur, ut qui in aurum vitii quid addiderit, qui argenteos nummos adulterinos flaverit, falsi crimine teneri. Eâdem pœnâ afficitur etiam is qui, quùm prohibere tale quid posset, non prohibuit. l. 9, Dict. l., § 1. Vid. l. 8.

Qui ad hoc ministerium præbuerint, cum eo, qui fecit, supplicio capitali plectuntur. l. 1. *Cod. de fals. mon.*

5. Quùm falsi reus antè crimen illatum, aut sententiam dictam, vitâ decedit, cessante Corneliâ, quod scelere quæsitum est, heredi non relinquitur. l. 12.

6. Falsi nominis vel cognominis adseveratio pœnâ falsi coercetur. *a.*

a La loi 14, § 1, *peut s'appliquer à un curé et à un notaire qui écrit un legs conjointement pour lui et pour un autre : elle décide pour un autre : elle décide qu'il est nul.* Vid. contrà Paul III. Sent. 6, § 14.

Nominis mutatio, sine fraude, non est illicita. l. *un. Cod. de mutat. nom.*

7. Paulus respondit, legis Corneliæ pœnâ omnes teneri. Qui etiam extrà testamenta cætera falsa signassent. Sed et cæteros qui in rationibus, tabulis, litteris publicis, aliàve quâ re, si ne consignatione falsum fecerunt, vel ut verum non appareat, quid celaverunt *a*, subjecerunt, resignaverunt, eàdem pœnâ affici solere dubium non esse. l. 16, § 1 et 2.

a La loi 19, § 7, *dit :* Accusatio suppositi partûs nullâ temporis præscriptione depellitur : nec interest decesserit necne quæ partum subdidisse contenditur. Cujacius autem ait præscribi per viginti annos, scilicet quoad pœnam.

8. Qui duobus in solidum eamdem rem diversis contractibus vendidit, pœnâ falsi coercetur. Et hoc et divus Hadrianus constituit *a* l. 21.

a Adjungitur et is qui judicem corrumpit; sed remissiùs puniri solet, eod. Causâ cadere debet qui in corruptelam judicis spem victoriæ reposuerit. l. 1, Cod. De pœnâ judicis qui malè judicavit.

9. Quid sit falsum quæritur : et videtur id esse, si quis alienum chirographum imitetur, aut libellum vel rationes intercidat, vel describat : Non qui aliàs in computatione, vel in ratione mentiuntur. l. 23 *a*.

a Non qui mentitur.

10. Eos qui diversa inter se testimonia præbuerunt, quasi falsum fecerint, et præscripto legis teneri pronunciat : Et eum qui contrà signum suum falsum præbuit testimonium *a*, pœnâ falsi teneri pronunciatum est : de impudentiâ ejus qui diversa duobus testimonia præbuit *b*, cujus itâ anceps fides vacillat *c*, quòd crimine falsi teneatur, nec dubitandum est. l. 27, Dict. l., § 1.

a Nec fides vili testimonio adhibetur contrà Guidonem papam qui ait testem in secundâ depositione videri corruptum. Quid *de ceux qui donnent des consultations contraires ?*

b Qui se pro milite gessit, vel illicitis insignibus usus est, vel falso diplomate vias commeavit, puniendus est, § 2, l. 137, § 2. De verborum obligationibus.

c L. 23. De testibus.

11. Si à debitore, prælato die *a*, pignoris obligatio mentiatur, falsi crimine (crimini) locus est. l. 28.

a Antidate ωροχρόνισμος proferre diem. Repetere. Antevertere. Referre. Anticipare. l. 33. De receptis. l. 3,

§ 2. De edendo, tit. 2 , § 6. Testamenta quemadmodùm aperiantur.

12. Decreto divi Hadriani præceptum est, in insulam eos relegari qui pondera, aut mensuras falsassent *a*. l. 32, § 1.

a Vid. l. 6, § 1. De extraordinariis criminibus, ubi dicitur : onerant annonam etiam stateræ adulterinæ, quo casu lex Cornelia locum habet.

13. Capitalis est causa subjecti partûs *a*. l. 1. Cod. eod.

a Nec præscriptione tollitur, aut morte. l. 19, § 1, suprà.

La loi 30, § 1, *dit :* De partu supposito soli accusant parentes, aut ii ad quos ea res pertinet? non quilibet è populo. Ergò *le procureur du roi chez nous ne pourra s'en plaindre si les parens se taisent : excepté quand le roi y aura intérêt, par exemple, dans la déshérance.* Vid. Cod. l. 1, § 13. De inspiciendo ventre. Ubi dicitur, publicè interest partus non subjici, ut ordinum dignitas familiarumque salva sit. *En effet, par ce moyen on fera un noble d'un roturier.*

14. Satis apertè divorum parentum meorum rescriptis declaratum est, quùm morandæ solutionis gratià à debitore falsi crimen objicitur *a*, nihilominùs, salvà executione criminis, debitorem ad solutionem compelli oportere. l. 2. Cod. eod.

a On donne la provision au titre quand il est authentique : secùs s'il est sous seing-privé.

15. Falsi quidem crimen, vel aliud capitale movere vos matri vestræ, secta mea non patitur : sed ea res pecuniarium compendium non aufert. Si enim de fide scripturæ, undè eadem mater vestra fideicommissum sibi

vindicat dubitatio est, inquiri fides veritatis, etiam sine metu criminis potest. l. 5. Cod. eod.

16. Ipse significas *a*, quùm primùm adversarii instrumenta protulerunt, fidem eorum te habuisse suspectam. Factà igitur transactione, difficile est, ut is qui provinciam regit, velut falsum cui semel acquievisti, tibi accusare permittat. l. 7, Cod. eod.

a Qui falsas tabulas dixerit, nec obtinuerit, ad defuncti judicium adspirare non potest. l. 6. Cod. eod. scilicèt si legatarius falso accusaverit heredem falsi. Vid. l. 5, § 7 et 8, l. 7. De his quæ ut indignis.

17. Si falsos codicillos ab his contrà quos supplicas, factos esse contendis *a*, non ideò accusationem evadere possunt, quòd se illis egent uti. Nam illis prodest instrumenti usu abstinere *b* qui non ipsi falsi machinatores esse dicuntur, et quos periculo solus usus adstrinxerit. Qui autem compositis per scelus codicillis, in severitatem legis Corneliæ inciderunt, non possunt, defensiones ejus recusando, crimen evitare. l. 8. Cod. eod.

a Voy. l'art. 8 *du crime de faux de l'ordonnance de* 1670.

b Nemo enim tali peccato pœnitentià suà nocens esse desinit. l. 65. De furtis.

18. Querela falsi temporalibus præscriptionibus non excluditur *a* nisi viginti annorum exceptione : sicut cætera quoque ferè crimina *b*. l. 12. Cod. eod.

a Præscriptio criminum. Vid. l. 2, § 1, et l. 3 infrà. De requirendis reis.

b Ratio depromi potest ex versu Petronii :

Et pavido cernunt inclusum corde tribunal.

Dii immortales quàm malè est extra legem viventibus quidquid meruere semper expectant. Vid. l. 25. De pœnis.

19. Eum, qui celavit vel amovit testamentum, committere crimen falsi publicè notum est. l. 14. Cod. eod.

20. Ubi falsi examen inciderit, tunc acerrima fiat indago argumentis, testibus, scripturarum collatione *a*, aliisque vestigiis veritatis : nec accusatori tantùm quæstio incumbat; nec probationis ei tota necessitas indicatur : sed inter utramque personam sit judex medius : nec ullà interlocutione divulget, quæ sentiat *b*. Sed tanquam ad imitationem relationis, quà solum audiendi mandat officium, præbeat notionum : postremà sententià, quid sibi liceat, proditurus. l. 22. Cod. eod.

a Vid. n° 73.

q Officium judicis facere.

TITULUS XI.

De lege Juliâ repetundarum.

1. Lex Julia repetundarum pertinet ad eas pecunias, quas quis in magistratu, potestate, curatione, legatione, vel quo alio officio, munere, ministeriove publico cepit : vel quùm ex cohorte cujus eorum est. l. 1.

Lege Juliâ repetundarum tenetur, qui quùm aliquam potestatem haberet, pecuniam ob judicandum, decernendumve acceperit : vel quo magis aut minùs quid ex officio suo faceret. l. 3 et 4.

Omnes cognitores et judices à pecuniis atque patrimoniis manus abstineant *a :* neque alienum jurgium putent suam prædam. l. 3. Cod. ad leg. Jul. repet.

a Idem *des procureurs au Châtelet.*

2. Datur ex hâc lege in heredes actio. l. 2.

Sciant judices super admissis propriis aut à se, aut ab heredibus suis pœnam esse repetendam. l. 2. Cod. ad l. Jul. repet.

b Contrà si judex litem suam faciat. l. 16. De judiciis. Vid. inf. ad leg. Jul. pecul. l. ult.

3. In comites quoque judicum ex hâc lege judicium datur. l. 5. Vid. sup. l. 1.

4. Ut unius pœna, metus possit esse multorum *a*, ducem qui malè egit ad provinciam quam nudaverit, cum custodiâ competenti ire præcipimus : ut non solùm quod ejus, non dicam domesticus, sed manipularius, et minister acceperit, verùm etiam quod ipse à provincialibus nostris rapuerit aut sustulerit, in quadruplum exolvat invitus. l. 1. Cod. eod.

a. L. 31. Depositi. Hobbes, de Cive, 13, 16. l. 7, § 3. Ad legem Juliam majestatis. l. 16, § ult. De pœnis.

TITULUS XII.

De lege Juliâ annonâ.

1. Lege Juliâ de annonâ pœna statuitur adversùs cum, qui contrà annonam fecerit societatemve coierit, quo annona carior fiat *a*. l. 2.

a Dardanari. Vid. l. 6. De extraordinariis criminibus.

TITULUS XIII.

Ad legem Juliam peculatûs, et de sacrilegiis, et de residuis.

1. Lege Juliâ peculatûs cavetur, ne quis ex pecuniâ

sacrâ, religiosâ, publicâve auferat, neve intercipiat, neve in rem suam vertat, neve faciat quo quis auferat, intercipiat, vel in rem suam vertat. l. 1.

2. Lege Juliâ de residuis tenetur qui publicam pecuniam, delegatam in usum aliquem, retinuit, neque in eum consumpsit. l. 2.

Lege Juliâ de residuis tenetur is, apud quem ex locatione, emptione, alimentariâ ratione, ex pecuniâ quam accepit, aliâve quâ causâ pecuniâ publicâ resedit. Sed et qui pecuniam publicam in usu aliquo acceptam retinuerit, nec erogaverit, hâc lege tenetur. l. 4, § 3 et 4.

3. Mandatis cavetur de sacrilegiis, ut præsides sacrilegos, latrones, plagiarios conquirant, et ut prout quisque deliquerit, in eum animadvertant. Et sic constitutionibus cavetur, ut sacrilegia extrà ordinem dignâ pœnâ puniantur *a*. l. 4, § 2.

a L. 7, *ait :* Præscriptione quinquennii crimen peculatûs tolli.

Sacrilegi capite puniuntur. l. 9.

4. Publica judicia peculatûs, et de residuis, et repetundarum similiter adversùs heredem exercentur : nec immeritò, quùm in his quæstio principalis ablatæ pecuniæ moveatur. *a.* l. ult.

a Sacrilegii instar est dubitare an is dignus sit quem elegerit imperator. l. 3. Cod. De sacrileg.

TITULUS XIV.

De lege Juliâ ambitus.

1. Si contrà hanc legem magistratum, aut sacerdotium quis petierit *a*. l. 1, § 1.

a § ult ait : Reus et accusator non poterant ingredi domum judicis. Cujacius, 6, ob. 3o.

TITULUS XV.

Ad senatusconsultum Turpillianum, et de abolitionibus criminum.

1. Accusatorum temeritas tribus modis detegitur, et tribus pœnis subjicitur. Aut enim calumniantur, aut prævaricantur, aut tergiversantur. Calumniari est falsa crimina intendere : prævaricari, vera crimina abscondere *a :* tergiversari, in universum ab accusatione desistere l. 1. Dict. l. §. 1.

a Aut colludere cum reo. l. 1, § 6.

2. Non utique qui non probat quod intendit protinùs calumniari videtur. Nam ejus rei inquisitio arbitrio cognoscentis committitur, qui, reo absoluto, de accusatoris incipit consilio quærere : quâ mente ductus ad accusationem processit ; et si quidem justum ejus errorem reperit, absolvit eum : si verò in evidenti calumniâ eum deprehenderit, legitimam pœnam ei erogat. l. 1, § 3.

3. Facti quæstio in arbitrio est judicantis *a.* l. 1, § 4.

a Facti quandò est in potestate judicantium, juris autem auctoritas non est. l. 15. Ad municip. l. 7. Cod. de fideicommissis.

4. Prævaricatorem eum esse ostendimus, qui colludit cum reo, et translatitiè *a* munere accusandi defungitur ; eò quòd proprias quidem probationes dissimularet, falsas verò (rei) excusationes admitteret. l. 1, § 6.

a Perfunctoriè.

5. Provocationis remedio, condamnationis extinguitur pronunciatio. l. 1, § ult. in fin.

a In civilibus suspenditur dumtaxat.

Si quis, quùm capitali pœnà vel deportatione damnatus esset, appellatione interpositâ, et in suspenso constitutâ, fati diem functus est, crimen morte finitum est; idem observatur et si accusator, pendente appellationis tempore, ultimum diem obiisset. l. ult. Cod. si reus vel. accus. mor. fuer.

a L. 2, § 2, De pœnis.

6. Et in privatis, et in extraordinariis criminibus omnes calumniosi extrà ordinem pro qualitate admissi plectuntur. l. 3.

Et qui cœperit arguere, aut vindicta proposita sit, si vera detulerit; aut supplicium, si fefellerit. l. 7, in fin. Cod. de calum.

7. Abolitio aut publicè fit, ob diem insignem, aut publicam gratulationem, vel ob rem gestam. l. 8. l. 9. Vid. l. 12.

Abolitio reorum quæ publicè indulgetur, ad crimen falsi non pertinet. l. 17. in fin.

8. Indulgentia quos liberat, notat *a* l. ult. Cod. de gener. abol.

a Suntne infames juris et facti?

TITULUS XVI.

De requirendis, vel a absentibus damnandis b.

a Nec. Vid. l. 1. h.

b Divi Severi et Antonini Magni rescriptum est, ne

quis absens puniatur; et hoc jure utimur ne absentes damnentur, neque enim inauditâ causâ quemquam damnari æquitatis ratio patitur. l. 1.

1. Si per viginti annos fiscus bona non occupaverit, posteà præscriptione, vel ab ipso reo *a*, vel ab heredibus ejus summovebitur. Quamcumque enim quæstionem apud fiscum, si non alia sit præscriptio, viginti annorum silentio præscribi divi principes voluerunt. l. 2, § 1, et l. 3.

a Propter l. 12, c. Ad legem Corneliam de falsis.

2. In summâ sciendum est nullâ temporis præscriptione, causæ defensione submoveri eum qui requirendus adonatatus est *a*. l. 4. § 2.

a Quia defensio est juris naturalis, et præscriptio juris civilis. Jus autem civile non potest corrumpere jura naturalia. l. 8. de capite minutis.

3. Requirendorum bona obsignantur *a*.... moventia si qua sunt, ne aut morâ deteriora fiant, aut aliquo modo intereant, venire debent.... inter moventia fructus quoque habentur.... curandum est ne quid ei qui profugit, medio tempore à debitoribus ejus solvatur, ne per hoc fuga ejus instituatur *b*. l. ult. Dict. l. § 1, 2 et 3.

a Voyez *l'article* 1er *du titre des défauts et contumaces de l'Ordonnance de* 1670.

b Vid. l. 41. De solutionibus.

TITULUS XVII.

De quæstionibus a.

a Par *l'Ordonnance de* 1670, *il faut trois conditions*

pour la question : 1°. *Que le corps du délit soit certain.* 2°. *Que le crime mérite la mort.* 3°. *Qu'il y ait un commencement de preuve considérable.* Quid *d'un seul témoin qui* parle *de visu.* Vid. l. 20.

1. In criminibus eruendis quæstio adhiberi solet. Sed quandò, vel quatenùs id faciendum sit videamus. Et non esse à tormentis incipiendum et divus Augustus constituit, neque adeò quæstioni fidem adhibendam. l. 1. Vid. n° 5, et n° 11.

2. Divus Severus rescripsit, confessiones reorum pro exploratis facinoribus haberi non oportet, si nulla probatio religionem cognoscentis instruat *a.* l. 1, § 17.

a Non auditur perire volens.

Si quis ultrò de maleficio fateatur, non semper ei fides adhibenda est nonnunquam enim aut metu, aut quâ aliâ de causâ in se confitentur. l. 1, § 27.

3. In tributis *a* reipublicæ nervi *b.* l. 1. § 20.

a Tacitus l. Hist. ult. et 13. Annal., *ait :* Nam neque quies gentium sine armis, neque arma sine stipendiis, neque stipendia sine tributis haberi possunt ; dissolutionemque imperii sequi sublatis stipendiis et fructibus quibus respublica substinetur. Undè servus torquetur in crimine fraudati vectigalis adversùs dominum. Cujac. 6. ob. 19. Boug. l. II. n° 8.

b. L. C. h. t. l. 53. De judiciis. l. 25. De administratione et periculo tutorum.

4. Qui quæstionem habiturus est, non debet specialiter interrogare, an Lucius Titius homicidium fecerit, sed generaliter quis id fecerit : alterum enim magis suggerentis *a,* quàm requirentis videtur l. 1, § 22.

a Suggestion.

5. Quæstioni fidem non semper, nec tamen nunquam habendam, constitutionibus declaratur. Etenim res est fragilis, et periculosa, et quæ veritatem fallat. Nam plerique patientiâ, sive duritiâ *a* tormentorum ità tormenta contemnunt, ut exprimi eis veritas nullo modo possit : alii tantâ sunt impatientiâ, ut quodvis mentiri, quàm pati tormenta velint. Ità fit, ut etiam vario modo fateantur, non tantùm se, verùm etiam alios comminentur. Præterea inimicorum quæstioni fides haberi non debet, quia facilè mentiuntur : nec tamen sub prætextu inimicitiarum detrahenda erit fides quæstionis. Causâque cognitâ, habenda fides, aut non habenda. l. 1, § 23, 24, 25.

a En Angleterre on ne pratique point la question.

6. Quæstionis modum magis est judices arbitrari oportere. Itaque quæstionem habere oportet, ut servus salvus sit vel innocentiæ, vel supplicio. l. 7.

Tormenta adhibenda sunt ut moderatæ rationis temperamenta desiderant. l. 10, § 3.

7. De minore quatuordecim annis quæstio habenda non est. l. 10. Vid. l. 1, § 33. ff. de Senat. Silan.

8. Plurimùm quoque in excutiendâ veritate etiam vox ipsa et cognitionis subtilis diligentia affert : nam et ex sermone, et ex eo, quâ quis constantiâ *a,* quâ trepidatione quid diceret, vel cujus existimationis quisque in civitate suâ est, quædam ad illuminandam veritatem in lucem emergunt l. 10, § 5.

a Quo vultu.

9. Repeti posse quæstionem divi fratres rescripserunt *a.* l. 16.

a Contrà verò apud nos.

Reus evidentioribus argumentis oppressus, repeti in

quæstionem potest, maximè si in tormenta animum corpusque duraverit. l. 18, § 1.

10. Unius facinoris plurimi rei ità audiendi sunt, ut ab eo primùm incipiatur, qui timidior est, vel teneræ ætatis videtur. l. 18.

11. In eâ causâ, in quâ nullis reus argumentis urgebatur, tormenta non facilè adhibenda sunt, sed instandum accusatori, ut id quod intendat comprobet, atque convincat *a*. l. 18, § 2.

a La loi 20 *dit :* Testimonium non oportere unius hominis admitti, ut quæstio habeatur.

12. Quæstionis habendæ causâ neminem esse damnandum, D.' Hadrianus rescripsit. l. 21.

13. Ipsa quoque mulier torquebitur. Neque enim ægrè feret, si torqueatur quæ venenis suis viscera hominis extinxit. l. 3, § 1. Cod. eod.

14. Convictis confessisque ad societatem scelerum vocantibus eos à quibus apprehensi custoditive sunt *a* facilè credi non oportet. l. 4. Cod. eod.

a Testamens de mort fort incertains.

15. Oportet judices, nec in his criminibus, quæ publicorum judiciorum sunt, ad investigationem veritatis à tormentis initium sumere; sed argumentis primùm verisimilibus probabilibusque uti. Et si his veluti certis indiciis ducti, investigandæ veritatis gratiâ, ad tormenta putaverint esse veniendum, tunc id demùm facere debebunt. l. 8, § 1. Cod. eod.

TITULUS XVIII.

De pœnis.

1. Generaliter placet in legibus publicorum judiciorum, vel privatorum criminum, qui extrà ordinem cognoscunt præfecti, vel præsides, ut eis, qui pœnam pecuniariam egentes eludunt, coercitionem extraordinariam inducant. l. 1, § ult.

a Lex 35. De injuriis.

2. Rei capitalis damnatum sic accipere debemus, ex quâ causâ damnato vel mors, vel etiam civitatis amissio contingit. l. 2 *a*.

a L. 2. De publiciis judiciis. l. 21. h.

Qui ultimo supplicio damnantur, statim civitatem perdunt. Itaque præoccupat *b* hic casus mortem. l. 29.

b Il devient incapable d'effets civils.

3. Eum accipiemus damnatum qui non provocabit : cæterùm si provocet, nondùm damnatus videtur *a*. Sed et si ab eo, qui jus damnandi non habuit, rei capitalis quis damnatus sit, eadem causa erit. Damnatus enim ille est, ubi damnatio tenuit. l. 2, § 2 *b*.

a Propter. l. 1, § ult. Ad senatusconsultum Turpillianum.

b Quid *des commissaires. Voyez l'ordonnance de Blois.*

4. Prægnantis mulieris consumendæ damnatæ pœna differtur, quoad pariat *a* : ego quidem, et ne quæstio de eâ habeatur, scio observari, quamdiù prægnans est. l. 3.

a Quia partus reipublicæ nascitur.

5. Si quis non excesserit in exilium intrà tempus intrà quod debuit, sive etiam aliàs exilio non obtemperaverit, contumacia ejus cumulat pœnam *a*. l. 4. Vid. l. 8, § 7.

a Cujacius, 6, ob. 36, delet negationem in principio legis. l. 4.

6. Nemo potest commeatum remeatumve dare exuli, nisi imperator, ex aliquâ causâ. l. 4, in fin.

7. De suspicionibus non debet aliquis damnari. *Satius enim impunitum relinqui facinus nocentis, quàm innocentem damnare a.* l. 5.

a La politique des Turcs est contraire.

8. Refert et in majoribus delictis, consultò aliquid admittatur, an casu; et sanè in omnibus criminibus distinctio hæc pœnam aut justam eligere debet, aut temperamentum admittere. l. 5, § ult.

9. Si quis fortè, ne supplicio afficiatur, dicat *se habere quod principi referat salutis ipsius causâ*, an remittendus sit ad eum, videndum est. l. 6. Cæterùm, ut mea fert opinio, prorsùs eos non debuisse, posteaquàm semel damnati sunt, audiri, quidquid allegent. Quis enim dubitat, eludendæ pœnæ causâ ad hæc eos decurrere? Magisque esse puniendos, qui tamdiù conticuerunt, quod pro salute principis habere se dicere jactant. Nec enim debebant tam magnam rem tamdiù reticere. Dict. l. 6.

10. Nunc genera pœnarum nobis enumeranda sunt, quibus præsides afficere quemque possint. Et sunt pœnæ quæ aut vitam adimant, aut civitatem auferant, aut exilium, aut coercitionem corporis contineant. l. 6, § 2. Aut damnum cum infamiâ, aut dignitatis aliquam depositionem, aut alicujus actùs prohibitionem. l. 8.

Solent præsides in carcere continendos damnare, aut

ut in vinculis contineantur : sed id eos facere non oportet, nam hujusmodi pœnæ interdictæ sunt. Carcer enim ad continendos homines *a*, non ad puniendos haberi debet. l. 8, § 9 *b*.

a Cujacius, 4 ob. 9 corrigit. l. 8, § 2. *Il y a des coutumes en France qui punissent certains crimes de prison perpétuelle et de consfication de biens.*

b Vid. ult. Cod. h. t.

Mandatis principalibus, quæ præsidibus dantur, cavetur, ne quis perpetuis vinculis damnetur. l. 35.

12. Moris est advocationibus quoque præsides interdicere *a*. Et nonnunquam in perpetuum interdicunt, nonnunquam ad tempus, vel annis metiuntur. l. 9.

a L. 3, § 1. De decurionibus.

Nonnunquam non advocationibus cui interdicitur, sed foro Plus est autem foro, quàm advocationibus interdicere; si quidem huic omninò forensibus negotiis accommodare se non permittatur. Solet autem ità vel juris studiosis interdici, vel advocatis, vel tabellionibus, sive pragmaticis. nº l. 9, § 4.

a Pragmatici dicuntur multo rerum usu periti, et solertes, quasi advocatorum postici, dicendorumque suggestores. Gotofr.

13. *a* Sunt et aliæ pœnæ, si negotiatione abstinere quis jubeatur, vel ad conductionem eorum quæ publicè locantur accedere, ut ad vectigalia publica. l. 9, § 9.

a Vid. 9, § 14 et 15. De liberis decurionis natis antè et post decurionatum.

14. Perspiciendum est judicanti, ne quid aut duriùs, aut remissiùs constituatur, quàm causa deposcit. Nec enim aut severitatis, aut clementiæ gloria affectanda est.

Sed perpenso judicio, prout quæque res expostulat statuendum est. Planè in levioribus causis promiores ad
lenitatem judices esse debent : in gravioribus pœnis se-·
veritatem legum cum aliquo temperamento benignitatis
subsequi. l. 11.

15. Delinquitur autem aut proposito, aut impetu, aut
casu : Proposito delinquunt latrones qui factionem habent : Impetu autem quùm per ebrietatem ad manus,
aut ad furtum venitur : Casu verò quùm in venando telum
in feram missum, hominem interficit. l. 11, § 2.

16. Hodiè licet ei qui extrà ordinem de crimine cognoscit *a*, quam vult sententiam ferre, vel graviorem, vel
leviorem : ità tamen ut in utroque modo rationem non
excedat. l. 13.

a Les peines sont arbitraires.

17. Aut facta puniuntur, ut furta, cædesque : aut dicta,
ut convicia, et infidæ advocationes *a :* aut scripta, ut falsa,
et famosi libelli : aut consilia, ut conjurationes et latro-
num conscientia : quosque alios suadendo juvisse, sceleris est instar *b.* l. 16.

a Non extat apud nos hujus delicti exemplum, sed
omninò primorum est Romanorum.

b Persuadere enim plus est quàm compellere. l. 1,
§ 3. De servo corrupto.

Sed hæc quatuor genera consideranda sunt septem
modis : causâ, personâ, loco, tempore, qualitate, quantitate et eventu. l. 16, § 1.

Causa, ut in verberibus, quæ impunita sunt à ma-
gistro allata, vel parente, quoniam emendationis, non
injuriæ gratiâ videntur adhiberi : puniuntur, quùm quis
per iram ab extraneo pulsatus est. l. 16, § 2.

Persona dupliciter spectatur, ejus qui fecit, et ejus qui passus est. Aliter enim puniuntur ex iisdem facinoribus servi, quàm liberi : et aliter qui quid in dominum parentemve ausus est, quàm qui in extraneum, in magistrum, vel in privatum. In ejus rei consideratione ætatis quoque ratio habeatur. l. 16, § 3. Vid. inf. l. 28, § 8.

Locus facit, ut idem vel furtum vel sacrilegium sit, et capite luendum, vel minore supplicio. l. 16, § 4.

Tempus discernit furem diurnum à nocturno. l. 16. § 5.

Qualitate, quùm factum vel atrocius, vel levius est. Ut furta manifesta à nec manifestis dicerni solent, rixæ à grassaturis : expilationes à furtis : petulantia à violentiâ. l. 16, § 6.

Quantitas discernit furem ab abigeo : nam qui unum suem subripuerit, ut fur coercebitur, qui gregem, ut abigeus. l. 16, § 7.

Eventus spectetur, ut à clementissimo quoque facta. l. 16, § 8.

18. Evenit ut eadem scelera in quibusdam provinciis graviùs plectantur : ut in Africâ messium incensores, in Mysiâ vitium : ubi metalla sunt, adulteratores monetæ a. l. 16, § 9.

a In Arabiâ σκοωελισμος. l. 9. De extraordinariis criminib.

19. Nonnunquam evenit ut aliquorum maleficiorum supplicia exacerbentur : quotiens nimiùm multis personis grassantibus, exemplo opus sit a. l. 16, § ult.

a Ut unius poenæ metus possit esse multorum. *De leg. jur. repetund. n. ult.*

20. Sunt quidam ἀπόλιδες a, hoc est, sine civitate, ut

sunt in opus publicum perpetuò dati, et in insulam de-
portati : ut ea quidem quæ juris civilis sunt *b*, non habeant, quæ verò juris gentium sunt, habeant *c*. l. 17,
§ 1.

a Vagabonds.

*b Où doit-on faire assigner un banni? A son dernier
domicile.*

c Leg. 8. De capite minutis.

21. Cogitationis pœnam nemo patitur *a*. l. 18. V. s.
ad leg. Jul. majest. n° 3.

a V. l. 1, § 1. De furtis. l. 225, De verborum significatione. Vide contra. l. 1. De extraordinariis criminibus.
Sola cogitatio crimen est circa potestatem supremam,
circà religionem et castitatem. Lex. 20. h. ait : Si pœna
alicui irrogatur, receptum est *commentitio jure* ne ad hæ-
redes transeat. Cujus rei illa ratio videtur quòd pœna
constituitur in emendationem hominum, quæ mortuo eo
in cujus emendationem constituitur, desinit. V. quæ dixi
ad. l. 3, §. 1. De injuriis Anton. Faber, in jurisprud.
Papin. T. 1. princ. Illatio. 6. ait jus commentitium non
esse fictitium aut mendax, antiquo more receptum sine
ullà lege latà; sed quod sine lege recipitur, non tamen
sine ratione recipi. Unde jus dividitur in constitutum et
receptum.

22. Ultimum supplicium esse mortem solam interpre-
tamur *a*. l. 21.

a. L. 2. eod. l. 2. De publicis judiciis. l. 103. De verborum significatione.

23. In metallum damnati si valetudine aut ætatis in-
firmitate inutiles operi faciendo deprehendantur, ex rescripto divi Pii, à præside dimitti poterunt. l. 22.

24. Si diutino tempore aliquis in reatu fuerit, aliquatenus pœna ejus sublevanda erit, sic enim constitutum est *a :* non eo modo puniendos eos qui longo tempore in reatu agunt, quàm eos qui in recenti sententiam excipiunt *b.* l. 25.

a Lex ista convenit maximè legi querela 12. C. Ad legem Corneliam de falsis.

b V. l. 12. C. Ad legem Juliam de falsis.

Et pavido cernunt inclusum corde tribunal... PETRON.
Quod meruêre semper expectant.

25. Crimen vel pœna paterna nullam maculam filio infligere potest *a.* Namque unusquisque ex suo admisso sorti subjicitur, nec alieni criminis successor constituitur. l. 26. V. s. ad leg. Jul. maj. n° 4. et inf. h. t. n° 42.

a Lex 2. c. 4. De Decurionibus.

26. Suam mutare sententiam nemo potest *a.* l. 27.

a V. l. 14. De re judicatâ. l. 55. eod.

Si tamen de se quis mentitus fuerit, vel cùm non haberet probationum instrumenta, quæ postea repererit, pœna afflictus sit, nonnulla extant principalia rescripta, quibus vel pœna eorum minuta est, vel in integrum restitutio concessa. Sed id dumtaxat à principibus fieri potest. D. l. 27.

Pœnam suâ dictam sententiâ præsidi provinciæ revocare non licet. l. 15. C. eod.

27. Omnia admissa in patrem, propinquum, maritum uxores, cæterasque necessitudines, graviùs vindicanda sunt, quàm in extraneos. l. 28, § 8.

28. Venenarii capite puniendi sunt. l. 28, § 9.

29. Incendiarii capite puniuntur, qui ob inimicitias, vel prædæ causâ incenderiut. l. 28, § 12.

30. Fortuita incendia, si cùm vitari possint, per negligentiam eorum, apud quos orta sunt, damno vicinis fuerunt, civiliter exercentur, ut qui jacturâ affectus est, damni disceptet, vel modicè vindicaretur. l. 28, § 12.

31. Famosos latrones in his locis ubi grassati sunt furcâ figendos, compluribus placuit : ut et conspectu deterreantur alii ab iisdem facinoribus *a*, et solatio sit cognatis et adfinibus interemptorem, eodem loco pœnâ redditâ, in quo latrones homicidia fecissent. l. 28, § 15.

a De furcâ et cruce. V. Gotofr. ad l. 28. h. in principio. Quidam putant Tribonianum hìc statuisse furcam loco crucis, quia crucis supplicium Christi veneratione sublatum fuerat à Constantino; et hæc est sententia Cujacii. Sed crux et furca sunt res diversæ, ait Gotofr. cruci criminosi figuntur; furcæ verò suspenduntur; erat et aliud furcæ genus quo furcâ in collum injectâ damnati traducebantur ad supplicium virgis ad necem cædendi. V. Cujac. 16. ob. 1. refert figuram hujusce furcæ.

32. Severiùs famosi, quàm integræ famæ homines puniendi sunt. l. 28, § ult.

33. Sanctio legum quæ novissimè certam pœnam irrogat iis qui præceptis legis non obtemperaverint, ad eas, species pertinere non videtur, quibus ipsâ lege pœna specialiter addita est : nec ambigitur in cætero omni jure speciem generi derogare. Nec sanè versimile est delictum unum eâdem lege variis æstimationibus coerceri. l. 41. V. l. 80. de reg. jur.

34. Interpretatione legum pœnæ molliendæ sunt, potiùs quàm asperandæ. l. 42.

35. Si antè conceptus est puer de quo libellos dedisti, quàm mater ejus in metallum condemnaretur *a*, natus conditionis ejus est, cujus antè condemnationem mater ejus fuit. l. 4. *Cod. de pœn.*

a Vid. l. 3. De interdictis et relegatis.

36. Impunitas delicti propter ætatem non datur : si modò in eâ quis sit, in quam crimen, quod intenditur, cadere potest. l. 7, Cod. eod.

37. Non remitti pœnam facilè, publicè interest : ne ad maleficia temerè quisquam prosiliat. l. 14, in fin. Cod. eod.

38. *Capitali pœnâ non damnetur, nisi qui conspirantibus. et concordantibus probationibus ità convictus sit, ut vix ipse crimen negare possit.* l. 16, Cod. eod. l. ult. Cod. de probationibus.

39. Si quis in metallum fuerit pro criminum deprehensorum qualitate damnatus, minimè in ejus facie scribatur : Quùm et in manibus, et in suris possit pœna damnationis unâ inscriptione comprehendi ; quò facies quæ ad similitudinem pulchritudinis est cœlestis figurata, minimè maculetur. l. 17, Cod. eod.

40. *Non est differenda reorum condemnatio : sed citiùs proferenda sententia in sceleros a.* l. 18, Cod. eod.

a Extat constitutio Theodosii, quâ condamnati non debent supplicio tradi antè triginta dies, ut principis clementiam possint intereà implorare,

41. Sancimus ibi esse pœnam, ubi et noxa est. Propinquos, notos, familiares, procul à calumniâ submovemus, quos reos sceleris societas non facit. Nec enim affinitas vel amicitia nefarium crimen admittunt. Peccata igitur suos teneant auctores : nec ulteriùs progrediatur

metus, quàm reperiatur delictum. l. 22, Cod. eod. Vid.
sup. *ad leg. Jul. maj.* n° 4.

42. Mulcta damnum famæ non irrogat *a.* l. 1, Cod.
de modo mulctar.

a Apud nos mulcta, id est, *l'amende*, quæ ex delicto
descendit et condemnato infligitur, est infamis, secùs de
aliis. *Voy. l'article 7 du titre 25 de l'ordonnance de 1670.*
Chez nous on ne condamne point aux galères et à l'amende.
Il suffit de servir le Roi de son corps. Item *on ne condamne*
point au bannissement et au blâme non bis B.

TITULUS XX.

De bonis damnatorum.

1. Damnatione bona publicantur *a*, quùm aut vita adi-
mitur, aut civitas *b.* l. 2.

a Qui confisque le corps, confisque les biens. Paris, 183.

Item in exilio perpetuo. l. 39. De jure fisci. Vid. exceptio in l. 24. Cod. de donationibus inter virum.

2. Maritus (mulieris damnatæ) salvas actiones contrà
fiscum habet. l. 4. Vid. l. 10.

Si, ut proponis, bona ejus qui tutelam tuam administravit sententiam passi ad fiscum sunt devoluta, procuratorem nostrum adire cura, qui si quid jure posci ani-
madvertit, non negabit. l. 5 *Cod. de bon. prosc. seu damnat.*

3. Ratio naturalis, quasi lex quædam tacita, liberis
parentum hereditatem addicit *a.* l. 7.

a Velut ad debitam successionem eos vocando, propter
quod et in jure civili suorum heredum nomen eis indictum est, ac ne judicio quidem parentis, nisi meritis de

causis, summoveri ab eâ successione possunt : œquissi-
mum est, si propter pœnam parentis aufert bona damnatio, rationem haberi liberorum ; ne alieno admisso graviorem pœnam luerent quos nulla contingeret culpa, interdùm in summam egestatem devoluti : ut imperium potiùs repleatur civibus, quàm fiscus pecuniis, § 3. *Le* §
dernier dit : Post damnationem acquisita, si is cujus bona
publicata sunt relegatus sit, ad heredes ejus pertinent
testamento scriptos, vel ad heredes ab intestato. Quod si
deportatus sit, quia civitatem amisit, hereditatem habere
non potest et acquisita fiscus accipit. Vide l. 15. *De in-*
terdictis et relegatis, et l. 22, § 5 *Mandati.*

TITULUS XXI.

De bonis eorum qui antè sententiam mortem sibi consciverunt,
vel accusatorem corruperunt.

TITULUS XXII.

De interdictis, et relegatis, et deportatis a.

a La loi 3 *dit :* Eum qui civitatem amitteret, nihil aliud
juris adimere liberis, nisi quod ab ipso perventurum esset ad eos, si intestatus in civitate moreretur ; hoc est civitatem ejus et liberos, etc. Quæ verò non à patre sed à
genere, à civitate, à rerum naturâ tribuerentur, ea manere eis incolumia : itaque et fratres fratribus fore legi-
timos heredes et agnatorum tutelas, etc. Vid. l. 4. Cod.
De pœnis.

    1. Potest alicui et unus honor interdici. Sic tamen, ut

si cui honore uno interdictum sit, non tantùm eum honorem petere non possit, verùm ne eos quoque qui eo honore majores sunt. Est enim perquàm ridiculum, eum qui minoribus, pœnæ causà prohibitus sit, minores petere non prohibetur. l. 7, § ult.

2. *Relegatus non potest Romæ morari, licèt hoc sententià comprehensum non sit, quia omnium est patria a. Sed neque in civitate in quâ versatur princeps, vel per quam transit; eis enim dumtaxat principem intueri licet, qui Romam ingredi possunt. Est enim princeps pater patriæ. l. ult.*

a. Lex 33. Ad municipalem.

TITULUS XXIII.

De sententiam passis et restitutis.

TITULUS XXIX.

De cadaveribus punitorum.

LIBER QUADRAGES. NON.

TITULUS PRIMUS.

De appellationibus et relationibus.

1. Appellandi usus quàm sit frequens, quàmque necessarius, nemo est qui nesciat. Quippe quùm iniquitatem judicantium, vel imperitiam (re) corrigat : licèt nonnunquàm benè latas sententias in pejus reformet. Neque

enim utique melius pronunciat, qui novissimus sententiam laturus est. l. 1, Vid. n° 23.

2. Libelli qui dantur appellatorii ità sunt concipiendi, ut habeant scriptum, et à quo dati sunt, hoc est, qui appellet, et adversùs quem, et à quâ sententiâ. l. 1, § ult.

3. Si apud acta quis appellaverit, satis erit si dicat, Appello *a*. l. 2.

a Apud nos fieret judici injuria, si quis antè ora judicis appellaret.

4. Illud cecidit in quæstionem, si plures habuerit adversarios, et quorumdam nomina libellis sint plexa, quorumdam non, an æquè præscribi *a* ei possit ab eis quorum nomina comprehensa non sunt, quasi adversùs ipsos adquieverit sententiæ : et quùm una causa sit, arbitror non esse præscribendum. l. 3, § 1.

a Id est, *fin de non-recevoir.*

5. Certè si plures hi sunt adversùs quos pronunciatur, et quorumdam nomina in libellis sint comprehensa, quorumdam non, hi soli appellasse videbuntur, quorum nomina libellis sunt comprehensa. l. 3, § 2.

6. Quid erǵo si causam appellandi certam dixerit, an liceat ei discedere ab hâc, et aliam causam allegare? an verò quasi formâ quâdam obstrictus sit? puto tamen, quùm semel provocaverit, esse ei facilitatem, in agendo etiam aliam causam provocationis reddere, persequique provocationem suam, quibuscumque modis potuerit. l. 3, § 3. Vide infrà, n° 20.

7. Alio condemnato, is cujus interest, appellare potest *a*. l. 4, § 2. Si emptor de proprietate victus est, eo cessante, auctor ejus appellare poterit. Aut si auctor egit, et victus sit, non est neganda emptori appellandi facul-

tas. Quid enim si venditor, qui appellare noluit, idoneus non est? quin etiam si auctor appellaverit, deindè in causæ defensione suspectus visus sit, perindè defensio causæ emptori committenda est, atque se ipse appellasset. Idque ita constitutum est in personâ creditoris, quàm debitor victus appellasset, nec ex fide causam defenderet. Quæ constitutio ità accipienda est, si interveniente cre‑ditore debitor de pignore victus provocaverit : nam absenti creditori nullum præjudicium debitor facit, idque statutum est. Dict. l. 4, § 3 et 4.

a Ergò creditor appellare potest à sententiâ latâ adversùs debitorem, si injusta sit.

8. A sententiâ inter alios dictâ appellari non potest, nisi ex justâ causâ. Veluti si quis in coheredum præjudicium se condemnari patitur, vel similem huic causam, quamvis et sine appellatione tutus est coheres : Item fidejussores pro eo, pro quo intervenerunt. Igitur et venditoris fidejussor, emptore victo, appellabit, licèt emptor et venditor acquiescant. l. 5.

Legatarii (herede victo *a*) causam appellationis agere possunt. l. 5, § 2. l. 14.

a Maximè si heres in judicio non adfuit, quia non creditur tunc jus fieri ex sententiâ judicis. l. 17, § 1. *De inofficioso testamento.*

9. Si resistat qui damnatus est adversùs provocationem, nec velit admitti ejus appellationem *a*, perire festinans ; adhùc putem differendum supplicium. l. 6. in fin.

a Humanitatis ratione receptum est ut quis possit pro condemnato appellare.

10. Illud sciendum est, eum qui provocavit, non de-

bere conviciari ei à quo appellat : Cæterùm oportebit eum plecti. l. 8.

11. Si qui separatim fuerint condemnati, quamvis ex eâdem causâ, pluribus eis appellationibus opus est. l. 10. Vid. inf. l. 17.

12. Si quis cum unâ actione ageretur *a*, quæ plures in se species habeat, pluribus summis sit condemnatus, quarum singulæ notionem principis non faciunt, omnes autem conjunctæ faciunt, poterit ad principem appellare. l. 10, § 1.

a Contrà in l. 11. De jurisdictione.

13. Quod est rescriptum in communi causâ, quotiens alter appellat *a*, alter non, alterius victoriam ei proficere qui non provocavit, hoc ità demùm probandum est, si una eadem causa fuit defensionis *b*. l. 10, § ult.

a Res judicata est individua, qui pro veritate habetur, quæ est individua. Porrò quod per arrestum seu vice alia judicatum est, habetur pro veritate in præjudicium sententiæ. Victoria heredis proficit heredi in l. 19. De inofficioso testamento. l. 7. Familiæ erciscundæ. Contrà in l. 25, § 8. Familiæ erciscundæ et in l. 22. De exceptione rei judicatæ et in l. 11, § 3 eod. l. 46. De usufructu. Vid. l. 62, § 1. De evictionibus. l. 20. De tutelæ et rationibus.

b Secùs ratione pœnæ si diversum judicium redditum esset. Distingui potest inter actorem et reum. Victoria unius à reis proficit alteri reo, secùs de victoria unius actorum ; idque favore liberationis, ut uno liberato, alter etiam liberetur. Igitur respectu actorum regula locum habet, quia sibi quisque agit et vincit. Respectu reorum exceptio. l. 2. Cod. Si unus ex pluribus appellaverit, Ait appellationem unius alteri prodesse. Sed Gotofr. ait in Gallia non prodesse; nam quilibet tenetur appellare secundùm Rebuffum in procemio constit. *gl.* 5, n° 98.

14. Quùm ex causa judicati soluta esset pecunia necessitate judicis *a*, ab eo qui appellatione interposita meruerit meliorem sententiam, recipere eum pecuniam quam solvit, oportet. l. 11.

a Quia invitus solvit, undè non acquievit sententiæ.

15. Constitutiones quæ de recipiendis, nec non appellationibus loquuntur, ut nihil novi fiat, locum non habent in eorum persona, quos damnatos statim puniri publicè interest, ut sunt insignes latrones *a*, vel seditionum concitatores, vel duces factionum. l. 16.

a Vel alia justa causa, quam mox præses litteris excusavit, moram non recipiat, non pœnæ festinatione, sed præveniendi periculi causa; tunc enim punire permittitur, deindè scribere. l, 6, § 9. *De injusto rupto.*

16. Quùm in una causa separatim duplex sententia divisa datur, veluti una sortis, alia usurarum, duplex appellatio necessaria est, ne alteram agnovisse, de altera provocasse intelligatur. l. 17. Vid. sup. l. 10, § 4. *Cod. depositi.*

17. Eum, qui cognovit edictum peremptorium secundùm ordinis causam dari *a*, placuit non rectè provocasse, quùm in ejus potestate fuerit, antè diem præstitutum pro tribunali respondentem aut defensum edicti denunciationem rumpere. l. 23, § ult.

a On n'appelait point de la troisième sentence par défaut.

38. Substituti tutores in locum legitimi tutoris, experti cum eo tutelæ judicio, quùm arbiter iniquè condemna-

vit, quàm rei æquitas exigebat, à sententiâ ejus provo-
caverunt *a* : pendente causâ appellationis juvenes adole-
verunt. Quæsitum est, quùm omnis executio hujus ad
adultos pertineat, causam ad se pertinentem idoneè tueri
possunt, an postulatio eorum contrà quos appellatum
erat dicentium illos debuisse causas appellationis reddere,
qui primi sunt experti, admittenda non sit? Respondit,
eos quorum tutela gesta esset, si vellent causam exequi,
non prohibendos. Idem et in curatoribus observandum
est, si interim adultus ad legitimam ætatem pervenit. l.
ult. § ult. Vid. l. 10, in fin. Cod. eod.

*a Dans l'usage de la procédure, le mineur sorti de tutelle
doit reprendre l'instance, parce qu'il n'y était pas en son
nom. Secùs du mineur émancipé, parce qu'il était en cause
en son nom avec son curateur, et le curateur cesse seulement
d'y être.*

19. Super omni causâ interpositam provocationem vel
injustam tantùm liceat pronuntiare, vel justam *a*. l. 6.
Cod. de appellat. et consult.

a Bien jugé ou mal jugé.

20. Si quid in agendo negotio minùs se allegasse litigator crediderit, quod in judicio acto fuerit omissum, apud
eum, qui de appellatione cognoscit, persequatur : quùm
votum gerentibus nobis aliud nihil in judiciis, quàm jus-
titiam locum habere debere *a*, necessaria res fortè trans-
missa, non excludenda videatur. l. 6, § 1. *de appell. et
consult.*

a Vid. l. 2. Cod. Sententiam rescindi non posse.
Vid. l. 3, § 3. Vid. suprà n° 6.

21. Ne temerè autem ac passim provocandi omnibus
facultas præbeatur, arbitramur eum qui malum litem fue-

rit persecutus, mediocriter pœnam à competenti judice sustinere. l. 6, § 4. Cod. eod.

22. Si intrà dies præstitutos qui appellavit desistat *a*, deserta existimatur provocatio, et executioni sententia mandabitur. l. 18. Cod. eod.

a Désertion d'appel. Annus datur in Authent. ei qui appellat. Cod. De temporibus et reparationibus.

23. Et in majoribus, et in minoribus negotiis appellandi facultas est. Nec enim judicem oportet injuriam sibi fieri existimare, eò quòd litigator ad provocationis auxilium convolavit *a*. l. 20. Cod. eod.

a Plusieurs coutumes admettent l'exemption d'appel pour empêcher l'appelant de retourner devant le même juge pour une autre cause. Propter. l. 1, suprà.

24. Et in multis à judicibus inferendis, appellationes jubemus admitti. l. 25. Cod. eod.

25. Si quis libellos appellatorios ingesserit, sciat se habere licentiam arbitrium commutandi, et suos libellos recuperandi, ne justæ pœnitudinis humanitas amputetur, *a*. l. 28. Cod. eod.

a La loi 39, § 1. Cod. De appellationibus, *recommande la briéveté dans les griefs, et de ne point répéter ce qui a été écrit en cause principale.*

TITULUS II.

Quibus appellare non licet.

TITULUS III.

Quis et à quo appelletur.

TITULUS IV.

Quando appellandum sit et intrà quæ tempora.

TITULUS V.

De appellationibus recipiendis, vel non.

1. Non solent audiri appellantes, nisi hi quorum interest. l. 1.

TITULUS VI.

De libellis dimissoriis, qui apostoli dicuntur.

TITULUS VII.

Nihil innovari appellatione interpellatione interpositâ.

TITULUS VIII.

Quæ sententiæ sine appellatione rescindantur.

1. Si calculi error in sententiâ esse dicatur *a*, appellare necesse non est. Veluti si judex ità pronuntiaverit, *quùm constet Titium Seio ex illâ specie quinquaginta, item ex illâ specie viginti quinque debere : idcircò Lucium Titium Seio centum condemno :* nam quoniam error computationis est, nec appellare necesse est, et citrà provocationem corrigitur. l. 1, § 1.

a Error calculi nunquam veritati præjudicium facit.

l. unic. Cod. De erróre calculi. suprà. De transactionibus. Error calculi non præscribitur. l. 8. De administratione rerum ad civitates pertinentium. Vid. l. 2. Cod.
De re judicatâ. et suprà. De re judicatâ. nº 38.

Errorem calculi, sive ex uno contractu, sive ex pluribus emerserit, veritati non afferre præjudicium, sæpè
constitutum est. l. *un. Cod. de error. calc.*

2. Contrà constitutiones judicatur, quùm de jure cons-
titutionis, non de jure litigatoris pronuntiatur.

Nam si judex volenti se ex curâ muneris vel tutelæ,
beneficio liberorum, vel ætatis, aut privilegii excusare,
dixerit, *neque filios, neque ætatem, aut ullum privilegium
ad muneris vel tutelæ excusationem prodesse,* de jure
constituto pronuntiasse intelligitur. Quòd si de jure
suo probantem admiserit, sed idcircò contrà eum
sententiam dixerit, quòd negaverit *eum de ætate suâ, aut
de numero liberorum probasse,* de jure litigatoris pronuntiasse intelligitur. l. 1, § 2.

TITULUS IX.

De jure fisci a.

a Vide quinque privilegia fisci ad l. 5. infrà de censibus.

1. Quandò fraus (legi) interposita videatur agendum
est *a*, id est, utrùm exitus spectari debeat *b* an consilium. Et placuit exitum esse spectandum. l. 3, § 2.

*a Combien faut-il de prescription contre le roi pour les
biens vacans, occupés de bonne foi et vendus à un acheteur
de bonne foi? Faut-il 30 ans? Ou si la prescription de 10*

et 20 *ans suffit ? Le roi qui agit par procureur sera-t-il réputé présent partout ?* Vid. l. 2, § 1, l. 3. De requirendis reis, ubi si per annos 20, fiscus bona non occupaverit.

b L. 10, § 1. Quæ in fraudem creditorum.

Justa (rerum) pretia non ex præteritâ emptione *a*, sed ex præsenti æstimatione constituntur *b*. l 3, § 5.

a L. 2, § 1 et 2, ait in omni causâ nummaria instrumenta edenda esse fisco. l. 3. De edendo. l. 2. De fide instrumentorum.

b Quanti res venire potest.

3. Si posteriori creditori fiscus successerit, eo jure utitur quo usurus erat, cui successit. l. 3, § 7. Vid. n° 19.

4. Si in locis fiscalibus, vel publicis religiosisve, aut in monumentis thesauri reperti fuerint; Divi fratres constituerunt, ut dimidia pars ex his fisco vindicaretur. Item si in Cæsaris possessione repertus fuerit, dimidiam æquè partem fisco vindicari. l. 3, § 10.

Thesauri in privato loco inventi dimidiam habet inventor *a*, dimidiam loci dominus. l. 1. Cod. de Thesaur.

a Apud nos tres partes fiunt, quandò quis in alieno loco invenit.

5. Quodcumque priviligii fisco competit, hoc idem et Cæsaris ratio, et Augustæ habere solet *a*. l. 6, § 1.

a Vid. l. 56 et 57. De legatis 2.

6. Non puto delinquere eum qui in dubiis quæstionibus contrà fiscum facilè responderit *a*. l. 10.

a Sub bono principe causa fisci semper mala est. Cassiodor.

Quod communiter omnibus prodest, hoc rei privatæ nostræ utilitati præferendum esse consemus : nostrum, esse proprium subjectorum commodum imperialiter existimantes. l. 1, § 14. Cod. de cad. toll.

7. Non possunt ulla bona ad fiscum pertinere *a*, nisi quæ creditoribus superfutura sunt : id enim bonorum cujusque intelligitur, quod æri alieno superest. l. 11.

a Scilicet in confiscatione bonorum.

8. In summâ sciendum est, omnium fiscalium pœnarum petitionem creditoribus postponi *a*. l. 17.

a Secùs in creditore peculatûs.

Quod placuit *fisco non esse pœnam petendam, nisi creditores suum recupaverint,* eò pertinet, ut privilegium in pœnâ contrà creditores non exerceatur, non ut jus commune privatorum fiscum amittat. l. 37. Vid. l. 1. Cod. pœn. fisc. cred. præf.

9. Nullo modo exigendum quem probare undè habeat *a*, circà delationes fiscales : sed delatorem probare debere quod intendit. l. 25.

a L. 11. De petitione hereditatis. l. 10. C. Arbitrium tutelæ. Le Prêt. cent. 4. Cod. 55.

10. Si qui mihi obligaverat *quæ habet habiturusque esset,* cum fisco contraxerit, sciendum est *a*, in re posteà adquisitâ, fiscum potiorem esse debere Papinianum respondisse ; quod et constitutum est : prævenit enim causam pignoris fiscus *a*. l. 28.

a Voyez l'édit du mois d'août 1669.

b Vide l. ult. Qui potiores, n° 5, ubi excipitur causa tutelæ.

11. Eum, qui debitoris fisci adiit hereditatem, privilegiis fisci cœpisse esse subjectum *a*. l. 33.

a An fiscus habet ipso jure hypothecam in ejus bona? Nov. Sed dumtaxat fiscus habebit privilegium actionis principalis.

12. Bona fisco, citrà pœnam exilii *a* perpetuam, adjudicari sententià non oportet. l. 39 *b*.

a Le bannissement perpétuel emporte confiscation. Vid. l. 1. De bonis damnatorum.

b Vid. exception. in l. 24. Cod. De donationibus inter virum.

13. Eum, qui bona vacantia à fisco comparavit, debere actionem quæ contrà defunctum competebat excipere. l. 41 *a*.

a La loi 45, S 14, *dit :* Minoribus vectigalia locanda non sunt, ne beneficio ætatis utantur.

14. Fiscus semper habet jus pignoris *a*. l. 46, § 3 Vid. *a* qui potior. n° 5.

a Le § 9 *dit :* Qui pro alio à fisco conventus solvit, non iniquè petit persecutionem ejus bonorum pro quo solvit.

15. Ut debitoribus fisci *a*, quod fiscus debet compensetur, sæpè constitutum est, exceptà causà tributorià, et stipendiorium *b*, item pretio rei à fisco emptæ, et quod ex causà annonarià debetur. l. 46, § 5. Vid. de compens. l. 20 *c*.

a Le § 6, l. 45, *dit :* Ipse autem fiscus hàc conditione sua instrumenta edit, ut ne is cui describendi sit potestas adversùs se vel rempublicam his actis utatur. *C'est le style de la Chambre des Comptes. La loi* 29, S 1, *dit :* Eum qui falsum testamentum dixit, posse adire hereditatem constat ; sed denegatis actionibus fisco locus erit, et obligationes quas adeundo confudit, non restituuntur. *Le* S 2 *dit :* Nam et in eo qui potest aditam hereditatem defuncti mortem non defendit, imperator rescripsit obligationes confusas non resuscitari.

b Item oportet ut ex eâdem statione debeatur.

c L. 46, § ult. ait : si multi fisco fraudem fecerint, non ut in actione furti, singuli solidum, sed omnes semel quadrupli pœnam pro virili portione debent : sanè pro non idoneis, qui sunt idonei, conveniuntur. Vide l. 6. De publicanis. ubi dixi *de l'amende de* 1000 *livres contre les fraudeurs de tabac.*

16. Moschis *a* quædam fisci debitrix ex conductione vectigalis, heredes habuerat, à quibus post aditam hereditatem Faria Senilla, et alii prædia emerant : quùm convenirentur propter Moschidis reliqua, et dicebant heredes Moschidis idoneos esse, et multos alios ex iisdem bonis emisse, æquum putavit imperator *priùs heredes conveniri debere b*, in reliquum possessorem omnem, et itâ pronuntiavit. l. 47. Vid. n° 19 *c.*

a Discussion même contre le fisc. Vid. n° 19. Quid *chez nous pour les deniers royaux? L'édit du mois d'août* 1669 *n'exclut point la discussion.*

b. Par déclaration de 1669, *les débets de clair sont imprescriptibles par quelque laps de temps que ce soit : et ils portent intérêt de plein droit, quand ils excédent* 200 *liv. par l'édit de* 1670. Vid. De administratione rerum ad civitates, n° 8.

c Vid. Cujacium ad Nov. 4.

17. Cornelio Felici *a* mater scripta heres, rogata erat restituere hereditatem post mortem suam, quùm heres scripta, condemnata esset à fisco, et omnia bona mulieris occuparentur, dicebat Felix, se antè pœnam esse :

hoc enim constitutum est. Sed si nondùm dies fideicommissi venisset, quia posset priùs ipse mori *b*, repulsus est
interìm à petitionè. l. 48, § 1 *c*.

*a La confiscation emporte l'usufruit au profit du fisc. Si
les biens du père qui avait l'usufruit de ceux de son fils, sont
confisqués, il faut distinguer : si le père perd la puissance
paternelle, le fils gagne et réunit l'usufruit : Secùs il passe
au fisc.*

b Vid. l. 69, § 1. De legatis 1, et ibi Cujacium.

c Vid. l. 77, § 4. De legatis 2.

18. Justas etiam, et quæ locum habent fisci actiones
præcipimus concremari ob hoc solùm, quòd suis temporibus prolatæ non sunt. Ut jam calumniæ privatorum eo
saltem arceántur exemplo, quo justas fisci lites silere præcipimus. l. 6. Cod. de jur. fisc. *a*.

a L. 2, § ult. l. 3. Di requirendis reis.

19. Non injustâ ratione desideratis, repromissâ fisco
indemnitate, eos priore loco conveniri, qui reliqua contraxerunt, mox ad vos perveniri qui ab his quædam mer-
cati estis. 1. Cod. de conv. fisc. deb. Vid. sup. l. 47.

20. Qui propriâ scripturâ debitorem sibi adnotat creditor non est, nec fiscus si ei succedat *a*. l. ult. Cod. de
conv. fisc. debit.

a Exemplo perniciosum est ut ei scripturæ credatur,
quia unusquisque sibi annotatione propriâ debitorem
constituit. l. 7, Cod. De probationibus.

21. Scire debet gravitas tua intestatorum res, qui sine
legitimo herede decesserint *a*, fisci nostri rationibus vin-
dicandas. l. 1. Cod. de bon. vacant. et incorp.

Vacantia mortuorum bona tunc ad fiscum jubemus
transferri, si nullum ex quàlibet sanguinis lineâ, vel ju-

ris titulo, legitimam reliquerit intestatus heredem. l. 4. Cod. cod.

a Déshérence.

22. Si quandò adnotationes nostræ contineant possessionem, sive domum quam donaverimus integro statu donatam, hoc verbo ea vis continebitur, quam antè scribebamus, cum adjacentibus, et pecoribus, et fructibus, et omni jure suo : ut ea quæ ad instructum possessionis vel domûs pertinent, tradenda sint. l. 2. *Cod. de bon. vacant. et de incorp.*

a L. 191. De re judicatâ. l. 3. De constitutionibus principum.

23. Respublica minorum jure uti solet. l. 4. *Cod. quib. ex caus. maj. in int. rest.*

Rempublicam ut pupillam extrà ordinem juvari moris est. l. 3. *Cod. de jure reip. lib.* 11.

24. Si priusquàm fisci rationibus pater vester obligaretur, perfectam prædiorum donationem fecisse fuerit probatus, quod citrà fraudem creditorum gestum est, non rescinditur l. 1 *de jure fisci.*

TITULUS X.

De captivis, et de postliminio, et redemptis ab hostibus.

1. Verum est, expulsis hostibus ex agris quos ceperint, dominia eorum ad priores dominos redire ; nec aut publicari, aut prædæ loco cedere. Publicatur enim ille ager qui ex hostibus captus sit. l. 20, § 1.

TITULUS XI.

De re militari.

TITULUS XII.

De castrensi peculio.

TITULUS XIII.

De veteranis.

LIBER QUINQUAGESIM.

TITULUS PRIMUS.

Ad municipalem, et de incolis.

1. Municipes dicimus suæ cujusque civitatis cives. l. 1, § 1. *in fin.*

2. Placet etiam filios familias domicilium habere posse : non utique ubi pater habuit, sed ubicumquè ipse domicilium constituit. l. 3 et l. 4.

3. Imperator Titius Antonius Lentulo Vero rescripsit: *Magistratuum officium individuum, ac periculum esse commune.* Quod sic intelligi oportet, ut ità demùm collegæ periculum adscribatur, si neque ab ipso qui gessit, neque ab his qui pro eo intervenerunt, res servari possit, et solvendo non fuit, honore deposito. Alioquin si persona vel cautio sit idonea, vel solvendo fuit quo tem-

pore conveniri potuit, unusquisque in id quod administravit tenebitur. l. 11.

4. Municipes intelliguntur scire quod sciant hi quibus summa reipublicæ commissa est. l. 14.

5. Facti quæstio est in potestate judicantium : juris autem autoritas non est *a*. l. 15, *in fin. pr. b*.

a L. 7. Cod. de fideicommissis.

b L. 1, § 4. ad Turpillianum.

6. Exigendi tributi munus inter sordida munera *a* non habetur. l. 17, § 7.

a Recette de capitation, dixième, etc.

7. Fidejussores, qui salvam rempublicam fore responderunt, pœnalibus actionibus non adstringuntur *a*, in quas inciderunt hi pro quibus intervenerunt : eos enim damnum reipublicæ præstare satis est *b*, quod promitti videtur. l. 17, § *ult. Vid. inf.* l. 21, § 1.

a L. *ult.* De magistrat. convent. l. 68. *De fidejussor.*

b L. 9. De administratione rerum ad civitates pertinentium.

8. Divus Severus rescripsit intervalla temporum in continuendis oneribus, invitis, non etiam volentibus concessa, dùm ne quis continuet honorem. l. 18, l. 14, §. *penult. inf. de mun. et hon.*

9. Quod major pars curiæ efficit *a*, pro eo habetur ac si omnes egerint. l. 19 *b*.

a Idem *dans la constitution des bannalités.*

b Vid. l. 3. De decretis ab ordine faciendis.

10. Domicilium re et facto transfertur, non nudâ contestatione, sicut in his exigitur, qui negant se posse ad munera, ut incolas, vocari. l. 20.

11. Paulus respondit, eos qui pro aliis non ex con-

tractu, sed ex officio *a* quod administraverint, conveniuntur, in damnum sortis substitui solere, non etiam in usuras *b*. l. 21, §. 1.

a L. *ult.* De magistratibus convent.

b Quia non datur pœna pœnæ. l. 24. *infrà.* l. 17, § *ult. suprà.*

12. Constante matrimonio dos in bonis mariti est. l. 21, § 4. *Vid. sup. de jur. dot.* n° 4.

13. Idem rospondit, si civitas nullam propriam legem habet de adjectionibus admittendis *á*, non posse recedi à locatione, vel venditione prædiorum publicorum jàm perfectà : tempora enim adjectionibus præstita ad causas fisci pertinent *b. l.* 21, § *ult.*

a. Tiercement, doublement.

b. Civitus non fruitur privilegiis fisci.

Si tempora, quæ in fiscalibus actionibus, vel hastis statuta sunt patiuntur, quùm etiam augmentum te facturam esse profitearis, adi rationalem nostrum, ut justam uberioris pretii oblationem admittat. l. 4. *Cod. de fid. et jur. hast.*

Congruit æquitati, ut veteres possessores fundorum publicorum novis conductoribus præferantur *c*, si facta per alios augmenta suscipiant. l. 4. *Cod. de locat. præd. civ.*

c Idem *dans les boutiques du Palais.*

14. Vidua mulier amissi mariti domicilium retinet, exemplo clarissimæ personæ per maritum factæ : sed utrumque aliis intervenientibus nuptiis permutatur. l. 22, § 1. *Vid. inf.* l. 32 *et* l. *ult.* § 3.

15. Miles ibi domicilium habere videtur ibi meret, si nihil in patrià possideat. l. 23, § 1.

16. Constitutionibus principum continetur, ut pecu-

niæ quæ ex detrimento solvitur usuræ non præstentur *a*
l. 24.

a Non datur pœna pœnæ. l. 21, § 1, suprà. *Les dom-*
mages et intérêts peuvent quelquefois produire des intérêts.

17. Si quis negotia sua non in coloniâ, sed in municipio semper agit, in illo vendit, emit, contrahit ; eo in
foro, balneo, spectaculis utitur, ibi festos dies celebrat ;
omnibus deniquè municipii commodis, nullis coloniarum
fruitur, ibi magis debere domicilium, quàm ubì colendi
causâ diversatur. l. 27, § 1. *Vid. inf.* n° 23.

Eam domum unicuique nostrûm debere existimari
constitutum est, ubì quisque sedes et tabulas haberet,
suarumque rerum constitutionem fecisset. l. 203. *ff. de*
verb. signif.

In eo loco singulos habere domicilium non ambigitur,
ubì quis larem, rerumque ac fortunarum suarum summam constituit : undè rursùs non sit discessurus, si
nihil avocet : undè quùm profectus est, peregrinari videtur (quò) quod si rediit jam destitit, l. 7. *Cod. de*
incol. et ubì quisq. domic. hab. vid.

18. Nihil est impedimento quominùs quis ubì velit
habeat domicilium, quod ei interdictum non sit. l. 31.

Non tibi obest, si quùm incola esses, aliquod munus
suscepisti, modò si antequàm ad alios honores vocareris,
domicilium transtulisti. l. 1. *Cod. de inc. et ubì quis dom.*
Vid. inf. n° 21.

19. Ea quæ desponsa est, antè contractas nuptias
suum non mutat domicilium l. 32. *Vid.* sup. l. 22, § 1.

20. Roma communis nostra patria est. l. 33 *a*.

a L. *ult.* De interdictis. l. 6, § 11. De excusationibus.

21. Incola jam muneribus publicis destinatus, nisi per-

fecto munere, incolatui renuntiare non potest. l. 34. *Vid. inf. de mun. et hon.* l. 4, § *ult.*

22. Item rescripserunt, mulierem, quamdiù nupta est, incolam ejusdem civitatis videri, cujus maritus ejus est : et ibi undè originem trahit, non cogi muneribus fungi. l. *ult*, § 3.

Mulieres honore maritorum erigimus, genere nobilitamus, et forum ex eorum personâ statuimus, et domicilia mutamus. Si autem minoris ordinis virum posteà sortitæ fuerint, priore dignitate privatæ, posterioris mariti sequentur conditionem. l. 13. *Cod. de dignit. Vid.* l. 22, § 1, l. 8, *ff. de Senat.*

23. Cives origo, incolas domicilium facit *a.* l. 7. *Cod. de incol. et ubi quisq. domic. habet. vid.*

a Vide titulum sequentem, n° 8.

24. Senatores in sacratissimâ urbe domicilium dignitatis habere videntur. l. 8. *Cod. de incol. et ubi quisq. dom. hab. vid.*

25. Bona civitatum non sine solemnibus alienanda. l. 3. *Cod. de vend. reb. civ.*

TITULUS II.

De decurionibus et filiis eorum.

1. Nullum patris delictum innocenti filio pœnæ est *a.* Ideòque nec ordine decurionum, aut cæteris honoribus propter ejusmodi causam prohibetur. l. 2, § 7. *Vid. sup. ad leg. maj.* n° 4, *et inf. de mun. et hon.* n° 4.

a L. 26. de pœnis.

2. Antoninus edicto proposito statuit, ut cuicumque aut quâcumque causâ ad tempus ordine *a* vel advoca-

tionibus, vel quo alio officio fuisset interdictum, com-
pleto tempore, nihilominùs fungi honore, vel officio
possit. Et hoc rectè, neque enim ex aggeranda fuit. sententia quæ modum interdictioni fecerat. l. 3, § 1.

b L. 26. De pœnis.

Ad tempus ordine motos ex crimine quod ignomi-
niam importat, in perpetuum moveri placuit. l. 5.

Quibus posthàc ordini suo, vel advocationi ad tempus
interdicetur, post impletum temporis spatium, non pro-
rogabitur infamia. l. 1. *Cod. de his qui in exil. dati ab
ord. m. s. Vid.* l. 8, *ff. de postul.*

3. Privilegiis cessantibus cæteris, eorum causa potior habetur in sententiis ferendis, qui pluribus eodem
tempore suffragiis jure decurionis decorati sunt. Sed et
qui plures liberos habet *a*, in suo collegio primus sententiam rogatur, cæterosque honoris ordine præcellit.
l. 6, § *ult.*

a Privilegium plurium liberorum honos est primum
sententiam dicere, vel opinionem.

Patrem non habenti filios anteferri constat. l. 9. *Cod.
eod.*

4. Licèt indivisa bona fratres habent, nihilominùs tamen singuli suo nomine civilibus tenentur muneribus.
l. 7. *Cod. eod. Vid. inf. de muner. et honor.* n° 21.

5. Si ultrà septuagesimum ætatis annum *a* patrem
tuum esse præses provinciæ perspexerit, eum personalium munerum vacatione perfrui providebit. l. 10. *Cod.
eod.*

d Vid. l. 3. De jure immunitatis. Ergò annus septua-
gesimus debet esse completus. Vid. l. 8. De muneribus
et honoribus.

6. A muneribus podagræ valetudo non præstat excusationem. l. 13. *Cod. eod.*

Podagræ quidem valetudo nec ad personalium munerum prodest excusationem. Verùm quùm ità te valetudine pedum afflictum dicas, ut rebus propriis intercessum commodare non possis, rector provinciæ, si allegationibus tuis fidem adesse perspexerit, ad personalia munera te vocari non patietur. l. 3. *Cod. qui morbo se excus.*

7. Si quis decurio pater sit duodecim liberorum, honoratissimà munerum quiete donetur. l. 24. *Cod. h. tit.*

8. Patris originem unusquisque sequitur. l. 36. *Cod. eod. a.*

a Vide titulum præcedentem, n° 23.

9. Quis tam inveniri iniquus arbiter rerum potest, in urbibus magnifico statu præditis, ac votivà curialium numerositate locupletibus, ad iterationem quempiam transacti oneris compellat : ut quùm alii necdùm penè initiati curiæ sacris fuerint, alios et continuatio, et repetitæ sæpè functiones adficiant. l. 52. *Cod. eod. Vid. inf. de mun. et bon.* l. 3, § 15 *et* n° 15.

TITULUS III.

De alvo (albo) scribendo a.

a Album est matricula decurionum. Gotofred.

1. Decuriones in albo ità scriptos esse oportet, ut lege municipali præcipitur : sed si lex cessat, tunc dignitates erunt spectandæ, ut scribantur eo ordine, quo quisque eorum maximo honore in municipio functus est.

2. Hi, qui nullo honore functi sunt (*ità scribendi*),

proùt quisque eorum in ordinem venit. l. 1. *in fin. prin.*

3. In albo decurionum in municipio nomina *a* antè scribi oportet eorum, qui dignitates principis judicio consecuti sunt, posteà eorum qui tantùm municipalibus honoribus functi sunt. l. 2.

a Les officiers du roi précèdent les officiers de ville.

TITULUS IV.

De muneribus et honoribus.

1. Munerum civilium quædam sunt patrimonii, alia personarum. l. 1.

Illud tenendum est generaliter personale quidem munus esse, quod corporibus, labore, cum sollicitudine animi, ac vigilantià solemniter extitit : patrimonii verò, in quo sumptus maximè postulatur. l. 1, § 3.

Munerum civilium triplex divisio est, nam quædam munera personalia sunt, quædam patrimoniorum; dicuntur alia mixta. l. 18. dict. l. § 1.

2. Qui originem ab urbe Romà habent, si alio loco domicilium constituerunt, munera ejus sustinere debent. l. 3.

3. His, qui castris operam per militiam dant, nullum municipale munus injungi potest. l. 3, § 1.

4. Quòd pater in reatu criminis alicujus est *a*, filiis impedimento ad honores esse non debet. l. 3, § 9.

a Vid. l. 2, § 6. De decurionibus.

5. Eos milites, quibus supervenientibus hospitia præberi in civitate oportet, per vices ab omnibus *a* quos id munus contingit, suscipi oportet. l. 3, § 13.

a Nonne satiùs hospitia dividi pro ratâ fortunarum, ut putat Lavinius, vir summæ probitatis, quàm per vices; revera æqualitas quæ sit per vices videtur prorsùs iniqua.

6. Præses provinciæ provideat, munera et honores in civitatibus æqaliter per vices secundùm ætates, et dignitates, ut gradus munerum, honorumque, qui antiquitùs statuti sunt, injungi : ne sine discrimine et frequenter iisdem oppressis, simul viris et viribus respublicæ destituantnr. l. 3, § 15.

Civilia munera per ordinem pro modo fortunarum sustinenda sunt. l. *un Cod. de mun. patrim.*

7. Qui obnoxius muneribus suæ civitatis fuit, nomen militiæ, defungendi oneris municipalis gratia, dedit, deteriorem causam reipublicæ facere non potuit. l. 4, § ult. Vid. f. ad municip. n° 21.

8. Munera, quæ patrimoniis injunguntur, vel intributiones, talia sunt, ut neque ætas ca excuset, neque numerus liberorum, nec alia prærogativa, quæ solet à personalibus muneribus exuere. l. 6, § 4.

9. Munera, quæ patrimoniis inducuntur, duplicia sunt: Nam quædam possessoribus injunguntur, sive municipes sunt, sive non sunt: Quædam non, nisi municipalibus vel incolis. Intributiones quæ agris fiunt, vel ædificiis, possessoribus inducuntur. Munera verò quæ patrimoniorum habentur, non aliis quàm municipalibus, vel incolis l. 6, § ult. Cod. 18, § 21.

10. Ad rempublicam administrandam antè vicesimum quintum annum, vel ad munera, quæ non patrimonii sunt, vel honores, minores admitti non oportet. l. 8.

11. Annus vicesimus quintus cœptus pro pleno habetur *a.*

Hoc enim in honoribus favoris causa constitutum est, ut pro plenis inchoatos accipiamus : sed in his honoribus in quibus reipublicæ qui eis non committitur : cæterùm cum damno publico honorem ei committi non est dicendum, etiam cum ipsius pernicie minoris. l. 8.

a Secùs in restitutionibus. l. 3, § 3. De minoribus. Vid. de decurionibus, n° 5.

7. Si quis magistratus in municipio creatus, munere injuncto fungi detrectet, per præsides munus agnoscere cogendus est remediis, quibus tutores quoque solent cogi ad munus, quod injunctum est, agnoscendum. l. 9.

8. Honorem sustinenti, munus imponi non potest; munus sustinenti, honor deferri potest. l. 10.

14. Ut gradatim honores deferantur, edicto, et ut à minoribus ad majores perveniatur, epistola divi Pii ad Titianum exprimitur. l. 11. Vid. inf. l. 14, § pen.

15. Quotiens penuria est eorum, qui magistratum suscipiunt, immunitas ad aliquid infringitur. l. 11, § 2.

Vid. inf. l. 14, § pen. et de Decurionibus. n° 9.

16. Honor municipalis est administratio reipublicæ cum dignitatis gradu, sive cum sumptu, sive sine erogatione contingens *a.* l. 14.

a L'Office est une dignité ayant fonction publique, dit Loyseau dans son Traité des Offices.

17. Publicum munus dicitur, quod in administrandâ Republicâ cum sumptu sine titulo dignitatis subimus. l. 14, § 1.

18. De honoribus sive muneribus gerendis quùm quæritur, in primis consideranda persona est ejus, cui defertur honor, sive muneris administratio : item origo natalium, facultates quoque, an sufficere injuncto muneri

possint, item lex secundùm quam muneribus quisque fungi debeat. l. 14, § 3.

19. Gerendorum honorum non promiscua facultas est, sed ordo certus huic rei adhibitus est. Nam neque priùs majorem magistratum quisquam, nisi minorem susceperit, gerere potest, neque ab omni ætate, neque continuare quisque honores potest. Si alii non sint, qui honores gerant, eosdem compellendos qui gesserint complurimis constitutionibus cavetur. D. etiam Hadrianus de iterandis muneribus rescripsit in hæc verba : illud consentio, ut si alii non erunt idonei, qui hoc munere fungantur, ex his qui jàm functi sunt, creentur. l. 13, § penult. et ult. Vid. sup. l. 11.

Defensionem reipublicæ ampliùs quàm semel suscipere nemo cogitur, nisi id fieri necessitas postulet. l. 16, § ult.

20. Sicut honores et munera quùm pater et filius Decuriones sunt, in eàdem domo continuari non oportet : ita vacationum concessa tompora non aliis prodesse possunt, quàm his, qui ad eosdem vel alios honores eademque vel alia munera, denuò vocantur. l. 1. Cod. de muner. et hon. non contin. Vid. n° seq.

21. Intervalla temporum, quæ in unius personâ locum habent, fratribus (licèt communia possideant bona) minimè prodesse, frequenter constitutum est. l. ult. Cod. eod. Tit. de Decurionibus, n° 14.

22. Quùm te omnibus muneribus functum esse adseveres, ad eadem munera, si aliorum civium copia est, qui obsequiis civilibus fungi possint, præses provinciæ devocari te non permittet. l. 3. Cod quemadm. civ. mun. indic.

23. Ab honoribus ad honores eosdem quinquennii datur vocatio *a* : triennii verò alios. l. 2. Cod. de mun.

et honor. Idem in muneribus. Vid. § 5. ff. de mun. et honor.

a Idem *des Collecteurs.*

24. Veterani sunt, qui post vicesimum annum militiæ honestam, vel causariam missionem consecuti sunt. l. ult. Cod. de his qui non impl. stip. sacr. sol. s.

25. Decuriones ad magistratum, vel exactionem annonarum antè tres menses, vel ampliùs, nominari debent. Ut si querimonia eorum videatur justa, sine impedimento, in absolvendi locum alius subrogetur. l. 1. Cod. de magistr. munic.

TITULUS V.

De vacatione, et excusatione munerum.

1. Omnis excusatio suâ æquitate nititur. l. 1.

2. Quamvis sexaginta quinque annorum aliquis sit, et tres liberos incolumes habeat, à muneribus tamen civilibus propter has causàs non liberatur. l. 1, § ult.

3. Numerus liberorum, aut septuaginta annorum, ab honoribus aut muneribus his cohærentibus excusationem non præstat : sed à muneribus tantùm civilibus. l. 2, § 1.

In honoribus delatis neque major annorum septuaginta, neque pater numero quinque liberorum excusatur. l. 8.

4. Qui ad munera vocantur, vivorum se liberorum numerum habere, tempore quo propter eos excusari desiderant, probare debent; numerus enim liberorum posteà impletus susceptis anteà muneribus non liberat. l. 2, § 3.

Hoc circà vacationes dicendum est, ut si antè quis ad munera municipalia vocatus sit, quàm negotiari inciperet, vel antequàm in collegium adsumeretur quod immunitatem pariat, vel antequàm septuagenarius fieret *a*, vel antequàm publicè profiteretur, vel antequàm liberos susciperet, compellatur ad honorem gerendum. l. 5, § 7. ff. de jure imm. *b*.

a Verùm nonne ætas septuagenaria superveniens deberet excusationem afferre? neque enim est privilegium, sed multò magis impotentia et incapacitas.

b L. 7. Cod. De judiciis.

5. Quæ patrimoniorum onera sunt, numero liberorum non excusantur. l. 2, § 4.

Neque tempore ætatis, neque numero liberorum à muneribus quæ patrimoniorum sunt, excusationem quis habere potest. l. 5. Cod. de muner. patrim.

Etiam minores ætate patrimoniorum muneribus subjugari solent. l. 7. eod.

Patrimoniorum munera mulieres etiam sustinere debent. l. 9. Cod. eod.

6. Minùs audiens immunitatem civilium munerum non habet. l. 2, § 6.

7. Corporis debilitas eorum munerum excusationem præstat, quæ tantùm corpore implenda sunt. Cæterùm quæ consilio prudentis viri, vel patrimonio sufficientis in homines obiri possunt : nisi certis, et receptis probabilibus causis non remittuntur. l. 2, § penult.

8. Tempus vacationis, quod datur eis, qui reipublicæ causâ affuerunt, non ex eo die numerandum est, quo quis abesse desiit, sed cum quodam laxamento itineris. Neque enim minùs abesse reipublicæ causâ intelligendus

est qui adit negotium, vel ab eo revertitur. Si quis tamen plus justo temporis, aut itineris, aut in alio loco commoratus, consumpserit *a :* ità ea interpretanda erit, ut ex eo tempore vacationis dies incipiat ei cedere, quo iter ex commodo peragere potuisset. l. 4.

a L. 2, § 8. Si quis cautionibus.

9. Verè philosophantes pecuniam contemnunt *a,* cujus retinendæ cupidine fictam adseverationem detegunt. l. 8, § 4, in fin.

a Vid. l. 6, § 5 et § 7. De excusationibus.

Possessio et desiderium tuum inter se discrepant. Nam quùm philosophum te esse proponas, vinceris avaritià et rapacitate, et onera, quæ patrimonio tuo injunguntur, solus recusare conaris, quod frustrà te facere cæterorum exemplo poteris edoceri. l. 6. Cod. de mun. patr.

Turpe est ut patriæ functiones ferre non possit, qui etiam fortunæ vim se ferre profitetur. l. 8 in fin. Cod. de profess. et med.

10. Qui in eam valetudinem incidit, ut certum sit eum civilia officia subire non posse, aut alio morbo laboret, ut suis rebus superesse non possit (hîc), in perpetuum excusatur. l. 13.

11. Eodem tempore idem duas curas operis non administrabit. l. ult., § 1.

12. Exceptis qui liberalium studiorum antistites sunt, et qui medendi curà funguntur, Decurionum decreto immunitas nemini tribui potest. l. 1. Cod. de dec. ret. dec. sup. imm. quib. conc.

13. Tutelæ sollicitudo à muneribus civilibus non excusat : ut potè quùm nec tres simul injunctæ diversarum domuum hujusmodi beneficium præstent. l. 3, § de excus. mun.

TITULUS VI.

De jure immunitatis.

1. Personis datæ immunitates, heredibus non relinquuntur. l. 1, § 1.

2. Sed et generi posterisque datæ custoditæque ad eos qui ex fœminis nati sunt non pertinent *a*. l. 1, § 2.

a Nam mulier familiæ suæ finis est, sicut novæ familiæ caput est. l. 195, § ult. De verborum significatione.

Immunitates generaliter tributæ eo jure, ut ad posteros transmitterentur, in perpetuum succedentibus durant l. 4.

3. Si cui certâ conditione muneribus vel honoribus *a* se adstrinxerunt, quùm aliàs compelli non possent inviti suscipere istum honorem, fides eis servanda est conditioque, quâ se ad munera sive honores applicari passi sunt. § 2.

a Vid. n° 9.

4. Majores septuaginta annis à tutelis et muneribus personalibus vacant. Sed qui ingressus est septuagesimum annum, nondùm egressus, hàc vacatione non utetur : quia non videtur major esse septuaginta annis qui annum agit septuagesimum *a*. l. 3.

a Deux Arrêts contraires pour la décharge de la contrainte par corps au Parlement. Deux Arrêts conformes à la loi, moi plaidant à la cour des Aides. Vid. de Decurionibus. Suprà n° 5.

5. Semper in civitate nostrâ senectus venerabilis fuit : namque majores nostri penè eumdem honorem senibus,

quem magistratibus tribuebant. Circà munera quoque
municipia subeunda idem honor senectuti tributus est.
Sed eum qui in senectute locuples factus est, dici potest
non eximi ab hoc onere privilegio ætatis : maximè si non
tam corporis habeat vexationem, quàm pecuniæ eroga-
tionem indicti muneris administratio : et ex eà sit civitate,
in quâ non facilè sufficientes viri publicis muneribus inveniantur. Legem quoque respici cujusque loci oportet,
an quàm aliquas immunitates nominatim complecteretur,
etiam de numero annorum in eà commemoretur. l. 5.
Dict. l. § 1.

6. Demonstratur variè nec abcisè, numerum liberorum ad excusationem municipalium numerum prodesse,
ex rescriptis divi Elvii Pertinacis. Namque Silvio Can-
dido in hæc verba rescripsit. Ει καί μὴ πασῶν λειτουργιῶν
ἀφίνςιν τοὺς πατέρας ὁ τῶν τέχνων ἀριστμός ἄλλουν ἐπειδ ἡ ἐκ-
καίδεκα παῖδας ἔχειν δία του βιβλίου ἐδήλοσας, οὐκ ἔστιν ἄλο-
γον, ὧσε συγχωρήσαι σχολάζειν τῇ παιδοτρο φία, γαί ἀνείζαισε
τῶν λειτουργιῶν. Id est : *Etsi non ab omnibus muneribus
dimittit patrem natorum numerus ; tamen quia sedecim pueros
habere te per libellum notificasti, non est irrationabile, ut
concedamus filiorum educatione remitti tibi munera.* l. 5, § 2.

Eos, qui cujuscumque sexùs liberos quinque habeant,
impetratà semel vacatione potiri convenit. l. ult. Cod. de
his qui num. lib.

7. Nepotes loco parentum succedentes, vice eorum
prodesse consueverunt *a*. Ideòque si quinque numerus
liberorum ex amissorum filiorum nepotibus suppletur, à
muneribus personalibus, is quem patrem tuum esse dicis, juxtà constituta excusatur. l. 3. Cod. De his qui num.
liber.

a Sed plures nepotes unius dumtaxat filii vice funguntur.

8. Quibusdam collegiis vel corporibus, quibus jus coëundi lege permissum est, immunitas tribuitur : scilicèt eis collegiis vel corporibus, in quibus artificii sui causâ unusquisque adsumitur : ut fabrorum corpus est, et si qua eamdem rationem originis habent, id est, idcircò instituta sunt, ut necessariam operam publicis utilitatibus exhiberent. l. 5, § 12.

9. Qui publici muneris vacationem habet, si aliquem honorem susceperit *a*, ob id quòd patriæ suæ utilitatibus cesserit, vel gloriæ cupiditate paulisper jus publicum relaxaverit, competens privilegium non amittit. l. 2. Cod. de his qui spont. mun. sub.

a Vide n° 3.

10. Presbyteros, Diaconos, Subdiaconos, atque Exorcitas et Lectores , Ostiarios et Acolitos *a* etiam personalium munerum expertes esse præcipimus. L. 6. Cod. *de Episcop. et Clericis.*

a Qui non sunt in sacris, eâ lege immunes sunt, tantummodò ut Ecclesiæ inserviant.

TITULUS VII.

De legationibus.

1. Si quis legatum hostium pulsasset, contrà jus gentium id commissum esse existimatur : quia *sancti habentur legati.* Et ideò, si quùm legati apud nos essent gentis alicujus bellum quùm eis indictum sit, responsum est, liberos eos manere : id enim juri gentium convenit esse. l. *ult.*

TITULUS VIII.

De administratione rerum ad civitates pertinentium.

1. Quod quis suo nomine exercere prohibetur, id nec per subjectam personam agere debet. Et ideò si decurio subjectis aliorum nominibus prædia publica locat *a*, quæ decurionibus conducere non licet, secundùm legem usurpata revocentur. l. 2, §. 1.

a Lege *conducit*, vel *colat*, ut Fornerius, 2, 9.

2. Qui fidejusserint pro conductore vectigalis *a in universam conductionem*, in usuras quoque in jure conveniuntur, nisi propriè quid in personà eorum verbis obligationis expressum est. l. 2, § 12.

a Vid. 54. Locati. l. 88. De verborum obligationibus. l. 68. De fidejussor.

3. Curatores communis officii, divisâ pecuniâ, quam omnibus in solidum publicè dari placuit, periculo vice mutuâ non liberantur. Prior tamen exemplo tutorum conveniendus est is qui gessit. l. 3, l. 1 et l. 2. Cod. quo quisque ord. conv.

4. Legatam municipio pecuniam in aliam rem, quàm defunctus voluit *a* convertere citrà principis auctoritatem non licet. Et ideò, si unum opus fieri jusserit, quod falcidiæ legis interventu fieri non potest, permittitur summam quæ eo nomine debetur, in id quod maximè necessarium reipublicæ videatur, convertere. l. 4. Vid. n° seq.

c Vid. *l.* 16. De usufructu legato.

5. Pecuniam, quæ in operâ novâ legata est, potiùs

in tutelam eorum operum, quæ sunt, convertendam, quàm ad inchoandum opus erogandum, divus Pius rescripsit; scilicèt si satis operum civitas hàbeat, et non facilè, ad reficienda ea, pecunia inveniatur. l. ult. ff. de oper. publ. Vid. n. super.

6. Magistratus reipublicæ non dolum solummodò, sed et latam negligentiam, et hoc ampliùs etiam diligentiam debent. l. 6.

7. Calculi erroris retractatio etiam post decennii aut vicennii tempora admittetur *a*. l. 8.

a Quid sit error calculi. Vid. *l.* 1, § 1. Quæ sententiæ sine appellatione. Vid. *l.* 1. Cod. De errore calculi. Quid de tricennio? Distinguo, si patet errorem calculi fuisse cognitum vel incognitum. *Il y a un arrêt contre la prescription de* 30 *ans.*

8. Imperatores Antoninus et Verus rescripserunt, *pecuniæ a, quæ apud curatores remansit, usuras exigendas : ejus* verò, *quæ à redemptoribus operum exigi non potest, sortis dumtaxat periculum ad curatores pertinere, b.* l. 9.

a Vid. De jure fisci. n° 16.

b Vid. *l.* 17, § ult. Ad municipalem.

Imperatores *Antoninus et Verus* rescripserunt, eum qui pecuniam publicam magistratùs sui tempore, et post non pauco tempore detinuerat, usuras etiam præstare debere, nisi si quid allegare possit, quâ ex causâ tardiùs intulisset. l. 9, § ult.

TITULUS IX.

De decretis ab ordine faciendis.

1. Illa decreta, quæ non legitimo numero decurionum coacta facta sunt, non valent *a.* l. 2.

a l. 19. Ad municipalem. *La loi* 3 *dit :* Lege autem municipali cavetur ut ordo non aliter habeatur, quàm duobus partibus adhibitis. *La loi* 4 *dit :* Ambitiosa decreta decurionum rescindi debent, sive aliquem debitorem dimiserint, sive largiti sunt.

TITULUS X.

De operibus publicis.

1. Curam operis àquæductùs in alio jàm munere constitutus posteà susceperat : præposterè visus est petere exonerari priore munere utrisque jàm implicitus : quàndò, si alterum tantum eum sustinere oportuisset, antè probabiliùs impetrasset propter prius munus à sequenti excusationem. l. 1 , § 1.

2. Ne ejus nomine, cujus liberalitate opus extructum est, eraso, aliorum nomina inscribantur, et propterea revocentur similes civium in patrias liberalitates, Præses provinciæ auctoritatem suam interponat. l. 2, § 2.

3. Quibus operum publicorum extructio credita est, si quid vitii intrà quindecim annos *a* ab opere perfecto

evaserit, tenebuntur et eorum heredes. l. 8. Cod. de oper. publ.

a A Paris, dix ans pour les particuliers.

4. An in totum ex ruinâ domûs licuerit non eamdem faciem in civitate restituere, sed in hortum convertere : et an hoc consensu tunc magistratuum non prohibentium, item vicinorum factum sit, præses probatis his quæ in oppido frequenter in eodem genere controversiarum servata sunt, causâ cognitâ statuet. l. 3. Cod. ædif. priv.

5. Si cui loci proprietas ædificandi juxtà publicas ædes animum dederit, is quindecim pedum spatio interjecto *a* inter publica ac privata ædificia, itâ sibi noverit fabricandum, ut tali intervallo et publicæ ædes à periculo vindicentur, et privatus ædificator velut perperàm fabricato loco destructionis ; quandoque futuræ non timeat detrimentum. l. 9. Cod. ædif. priv.

a Vid. l. ult. Finium regundorum.

TITULUS XI.

De nundinis.

1. Qui ad nundinas *a* concurrerunt, non possunt pro debitis privatis inquietari. l. *un.* Cod. *de nund. et merc. b.*

a Priviléges des Foires.

b La loi 1 *au digeste dit :* Nundinis impetratis à principe, non utendo qui meruit, decennii tempore usum amittit.

TITULUS XII.

De pollicitationibus.

1. Inter liberos nepotem quoque ex filiâ contineri divus Pius rescripsit. 1. *ult. a.*

a L. 48, 116, 120, 220. De verborum significatione.

TITULUS XIII.

De extraordinariis cognitionibus, et si judex litem suam fecisse diceretur a.

a L 15 et 16 De Judiciis.

1. Est quidem res sanctissima, civilis sapientia : sed quæ pretio nummario non sit æstimanda, nec deshonestanda, dùm in judicio honor petitur, qui in ingressu *a* sacramenti efferri debuit : quædam enim tametsi honestè accipiantur, inhonestè tamen petuntur. *b* l. 1, § 5.

a L. 36, § 1. Locati, id est, in antecessum.

b Verbi gratia εν ετρα, l. 43, § 9. De furtis; item honorarium advocatorum.

Divus *Antoninus* Pius rescripsit, juris studiosos qui salaria petebant, hæc exigere posse. l. 4.

2. In honorariis advocatorum ità versari judex debet, ut pro modo litis *a*, proque advocati facundiâ et fori consuetudine, et judicii *b*, in quo erat acturus, æstimationem adhibeat : dummodò licitum honorarium quantitas non egrediatur. l. 1, § 10.

a Avocat.

b L. 38 , § 1. Locati.

Licita autem quantitas intelligitur pro singulis causis usque ad centum aureos , *c* l. § 12 , in fin.

c Le § 13 *dit :* Divus Severus ab heredibus advocati mortuo eo prohibuit mercedem repeti; quia per ipsum non steterat quominùs causam ageret. Vid. l. 38 , § 1. Locati, l. ult. Cod. De condictione ob causam datâ.

3. Si medicus , cui curandos suos oculos , qui eis laborabat, commiserat *a*, periculum amittendorum eorum per adversa medicamenta inferendo, compulit, ut ei possessiones suas contrà fidem bonam æger venderet, incivile factum præses provinciæ coerceat, remque restitui jubeat. l. 3.

a Voy. *l'art.* 276 *de la coutume de Paris.*

4. Numerus cognitionum in quatuor ferè genera dividi potest : aut enim de *honoribus* sive muneribus gerendis agitatur , aut de *re pecuniariâ* disceptatur, aut de *existimatione* alicujus cognoscitur, aut de *capitali crimine* quæritur. l. 5.

5. *Existimatio* est dignitatis inlesæ status , legibus ac moribus comprobatus, qui ex delicto nostro auctoritate legum aut minuitur, aut consumitur. l. 5 , § 1.

6. Minuitur existimatio , quotiens circà statum dignitatis pœnâ plectimur : sicuti quùm relegatur quis , vel quùm ordine movetur, vel quùm prohibetur honoribus publicis fungi, vel quùm plebeius fustibus cæditur, vel in opus publicum datur , vel quùm in eam causam quis incidit, quæ edicto perpetuo infamiæ causâ enumeratur. l. 5 , § 2.

7. Consumitur verò, (existimatio) quotiens magna capitis minutio intervenit : veluti quùm aquâ et igni interdicitur *a*. l. § 3.

a Solus Callistratus dixit magnam aut maximam capitis minutionem fieri per aquæ et ignis interdictionem. Cujacius 3, ob. 10.

TITULUS XIV.

De proxeneticis.

1. Proxenetica jure *a* licito petuntur. l. 1.

a Sur les Courtiers, voyez *la coutume de Bayonne*.

2. Si proxeneta intervenerit faciendi nominis, ut multi solent, videamus, an possit quasi mandator teneri. Et non puto teneri, quia hic monstrat magis nomen, quàm mandat, tametsi laudet nomen. Idem dico, et si aliquid philanthropi nomine acceperit, nec ex locato conducto erit actio. Planè si dolo et calliditate creditorem circumvenerit, de dolo actione tenebitur. l. 2.

3. De proxenetico, quod et sordidum, solent præsides cognoscere : sic tamen ut in his modus esse debeat, et quantitatis, et negotiis, in quo operulâ istâ defuncti sunt, ministerium quale quale accommodaverunt. l. 2.

Ex proxenetarum modus, qui emptionibus, venditionibus, commerciis, contractibus licitis utiles non ideò improbabili more se exhibent. l. 3, in fin.

TITULUS XV.

De Censibus.

1. Personis data immunitas cum personâ extinguitur *a* : rebus numquam extinguitur. l. 3 , *in fin. l.* 4 , § 3.

a L. 196. De regulis juris.

2. Formâ censuali cavetur, ut agri sic in censum referantur , nomen fundi cujusque , et in quâ civitate, et quo pago sit , et quos duos vicinos proximos *a* habeat. l. 4 , quot jugerum sit. *Dicel.*

a Les tenans et les aboutissans.

3. Illam æquitatem debet admittere censitor, ut officio ejus congruat, relevari eum qui in publicis tabulis delaro modo frui certis ex causis non possit. Quare, et si agri portio chasmate perierit , debebit per censitorem relevari. Si vites mortuæ sunt , vel arbores aruerint *a* , iniquum eum numerum inseri censui. l. 4 , § 1.

a Secùs propter vetustam vinearum l. 15 , § 5. Locati.

4. Is verò qui agrum in aliâ civitate habet, in eâ civitate profiteri debet, in quâ ager est. Agri enim tributum in eam civitatem debet levare , in cujus territorio possidetur. l. 4 , § 2.

5. Lacus quoque piscatorius et portus in censum dominus debet deferre. Salinæ, si quæ sunt in prædiis, et ipsæ in censum deferendæ sunt. l. 4 , § 6 et 7.

6. Quùm possessor unus expediendi negotii causâ tributorum jure conveniretur, adversùs cæteros, quorum æquè prædia tenentur, ei qui conventus est , actiones à

fisco præstantur : scilicèt ut omnes pro modo prædiorum pecuniam tributi conferant : Nec inutiliter actiones præstantur, tametsi fiscus pecuniam suam recuperaverit : quia nominum venditorum pretium acceptum videtur *a*. l. 5 *b*.

a Contrà in l. Modestinus 76. De solutionibus. actiones non possunt ex intervallo cedi, utpotè extinctæ. Verùm Cujacius ad l. l. lib. 19. respons. Pap. ait convenisse in solvendo, ut actiones cederentur, quod quidem èst omninò divinatorium : nam ista lex contrarium prorsùs innuit. Cujacius quatuor alia fisci privilegia enumerat hîc, quæ ratione tributorum tantùm competunt. Primum est, ut fisco tributa persequenti compensatio opponi non possit. Secundum, ut in causâ tributorum servi torqueantur adversùs dominos. Tertium, ut universa bona possessoris tributorum nomine tacitè obligata sint, aliàs fiscus non habet hypothecam nisi ex suis contractibus. Quartùm, ut fiscus possit priùs agere hypothecariâ actione in tributis quàm principali, quùm aliàs non possit. Postremum, ut secundùm hanc legem 5. Si in uno vico vel territorio plures sint prædiorum possessores, fiscus possit unum convenire pro omnibus expediendi negotii tributorum causa, ne distingatur in plures, salvo regressu ejus qui solvit contrà cæteros.

b Vid. l. 57 in fin. De legatis 1°.

TITULUS XVI.

De verborum significatione.

1. Creditorum appellatione non hi tantùm accipiuntur qui pecuniam crediderunt : sed omnes quibus ex quâlibet causâ debetur. l. 11.

Sed etsi ex delicto debeatur, mihi videtur posse creditoris loco accipi. l. 12.

2. Minùs solvit, qui tardiùs solvit : nam et tempore minùs solvitur. l. 12, § 1.

3. Plerumque plus est in manûs pretio, quàm in re. l. 13, § 1, in fin.

4. Rem amisisse videtur, qui adversùs nullum ejus persequendæ actionem habet. l. 14. § 1.

5. Bona civitatis abusivè publica dicta sunt. Sola enim ea publica sunt, quæ populi romani sunt. l. 15 *a*.

a Vid. l. 26, § 9. Ex quibus causis majores. l. 38, § 1. De rebus auctoritate judicis. l. 16, ibid.

6. Princeps bona concedendo, videtur etiam obligationes concedere. l. 21.

7. Nihil est aliud hereditas, quàm successio in universum jus, quod defunctus habuit. l. 24. Vid. ins. de reg. *jur.* n° 51.

8. Rectè dicimus, eum fundum totum nostrum esse, etiam quùm ususfructus alienus est : quia ususfructus non dominii pars, sed servitutis sit, ut via et iter. Nec falsò dici totum meum esse, cujus non potest ulla pars dici alterius esse. l. 25.

9. Quintus Mutius ait partis appellatione rem pro indiviso significari; nam quod pro diviso nostrum sit, id non partem, sed totum esse : Servius non ineleganter partis appellatione utrumque significari. l. 25, § 1.

10. Qui occasione adquirendi non utitur, non intelligitur alienare : veluti qui hereditatem omittit, aut optionem intrà certum tempus datum non amplectitur. l. 28. Vid. *inf. de reg. jur.* n° 95.

11. Conjunctionem nonnunquam pro disjunctione accipi Labeo ait : ut in illâ stipulatione, *mihi heredique meo, te heredemque tuum.* l. 26.

Sæpè itâ comparatum est, ut conjuncta pro disjunctis accipiantur, et disjuncta pro conjunctis, interdùm soluta pro separatis. l. 53.

Quam dicimus, *quod dedi, aut donavi,* utraque continemus : quùm verò dicimus, *quod eum dare, facere oportet,* quodvis eorum sufficit probare. Dict. l.

12. Bona intelliguntur cujusque; quæ deducto ære alieno supersunt. l. 39, § 1.

13. Familiæ appellatione liberi quoque continentur. l. 40, § 2.

15. Verbo *victus* continentur quæ esui, potuique, cultuique corporis, quæque ad vivendum homini necessaria sunt : vestem quoque victûs habere vicem Labeo ait. Et cætera, quibus tuendi, curandive corporis nostri gratiâ utimur, eâ appellatione significantur. l. 43 et 44.

Verbum *vivere* quidam putant ad cibum pertinere. Sed Ofilius ad Atticum ait, his verbis et vestimenta et stramenta contineri : sine his enim vivere neminem posse. l. 234, § 2.

15. Matrem familias accipere debemus eam, quæ non inhonestè vixit. Matrem enim familias à cæteris fœminis mores dicernunt atque separant. Proindè nihil intererit, nupta sit, an vidua ; nam neque nuptæ, neque natales faciunt matremfamilias, sed boni mores. l. 46, § 1.

16. Liberationis verbum eamdem vim habet, quàm solutionis. l. 47.

17. In bonis nostris computari sciendum est, non solùm quæ dominii nostri sunt, sed et si bonâ fide à nobis

possideantur, vel superficiaria sint. Æquè bonis adnumerabitur etiam si quid est in actionibus, petitionibus, persecutionibus. Nam hæc omnia in bonis esse videntur. l. 49.

18. Item dubitatum est illa verba, *ope, consilio,* quemadmodùm accipienda sunt, sententiæ conjungentium, aut separantium? Sed verius est, quod et Labeo ait, separatim accipienda : quia illud factum est ejus, qui consilio facit. l. 53, § 1.

19. Nemo ope videtur fecisse, nisi et consilium malignum habuerit : nec consilium habuisse nocet, nisi et factum secutum fuerit. Dict. §.

20. Conditionales creditores dicuntur, et hi quibus nondùm competit actio, est autem competitura : vel qui spem habent ut competat. l. 54.

21. Creditor autem is est, qui exceptione perpetuâ summoveri non potest : qui autem temporalem exceptionem timet, similis est conditionali creditori. l. 55.

22. Liberorum appellatione continentur non tantùm qui sunt in potestate, sed omnes qui sui juris sunt, sive virilis, sive fœminini sexûs sunt, exve fœminini sexûs descendentes. l. 57, § 1.

23. Intestatus est, non tantùm qui testamentum non fecit, sed etiam cujus ex testamento hereditas adita non est. l. 64.

24. Heredis appellatio non solùm ad proximum heredem, sed et ad ulteriores refertur : nam et heredis heres, et deinceps, heredis appellatione continetur. l. 65.

Sciendum est heredem etiam per multas successiones accipi. l. 70. Vid. *inf. de reg. jur.* n° 158.

25. Restituere is videtur, qùi id restituit quod habitu-

rus esset actor, si controversia ei facta non esset. l. 75. Vid. *inf. n° ult.*

26. Interdùm proprietatem quoque verbum possessionis significat; sicut in eo, qui possessiones suas legasset, responsum est. l. 78.

27. Impensæ necessariæ sunt, quæ si factæ non sint, res aut peritura, aut deterior futura sit. l. 79.

28. Utiles impensas esse Fulcinius ait, quæ meliorem dotem faciant, non deteriorem esse non sinant ex quibus reditus mulieri adquiratur, sicut arbusti pastinatione ultrà quàm necesse fuerat; quorum nomine onerari mulierem ignorantem, vel invitam, non oportet, ne cogatur fundo carere. In his impensis et pristinum, et horreum insulæ dotali adjectum, plerumque dicemus. l. 79, § 1.

29. Voluptariæ sunt, quæ speciem dumtaxat ornant, non etiam fructum augent : ut sunt viridia, et aquæ salientes, incrustationes, loticationes, picturæ. l. 79, § 2.

30. Neratius priscus tres facere existimat collegium. Et hoc magis sequendum est. l. 85.

31. Littus est, quousque maximus fructus à mari pervenit. l. 96.

Quà maximè fluctus exæstuat. l. 112. l. 3, § 1 *De fluminibus.*

32. Derogatur legi, aut abrogatur. Derogatur legi, quùm pars detrahitur; abrogatur legi, quùm prorsùs tollitur. l. 102.

33. Debitor intelligatur is, à quo invito exigi pecunia potest. l. 108.

34. Bonæ fidei emptor esse videtur, qui ignoravit eam rem alienam esse; aut putavit eum, qui vendidit, jus vendendi habere, putà procuratorem, aut tutorem esse. l. 109.

35. Sequester dicitur, apud quem plures eamdem rem. de quâ controversia est, deposuerunt ; dictus ab eo, quod occurrenti, aut quasi sequenti eos, qui contendunt, committitur. l. 110.

36. Qui mortui nascuntur, neque nati, neque procreati videntur : quia nunquam liberi appellari potuerunt. l. 129.

37. Inter mulctam et pœnam multùm interest : quùm pœna generale sit nomen, omnium delictorum coërcitio : mulcta, specialis peccati, cujus animadversio hodiè pecunaria est. l. 131, § 1.

38. Anniculus non statim ut natus est, trecentissimo sexagesimo quinto die dicitur, incipiente planè, non exacto die : quia annum civiliter, non ad momenta temporum, sed ad dies numeramus. l. 134. Vid. l. 5, *qui testam. fac. poss. l. 8, ff. de muner. et honor. l. 1, in fin. de manum. l. 2, ff. excus. l. un. c. qui ætate l. 3, § 3, ff. de minor.*

39. Quæret aliquis si portentosum, vel monstrosum, vel debile mulier ediderit, vel qualem visu, vel vagitu novum, non humanæ figuræ, sed alterius magis animalis, quàm hominis partum, an quia enixa est, prodesse ei debeat? et magis est, ut hæc quoque parentibus prosint. Nec enim est, quod eis imputetur, quæ qualiter potuerunt, statutis obtemperaverunt : neque id, quod fataliter accessit, matri damnum injungere debet. l. 135. Vid. *De statu hom. l. 14.*

40. Cepisse quis intelligitur, quamvis alii adquisiit. l. 140.

41. Triplici modo conjunctio intelligitur. Aut enim re per se conjunctio contingit, aut re et verbis, aut verbis tantùm. l. 142.

42. Id apud se quis habere videtur, de quo habet actionem. Habetur enim, quod peti potest. l. 143. Vid. *infr. de reg. jur. l.* 15.

43. Non est sine liberis, cui vel unus filius, unave filia est. Hæc enim enunciatio, *habet liberos (non habet liberos)*, semp erplurativo numero profertur. l. 148.

Nam qu'm sine liberis esse dicere non possumus, nunc necesse est dicamus liberos habere. l. 149.

44. Delata hereditas intelligitur, quam quis possit adeundo consequi. l. 151.

45. Hominis appellatione tam fœminam, quàm masculum contineri, non dubitatur. l. 152.

46. Intelligendus est mortis tempore fuisse, qui in utero relictus est. l. 153.

47. Partitionis nomen non semper dimidium significat, sed prout est adjectum : potest enim juberi aliquis, et maximam partiri posse et vicesimam, et tertiam, et prout libuerit : sed si non fuerit portio adjecta, dimidia pars debetur. l. 164, § 1, l. 43. *De usufructu.*

48. Hereditas juris non est, quod et accessionem et decessionem in se recipit. Hereditas autem vel maximè fructibus augetur. l. 178, § 1.

49. Verbum *exactæ pecuniæ* non solùm ad solutionem referendum est, verùm etiam ad delegationem. l. 187.

50. Jure proprio familiam dicimus, plures personas, quæ sunt sub unius potestate, aut naturâ, aut jure subjectæ, ut putà patremfamilias, matremfamilias, filiumfamilias, filiamfamilias; quique deinceps vicem eorum sequuntur, ut putà nepotes, et neptes, et deinceps. l. 195, § 2.

51. Paterfamilias appellatur, qui in domo dominium

habet. Rectèque hoc nomine appellatur, quamvis filium non habeat : non enim solam personam ejus, sed et jus demonstramus. Denique et pupillum patremfamilias appellamus. l. 195, § 2.

52. Quùm paterfamilias moritur, quotquot capita ei subjecta fuerint, singulas familias incipiunt habere : singuli enim patrum familiarum nomen subeunt : idemque eveniet, et in eo qui emancipatus est; nam et hîc sui juris effectus, propriam familiam habet. l. 195, § 2.

53. Communi jure familiam dicimus omnium agnatorum : nam etsi patrefamilias mortuo singuli singulas familias habent, tamen omnes qui sub unius potestate fuerunt; rectè ejusdem familiæ appellabuntur: qui ex eâdem domo et gente proditi sunt. l. 195, § 2, in fin.

Appellatur familia plurimùm personarum quæ ab ejusdem ultimi genitoris sanguine proficiscuntur, sicuti dicimus familiam Juliam, quasi à fonte quodam memoriæ. Dict. l. 195, § 4.

54. Mulier familiæ suæ et caput, et finis est. *l.* 195, § *ult. l.* 1, § 2, *de jure immunitatis.*

Fœminarum liberos in familiâ earum non esse, palàm est : quia qui nascuntur patris, non matris, familiam sequuntur. l. 196, § 1.

55. Familiæ appellatione et ipse princeps familiæ continetur. l. 196.

56. Ea domus unicuique nostrum debet existimari, ubi quisque sedes et tabulas haberet, suarumque rerum constitutionem fecisset. l. 203.

57. Bonorum appellatio, sicut hereditatis universitatem quamdam ac jus successionis, et non singulares res demonstrat. l. 208.

53. **Prævaricatores** eos appellamus, qui causam adversariis suis donant, et ex parte actoris in partem rei concedunt. l. 212.

59. *Cedere* diem significat incipere deberi pecuniam : *venire* diem significat eum diem venisse, quo pecunia peti possit. Ubi purè quis stipulatus fuerit, et cessit, et venit dies. Ubi in diem, cessit dies, sed nondùm venit : ubi sub conditione, neque cessit, neque venit dies pendente adhùc conditione. l. 213.

60. Lata culpa est nimia negligentia, id est, non intelligere quod omnes intelligunt. l. 213, § 2.

Latæ culpæ finis est non intelligere id quod omnes intelligunt. l. 223.

61. Potestatis verbo plura significantur : in personâ magistratuum, imperium ; in personâ liberorum, patria potestas. l. 215.

62. In conventibus (conventionibus) contrahentium voluntatem potiùs quàm verba spectari placuit. Quùm igitur eâ lege fundum vectigalem municipes locaverint, ut ad heredem ejus qui suscepit, pertineret, jus heredum ad legatarium quoque transferri potuit. l. 219.

63. Natura nos docet parentes pios, *qui liberorum procreandorum animo et voto uxores ducunt*, filiorum appellatione omnes qui ex nobis descendunt, contineri. Nec enim dulciore nomine possumus nepotes nostros quàm filii appellare. l. 220, § ult.

64. Amicos appellare debemus, non levi notitiâ conjunctos, sed quibus fuerint jura cum patre familias honestis familiaritatis quæsita rationibus. l. 223, § 1.

65. Magna negligentia, culpa est ; magna culpa, dolus est. l. 226.

66. Quod dicemus eum, qui nasci speratur, pro superstite esse, tunc verum est, quùm de ipsius jure quæritur. Aliis autem non prodest, nisi natus. l. 231.

67. Pignus propriè rei mobilis constituitur. l. 238, § 2. in fin.

68. Munus publicum est officium privati hominis, ex quo commodum ad singulos universosque cives, remque eorum pervenit. l. 239, § 3.

69. Territorium est universitas agrorum intra fines cujusque civitatis. l. 239, § 8.

70. Verbum *suum* ambiguum est, utrùm de toto, an de parte significet : et ideo qui jurat suum non esse, adjicere debet, neque ibi communem esse, 239, § ult.

71. *Restituit* non tantùm qui solum corpus, sed etiam qui omnem rem conditionemque redditâ causâ præstet, et tota restutitio juris est interpretatio. l. ult., § 1.

TITULUS XVII.

De diversis regulis juris antiqui.

1. Regula est, quæ rem, quæ est, breviter enarrat. Non ex regulâ jus sumatur : sed ex jure quod est, regula fiat : per regulam igitur brevis rerum narratio traditur, et (*ut ait Sabinus*) quasi causæ conjectio est. Quæ simul quum in aliquo vitiata est, perdit officium suum. l. 1.

2. Fœminæ ab omnibus officiis civilibus, vel publicis remotæ sunt : et ideò nec judices esse possunt, nec magistratum gerere, nec postulare. l. 2.

3. Velle non creditur, qui obsequitur imperio patris.

4. Jura sanguinis nullo jure civili dirimi possunt. l. 8.

5. Semper in obscuris, quod minimum est, sequimur. l. 9.

6. Secundùm naturam est, commoda cujusque rei eum sequi, quem sequuntur incommoda. l. 10.

7. Id quod nostrum est, sine facto nostro ad alium transferri non potest. l. 11.

8. In testamentis pleniùs voluntates testantium interpretantur. l. 12.

9. In omnibus obligationibus, in quibus dies non ponitur, præsenti die debentur. l. 14.

10. Is qui actionem habet ad rem recuperandam, ipsam rem habere videtur. l. 15. Vid. sup de verb. signif. l. 143.

10. Quùm tempus in testamento adjicitur, credendum est pro herede adjectum, nisi alia mens fuerit testatoris: sicut in stipulationibus promissoris gratiâ tempus adjicitur. l. 17.

12. Qui cum alio contrahit, vel est, vel debet esse non ignarus conditionis ejus. Heredi autem hoc imputari non potest, quùm non sponte cum legatariis contrahit. l. 19

13. Non debet, cui plus licet, quod minùs est non licere. l. 21.

14. Generaliter probandum est, ubicumque in bonæ fidei judiciis confertur in arbitrium domini vel procuratoris ejus conditio, pro boni viri arbitrio hoc habendum esse. l. 22, § 1.

15. Contractus quidam dolum malum dumtaxat recipiunt; quidam et dolum, et culpam. Dolum tantùm, depositum, et precarium. Dolum et culpam, mandatum, commodatum, venditum, pignori acceptum, locatum,

item dotis datio, tutelæ, negotia gesta ; in his quidem et diligentiam. Societas et rerum communio, et dolum et culpam recipit, sed hæc ità, nisi si quid nominatim convenit, vel plus, vel minùs in singulis contractibus. Nam hoc servabitur, quod initio convenit ; legem enim contractus dedit : Excepto eo quod Celsus putat, non valere, si convenerit, ne dolus præstetur; hoc enim bonæ fidei judicio contrarium est, et ità utimur. Animalium verò casus, mortesque quæ sine culpâ accedunt, rapinæ, tumultus, incendia, aquarum magnitudines, impetus prædonum à nullo præstantur. l. 23.

16. Quatenùs cujus intersit, in facto, non jure consistit. l. 24.

17. Plus cautionis in re est, quàm in personâ. l. 25.

18. Qui potest invitis alienare, multò magis et ignorantibus et absentibus potest. l. 26.

19. Nec ex prætorio, nec ex solemni jure, privatorum conventione quidquam immutandum est. l. 27.

Privatorum conventio juri publico non derogat. l. 45, § 1.

20. Obligationum causæ pactione possunt immutari. l. 27.

21. Divus Pius rescripsit, eos, qui ex liberalitate conveniuntur, in id quod facere possunt condemnandos. l. 28.

22. Quod initio vitiosum est, non potest tractatu temporis convalescere. l. 29.

23. Verum est, neque pacta, neque stipulationes factum posse tollere : quod enim impossibile est, neque pacto, neque stipulatione potest comprehendi, ut utilem actionem, aut factum efficere possit. l. 31.

24. Quod ad jus naturale attinet, omnes homines æquales sunt. l. 32. in fin.

25. In eo, quod vel is qui petit, vel is à quo petitur, lucri facturus est, durior causa est petitoris. l. 33.

Quùm de lucro duorum quæratur, melior est causa possidentis. l. 126, § 2. Vid. inf. l. 98.

26. Semper in stipulationibus et in cæteris contractibus id sequimur, quod actum est. Aut, si non appareat quid actum est, erit consequens ut id sequamur quod in regione, in quâ actum est, frequentantur. Quid ergò, si neque regionis mos appareat, quia varius fuit? Ad id, quod minimum est, redigenda summa est. l. 34.

27. Nihil tam naturale est, quàm eo genere quidve (quodque) dissolvere, quo colligatum est. Ideò verborum obligatio verbis tollitur. Nudi consensûs obligatio contrario consensu dissolvitur. l. 35.

Omnia quæ jure contrahuntur, contrario jure pereunt. l 100. Vid. inf. l. 153.

28. Culpa est, immiscere se rei ad se non pertinenti.

29. Nemo, qui condemnare potest, absolvere non potest. l. 37.

30. Sicuti pœna ex delicto defuncti heres teneri non debeat, ità nec lucrum facere, si quid ex eâ re ad eum pervenisset. l. 38. Vid. inf. l. 44, Vid. l. 111, § 1, l. 152. l. 157, § 2, l. 164.

31. In omnibus causis pro facto accipitur id, in quo per alium moræ sit quominùs fit. l. 39. Vid. inf. l. 161.

32. Furiosi, vel ejus cui bonis interdictum sit, nulla voluntas est. l. 40.

33. Non debet actori licere, quod reo non permittitur. l. 41.

34. In re obscurâ melius est favere repetitioni, quàm adventitio lucro. l. 41, § 1.

35. Qui in alterius locum succedunt, justam habent causam ignorantiæ, an id, quod peteretur, deberetur. Fidejussores quoque non minùs quàm heredes, justam ignorantiam possunt allegare. Hæc ità de herede dicta sunt, si cum eo agetur : non etiam si agat. Nam planè, qui agit certus esse debet, quùm sit in potestate ejus, quandò velit, experiri : et antè debet rem diligenter explorare, et tunc ad agendum procedere. l. 42.

36. Nemo, ex his qui negant se debere, prohibetur etiam aliâ defensione uti, nisi lex impedit. l. 43.

37. Totiens in heredem damus de eo quod ad eum pervenit, quotiens ex dolo defuncti convenitur, non quotiens ex suo. l. 44. Vid. sup. l. 38.

Etsi nihil pervenit, jure canonico quod sequimur, tenetur heres. Voy. 16. *q.* 6. *c.* 3, 12. *q.* 2. *c.* 34. *c.* 3. *de pig. c. ult. de sepult. c.* 5. *de rapt.*

38. Neque pignus, neque depositum, neque precarium, neque emptio, neque locatio rei suæ consistere potest. l. 45.

39. Consilii non fraudulenti nulla obligatio est. Cæterùm si dolus et calliditas intercessit, de dolo actio competit. l. 47.

40. Socii mei socius, meus socius non est. l. 47, § 1.

41. Quidquid in calore iracundiæ vel fit, vel dicitur, non priùs rarum est, quàm si perseverantiâ apparuit judicium animi fuisse. l. 48.

42. Culpâ caret, qui scit, sed prohibere non potest. Nullum crimen patitur is, qui non prohibet, quùm prohibere non potest. l. 109.

43. Non videtur quisquam id capere, quod ei necesse est alii restituere. l. 51.

44. Cujus per errorem dati repetitio est, cujus consulto dati donatio est. l. 53.

45. Nemo plus juris ad alium transferre potest, quàm ipse haberet. l. 54.

46. Nullus videtur dolo facere qui suo jure utitur. l. 55.

47. Semper in dubiis benigniora præferenda sunt. l. 56. Vid. inf. l. 168.

48. Heredem ejusdem potestatis, jurisque esse cujus fuit defunctus, constat. l. 59. Vid. inf. l. 120.

49. Semper qui non prohibet pro se intervenire, mandare creditur. Sed et si quis ratum habuerit, quod gestum est, obstringitur mandati actione. l. 60. Vid. infr. l. 152, § 2.

50. Domum suam reficere unicuique licet, dùm non officiat invito alteri, in quo jus non habet. l. 61.

51. Hereditas nihil aliud est, quàm successio in universum jus quod defunctus habuerit. l. 62.

52. Ea quæ rarò accidunt, non temerè in agendis negotiis computantur. l. 64. l. 6. Qui et à quibus manumitti liberi.

53. Quotiens idem sermo duas sententias exprimit, ea potissimùm excipiatur, quæ rei gerendæ aptior est. l. 67.

54. In omnibus causis id observatur, ut, ubi personæ conditio locum facit beneficio, ibi deficiente eâ beneficium quoque deficiat. Ubi verò genus actionis id desiderat, ibi, ad quemvis persecutio ejus devenerit, non deficiat ratio auxilii. l. 68.

Privilegia quædam causæ sunt, quædam personæ, et

ideò quædam ad heredem transmittuntur, quæ causæ sunt : quæ personæ sunt, ad heredem non transeunt. l. 196.

55. Invito beneficium non datur. l. 69.

56. Fructus rei est , vel pignori dare licere. l. 72.

57. Vi factum id videtur esse , quâ de re quis quùm prohibetur fecit. Clàm , quod quisque quùm controversiam haberet, habiturumve se putaret, fecit. l. 73, § 2.

58. Quæ in testamento ità sunt scripta , ut intelligi non possint, perindè sunt ac si scripta non essent. l. 73 , § 3.

59. Nec paciscendo, nec legem dicendo, nec stipulando quisquam alteri cavere potest. l. 73 , § 4. Vid. inf. l. 123.

60. Non debet alteri per alterum iniqua conditio inferri. l. 74.

61. Nemo potest mutare consilium in alterius injuriam. l. 75.

62. In totum omnia, quæ animi destinatione agenda sunt, non nisi verâ et certâ sententiâ perfici possunt. l. 79.

63. Generaliter quùm de fraude disputatur, non quid non habeat actor, sed quid per adversarium habere non potuerit, considerandum est. l. 78.

64. Fraudis interpretatio semper in jure civili non ex eventu dumtaxat, sed consilio quoque desideratur. l. 79.

65. In toto jure generi per speciem derogatur : et illud potissimùm habetur, quod ad speciem directum est. l. 80.

66. Quæ dubitationis tollendæ causâ contractibus inferuntur , jus commune non lædunt. l. 81.

67. Donari videtur, quod nullo jure cogente, conceditur. l. 82.

68. Non videntur rem amittere, quibus propria non fuit. l. 83.

69. Quùm amplius solutum est quàm debebatur, cujus pars non invenitur, quæ repeti possit, totum esse indebitum intelligitur, manente pristinâ obligatione. l. 84.

70. Is naturâ debet, quem jure gentium dare oportet, cujus fidem secuti sumus. l. 84, § 1.

71. In ambiguis pro dotibus respondere melius est. l. 85.

72. Non est novum, ut quæ semel utiliter constituta sunt, durent, licèt ille casus extiterit, à quo initium capere non potuerunt. l. 85, § 1.

73. Quoties æquitate (æquitatem) desiderii naturalis ratio, aut dubitatio juris moratur, justis decretis res temperanda est. l. 85, § 2.

In omnibus quidem, maximè tamen in jure, æquitas spectanda sit. l. 90.

74. Non solet deterior conditio fieri eorum qui litem contestati sunt, quàm si non : sed plerumque melior. l. 86.

75. Nemo in persequendo deteriorem causam, sed meliorem facit. Denique post litem contestatam heredi quoque prospiceretur, et heres tenetur ex omnibus causis. l. 87.

76. Nulla intelligitur mora tibi fieri, ubi nulla petitio est. l. 88.

77. Quamdiù possit valere testamentum, tamdiù legitimus non admittitur. l. 89.

78. Non solent, quæ abundant, vitiare scripturas. l. 94.

79. In ambiguis orationibus maximè sententia spectanda (est) ejus, qui eas protulisset. l. 96. Vid. *l.* 33, *ff. de contr. empt.*

80. Quotiens utriusque causâ lucri ratio vertitur, is præferendus est, cujus in lucrum causa tempore præcedit. l. 98.

81. Si in duabus actionibus alibi summa major, alibi infamia est, præponenda est causa existimationis. Ubi autem æquiparant famosa judicia, et si summam imparem habent, pro partibus accipienda sunt. l. 104.

82. Ubicumque causæ cognitio est, ibi prætor desideratur. l. 105.

83. Ferè in omnibus pœnalibus judiciis, et ætati et imprudèntiæ succurritur. l. 108.

84. In eo quod plus fit, semper inest minùs. l. 110. In toto et pars continetur. l. 113.

85. In heredem non solent actiones transire, quæ pœnales sunt ex maleficio : velut furti, damni, injuriæ, vi bonorum raptorum, injuriarum. l. 111, § 1. Vid. *sup. l.* 33 *et l.* 44.

86. Nihil interest, ipso jure quis actionem non habeat, an per exceptionem infirmetur. l. 112.

87. In obscuris inspici solet quod verisimilius est, aut quod plerumque fieri solet. l. 114.

88. Si quis obligatione liberatus sit, potest videri cepisse. l. 115. *Vid.* l. 50, *de donationibus inter virum.*

89. Non potest videri accepisse, qui stipulatùs potest exceptione summoveri. l. 115, § 1.

90. Nihil consensui tam contrarium est, qui et bonæ fidei judicia sustinet, quàm vis, atque metus, quem comprobare contrà bonos moresest. l. 116.

91. Non capitur, qui jus publicum sequitur. l. 116, § 1.

92. Non videntur, qui errant, consentire. l. 116, § 2.

93. Non alienat, qui dumtaxat omittit possessionem. l. 119.

94. Nemo plus commodi heredi suo relinquit, quàm ipse habuit. l. 120. Vid. *sup. l.* 59.

95. Nemo alieno nomine lege agere potest. l. 123. Vid. *sup. l.* 73, § 4.

96. Favorabiliores rei potiùs, quàm actores habentur. l. 125.

97. Quùm de lucro duorum quæratur, melior est causa possidentis. L. 126, 2.

98. In pari causâ possessor potior haberi debet. l. 128. Vid. *inf. l.* 154.

99. Nihil dolo creditor facit, qui suum recipit. l. 129.

100. Quùm principalis causa non consistit, ne ea quidem, quæ sequuntur, locum habent. l. 129, § 1.

Quùm principalis causa non consistat, *plerumque* ne ea quidem, quæ sequuntur, locum habent. l. 178.

101. Nunquam actiones, præsertim pœnales, de eâdem re concurrentes, aliam consumunt. l. 130.

102. Qui dolo desierit possidere, pro possidente damnatur, quia pro possessione dolus est. l. 131.

Parem esse conditionem oportet ejus qui quid possideat vel habeat, atque ejus cujus dolo malo factum si quominùs possideret, vel haberet. l. 150.

Semper qui dolo fecit, quominùs haberet, pro eo habendus est, ac si haberet. l. 157, § 1.

103. Imperitia culpæ adnumeratur. l. 132.

104. Non fraudantur creditores, quùm quid non acquiritur à debitore, sed quùm quid de bonis diminuitur. l. 134.

105. Nemo ex suo delicto meliorem suam conditionem facere potest. l. 134, § 1.

106. Ea, quæ dari impossibilia sunt, vel quæ in rerum naturâ non sunt, pro non adjectis habentur. l. 135.

107. Bona fides tantumdem possidenti præstat, quantùm veritas, quoties lex impedimento non est. l. 136.

108. Qui auctore judice comparavit, bonæ fidei possessor est. l. 137.

109. Omnis hereditas, quamvis posteà adeatur, tamen cum tempore mortis continuatur. l. 138.

Omnia ferè jura heredum perindè habentur, ac si continuò sub tempus mortis heredes extitissent. l. 193.

110. Nunquam crescit ex postfacto præteriti delicti æstimatio. l. 138, § 1.

111. Omnes actiones, quæ morte, aut tempore pereunt, semel inclusæ judicio, salvæ permanent. l. 139.

112. Non videtur perfectè cujusque id esse, quod ex casu auferri potest. l. 139, § 1.

113. Absentia ejus, qui reipublicæ causâ abest, neque ei, neque alii damnosa esse debet. l. 140.

114. Quod contra rationem juris receptum est, non est producendum ad consequentias. l. 141.

115. Uni duo pro solido heredes esse non possunt. l. 141, § 1.

116. Qui tacet, non utique fatetur : sed tamen verum est eum non negare. l. 142.

117. Quod ipsis, qui contraxerunt, obstat, et successoribus eorum obstabit. l. 14 3.

118. Non omne, quod licet, honestum est. L. 144.

119. In stipulationibus id tempus spectatur, quo contrahimus. l. 144, § 1.

120. Nemo videtur fraudare eos qui sciunt et consentiunt. l. 145.

121. Semper specialia generalibus insunt. l. 147.

122. Ex quâ personâ quis lucrum capit, ejus factum præstare debet. l. 149.

123. Nemo damnum facit, nisi qui id fecit, quod facere jus non habet. l. 151.

Non videtur vim facere, qui jure suo utitur, ordinariâ actione experitur. l. 155, § 1.

124. In maleficio ratihabitio mandata comparatur. l. 152, § 2.

125. In contractibus, quibus doli præstatio, vel bona fides inest, heres in solidum tenetur. l. 152, § 3. Vid. *sup. l.* 38, *et l.* 44.

126. Ferè quibuscumque modis obligamur, iisdem in contrarium actis liberamur : quùm quibus modis acquirimus, iisdem in contrarium actis amittimus : uti igitur nulla possessio acquiri animo et corpore potest, itâ nulla admittitur, nisi in quâ utrumque in contrarium actum. l. 153.

127. Quùm par est delictorum duorum, semper oneratur petitor, et melior habetur possessoris causa : sicut fit, quùm de dolo excipitur petitoris : neque enim datur talis replicatio petitori, *aut si rei quoque in eâ re dolo actum sit.* l. 154.

128. Illi debet permitti pœnam petere, qui in ipsam non incidit. l. 154, § 1.

129. Factum cuique suum, non adversario, nocere debet. l. 155.

130. In pœnalibus causis benignius interpretandum est. l. 155, § 2.

131. Cui damus actiones, eidem et exceptionem competere multò magis quis dixerit. l. 156, § 1.

132. Quùm quis in alii (alicujus) locum successerit, non est æquum ei nocere hoc, quod adversùs eum nocuit, cujus locum successit. l. 156, § 2.

133. Plerumque emptoris eadem causa esse debet circà petendum ac defendendum, quæ fuit auctoris. l. 156, § 3.

134. Quod cuique (pro eo) præstatur, invito non tribuitur. l. 156, § *ult.*

135. In contractibus successores ex dolo eorum (quibus) successerunt, non tantùm in id quod pervenit, verùm etiam in solidum tenentur : hoc est, unusquisque pro eâ parte, quâ heres est. l. 157, § 2. Vid. *sup.* 33, *et l.* 44.

136. Creditor, qui permittit rem venire, pignus demittit. l. 158.

137. Non ut ex pluribus causis deberi nobis idem potest, ità ex pluribus causis idem possit nostrum esse. l. 159.

138. Aliud est vendere, aliud vendenti consentire. l. 160.

139. Refertur ad universos, quod publicè fit, per majorem partem. l. 160, § 1.

140. Jure civili receptum est, quotiens per eum, cujus interest, conditionem non impleri, fiat quominùs

impleatur, perindè haberi, ac si conditio impleta fuisset. Quod ad libertatem, et legata, et ad heredum institutiones perducitur : quibus exemplis stipulationes quoque committuntur, quùm per promissorem factum esset, quominùs stipulator conditioni pareret. l. 161. Vide *suprà l. 39, l. 24, ff. de condit. et dem.*

141. Quæ propter necessitatem recepta sunt, non debent in argumentum trahi. l. 162.

142. Cujus est donandi, eidem et vendendi, et concedendi jus est. l. 163.

143. Pœnalia judicia semel accepta, in heredes transmitti possunt. l. 164. Vid. *sup. l.* 38 *et l.* 44.

144. Non videntur data quæ, eo tempore quo dantur, accipientis non fiunt. l. 167.

145. Qui jussu judicis aliquid facit, non videtur dolo malo facere, qui parere necesse habet. l. 167, § 1 Vid. *inf. l.* 169.

Non potest dolo carere, qui imperio magistratûs non paruit. l. 199.

146. Rapienda occasio est, quæ præbet benignius responsum. l. 168.

In re dubià benigniorem interpretationem sequi, non minùs justius est, quàm tutius. l. 192, § 1.

147. Quod factum est, quùm in obscuro sit, ex affectione cujusque capit interpretationem. l. 168, § 1.

148. Is damnum dat, qui jubet dare : ejus verò nulla culpa est, cui parere necesse sit. l. 169. Vide *suprà. l.* 167, § 1.

149. Quod pendet, non est pro eo, quasi sit. l. 169, § 1.

150. Factum à judice, quod ad officium ejus non pertinet, ratum non est. l. 170.

151. Nemo ideò obligatus, quia recepturus est ab alio quod præstiterit. l. 171.

152. In contrahendâ venditione ambiguum pactum contra venditorem interpretendum est. l. 172.

153. Ambigua intentio ità accipienda est, ut res salva actori sit. l. 172, § 1.

154. In condemnatione personarum, quæ in id, quod facere possunt, damnantur, non totum quod habent, extorquendum est; sed et ipsarum ratio habenda est, ne egeant. l. 173.

155. Quùm verbum, *restituas*, lege invenitur, etsi non specialiter de fructibus additum est, tamen etiam fructus sunt restituendi. l. 172, § 1.

156. Unicuique sua mora nocet. Quod et in duobus reis promittendi observatur. l. 173, § 2.

157. Dolo facit qui petit quod redditurus est. l. 173, § 3.

158. Quod quis, si velit, habere non potest, id repudiare non potest. l. 174, § 1.

159. Non debeo melioris conditionis esse, quàm auctor meus, à quo jus in me transit. l. 175, § 1. Vid. *sup. l.* 120.

Qui in jus dominiumve alterius succedit, jure ejus uti debet. l. 177.

160. Non est singulis concedendum, quod per magistratum publicè possit fieri, ne occasio sit majoris tumultûs faciendi. l. 176.

161. Nemo videtur dolo exequi, qui ignorat causam cur non debeat petere. l. 177, § 1.

162. Quod jussu alterius solvitur, pro eo est, quasi ipsi solutum esset. l. 180.

163. Si nemo subiit hereditatem, omnis vis testamenti solvitur. l. 181.

164. Etsi nihil facilè mutandum est ex solemnibus, tamen ubi æquitas evidens poscit, subveniendum est. l. 183.

165. Vani timoris justa excusatio non est. l. 184.

166. Impossibilium nulla obligatio. l. 185.

Quæ rerum naturâ prohibentur, nullâ lege confirmata sunt. l. 188, § 1.

167. Nihil peti potest antè id tempus quo per rerum naturam persolvi possit. Et quùm solvendi tempus obligationi additur, nisi eo præterit, peti non potest. l. 186.

168. Si quis prægnantem uxorem reliquit, non videtur sine liberis decessisse. l. 187.

169. Ubi pugnantia inter se in testamento juberentur, neutrum ratum est. l. 188.

170. Quod evincitur in bonis non est. l. 190.

171. Neratius consultus, an quod beneficium dare se, quasi viventi, Cæsar rescripserat, jam defuncto dedisse existimaretur, respondit : non videri sibi principem quod ei, quem vivere existimabat, concessisset, defuncto concessisse : quem tamen modum esse beneficii sui vellet, ipsius æstimationem esse. l. 191.

172. Ea, quæ in partes dividi non possunt, solida à singulis heredibus debentur. l. 192.

173. Qui per successionem, quamvis longissimam, defuncto heredes constiterunt, non minùs heredes intelliguntur, quàm qui principaliter heredes existunt. l. 194. Vid. *sup. de verb. sign. l.* 65.

174. Expressa nocent, non expressa non nocent. l. 195.

175. Privilegia quædam causæ sunt, quædam personæ : et ideò quædam ad heredem transmittuntur, quæ causæ sunt : quæ personæ sunt, ad heredem non transeunt. l. 196, l. 3, in fine, l. 4, § 3 de censibus.

176. Semper in conjunctionibus non solùm quid liceat considerandum est, sed et quid honestum sit. l. 197. Vid. *sup. l.* 144.

177. Neque in interdicto, neque in cæteris causis pupillo nocere oportet dolum tutoris : sive solvendo est, sive non est. l. 198. Vid. *l.* 4, § 24 *et* 25, *de doli exceptione.*

178. Quotiens nihil sine captione investigari potest, eligendum est quod minimum habeat iniquitatis. l. 200.

179. Omnia, quæ ex testamento proficiscuntur,, ità statum eventùs capiunt, si initium quoque sine vitio ceperint. l. 201.

Quæ ab initio fuit inutilis institutio, ex post facto convalescere non potest. l. 210.

180. Omnis definitio jure civili periculosa est. Parùm est enim, ut non subverti posset. l. 202.

181. Quod quis ex culpâ suâ damnum sentit, non intelligitur damnum sentire. l. 203.

182. Minùs est actionem habere, quàm rem. l. 204.

183. Plerumque fit, ut etiam ea, quæ nobis abire possint, proindè in eo statu sint, atque si non essent ejus conditionis, ut abire possint : et ideò quod fisco obligamus, et vindicare interdùm, et alienare, et servitutem in prædio imponere possumus. l. 205.

184. Jure naturæ æquum est, neminem cum alterius detrimento et injuriâ fieri locupletiorem. l. 206.

185. Res judicata pro veritate accipitur. l. 207.

186. Non potest videri desiisse habere, qui nunquam habuit. l. 208.

FINIS.

TABULA MATERIARUM
IN HOC VOLUMINE CONTENTARUM.

FINIS TABULAE.

TABLE ALPHABÉTIQUE

DES MATIÈRES

CONTENUES DANS CET OUVRAGE.

Nota. Les chiffres romains I, II, III, IV, etc. désignent les volumes ; les chiffres arabes 1, 2, 3, 4, etc. indiquent les pages.

Les matières contenues dans le LEGUM DELECTUS, qui est compris dans les 7e, 8e et 9e volumes, sont placées dans la table, à leur ordre alphabétique, avec l'indication L. D., et celle du volume et de la page.

A.

Abandon d'un héritage par un fermier, sans cause, donne lieu à des poursuites, II, 20. — *Idem*, pour un locataire, *ibid.* — Effets de l'abandon d'une succession par un mineur, IV, 422 et suiv.

Abandonnée (chose). A qui elle appartient, IV, 259. Les choses perdues, et celles qu'on jette à la mer dans un péril de naufrage, ne sont pas abandonnées, 276.

Abigeis (de). L. D. IX, 171.

Ab intestat (succession). Si les bâtards sont incapables de toute succession *ab intestat*, V, 78. Comment on peut considérer la capacité ou l'incapacité pour les successions *ab intestat*, 91 et 92. — Héritier testamentaire d'intelligence avec l'héritier *ab intestat*, 227. — Des trois ordres principaux des successions légitimes ou *ab intestat*, 278 et suiv. — Si l'héritier légitime, étant institué, peut renoncer au testament pour succéder *ab intestat*, VI, 116. — Si l'héritier *ab intestat* a la falcidie, 550. — S'il la perd pour avoir voulu renoncer au testament, 577.

Ab intestato (si quis omissâ causâ testamenti) vel alio modo possideat hereditatem. L. D. VIII, 208.

Abolitionibus criminum (de). L. D. IX, 193.

Absent. Les conventions peuvent se faire entre des absens, I, 240. — Responsabilité de celui qui s'ingère aux affaires d'un obsent, et en néglige une partie, III, 241. — Si l'absent meurt avant la fin de l'affaire, 242. — Intérêt des deniers reçus pour un absent, 243. — De la femme qui gère pour un absent, 244. — En quel sens la prescription ne court pas contre les absens, IV, 320.

Absentibus (de requirendis, vel damnandis). L. D. IX, 199.

Abstention de l'hérédité par les enfans donataires, VI, 34.

Abus de pouvoir par un tuteur : il en est responsable, III, 144.

Acceptation d'une convention : la convention s'accomplit par l'acceptation mutuelle des parties contractantes, I, 237.

Acceptation d'une donation. Il n'y a point de donation sans acceptation, II, 806. — Par qui doit être faite l'acceptation, lorsque

dre intérêt de ses avances, III, 186.

Avenir incertain. Si l'on peut faire une convention sur un avenir incertain, I, 284.

Aveu. L'aveu fait par une partie est-il une preuve? IV, 157

Aveugles. La question de savoir si un aveugle peut acheter, doit se décider par différentes circonstances, I, 377. — Un tuteur aveugle peut autoriser le mineur, III, 146. — De quelle manière les aveugles peuvent tester, VI, 18 et 34.

Avocats. L'avocat de la partie qui plaide ne peut entrer en part au procès, ni prendre des transports de droits litigieux, III, 51. — Les avocats ne peuvent être témoins dans les causes où ils ont usé de leur ministère, IV, 195.

Avortons. Quels enfans sont appelés de ce nom, I, 199.

Ayeul. Voy. *Aïeul.*

B.

Bail. Convention par laquelle on baille à louage une chose à jouir, ou un travail à faire, II, 6 et 7. — A qui on donne le nom de bailleur, 9. — Si la vilité du prix est considérée dans les baux, 13. — Les baux à ferme et les autres baux passent aux héritiers du bailleur et à ceux du preneur, 13. — Conditions requises pour la validité des baux, *ibid.* — Obligations du preneur lorsque le bail est fini, 21. — L'intérêt du prix du bail est dû si le prix n'est payé au terme, 27. — Le bail est rompu par force majeure, *ibid* — Si le preneur a payé d'avance le prix de son bail, est-il en droit de le répéter s'il survient quelque accident qui l'empêche de jouir? 28. — Engagemens du bailleur, 30. — Si le bail d'une maison est rompu par la vente de cette maison, 32. — Pour incommodité survenue, quoique sans le fait du bailleur, 33. — Effets d'un bail fait par un usufruitier, 35. — Nature des baux à ferme, 36 et suivantes. — Des baux emphytéotiques, 67 et suiv. — Si le fermier qui n'a qu'un bail d'une seule année à prix d'argent, ne recueillant rien par un cas fortuit, peut être déchargé du prix de sa ferme, 44. — Comment l'emphytéose est distinguée des baux à ferme, 69. — Si le prix d'un bail appartient à l'usufruitier comme les fruits, 342. — Privilége de celui qui a donné un héritage par bail em-

phytéotique, III, 451. — Privilége du bailleur sur les meubles du locataire pour les loyers et les suites du bail, 452. — Si la caution d'un bail l'est aussi pour la réconduction, IV, 67.

Banquiers, ou autres qui reçoivent de l'argent à condition de faire délivrer la même somme dans un certain temps et dans un autre lieu : leurs engagemens, III, 81.

Baptême (registres de). Voy. *Registres publics.*

Bâtardise. Sur quoi est fondé le droit de bâtardise ou droit sur les successions des bâtards, V, 38. — A qui appartiennent ces successions, *ibid.*

Bâtards. A quels enfans on donne ce nom, I, 198. — Ils peuvent tester, V, 36. — Si les bâtards sont incapables de toutes successions *ab intestat,* 79. — En faveur de qui les bâtards, qui ont des biens, peuvent en disposer, 135. — A qui appartiennent les biens des bâtards qui meurent sans enfans légitimes, 203. — Si les bâtards sont compris sous le nom d'enfant, 282 et 283. — Quel rang tiennent les ascendans des bâtards, 334. — Ils peuvent recevoir par testament, VI, 40.

Bâtimens (les) et leurs accessoires sont immeubles, I, 222. — Si les choses détachées d'un bâtiment entrent dans la vente, 240. — Différence entre les bâtimens et autres héritages, III, 268. — Droit du voisin de faire

Hypothèque du mineur sur les biens du tuteur, III, 77. — Si le créancier peut être nommé curateur aux biens abandonnés d'un débiteur, 222. — Si le bien dotal de la femme peut être prescrit pendant le mariage, IV, 322. — Trois manières de faire passer l'usage des biens d'une génération à l'autre, V, 3. — A qui appartiennent les biens de ceux qui n'ont point de parens, 37 et 204. — Les biens des condamnés à mort, des étrangers, des bâtards et de ceux qui n'ont aucun parent, 202 et suivantes. — Règles sur le partage des biens entre des cohéritiers, 247. Voy. *Partage*. — Comment se fait la licitation des biens qui ne peuvent être partagés, 255. — Trois sortes de biens qu'un défunt peut avoir, 260. — Comment des biens légués ou substitués peuvent entrer dans un partage, 261. — Si les biens qu'il faut restituer se partagent, 262. — Aussi bien que les choses dont l'usage est mauvais, *ibid*. — Règles sur la disposition des pères sur les biens de leurs enfans, 309 et suiv. Voyez *Pères*. — Deux sortes de biens que peuvent avoir les enfans ou autres descendans qui ont à partager entre eux la succession de leur père ou de leur mère ou autre ascendant, 394. — La légitime se règle sur la valeur des biens, VI, 346. — Les biens donnés sont sujets à la légitime, *ibid*. — Diverses sortes de biens que peuvent avoir les personnes qui convolent en secondes noces, 353 et 354. — Deux sortes de biens que le mari ou la femme peuvent avoir l'un de l'autre, 354. — Biens acquis au mari sur ceux de la femme et réciproquement, 354 et 355. — Biens venus des enfans ou au père, ou à la mère, 355. — Biens du père ou de la mère acquis par d'autres titres, *ibid*. — Droits des enfans sur les biens que leur père ou mère qui se remarie, avait acquis du prédécédé, 356 et suivantes. — Dispositions que peuvent faire de leurs biens propres, les personnes qui ont convolé en secondes noces, 361 et suiv. — Comment se fait le calcul des biens, 363. — La falcidie se prend sur les biens qui se trouvent au temps de la mort du testateur, 551. — L'estimation des biens se fait sur ce qu'ils valent dans ce même temps, 551 et 552. — Les pertes des biens tombent sur l'héritier pur et simple, 552. — Les estimations des biens doivent se faire avec tous les légataires, 554. — Précautions pour la falcidie à l'égard des biens incertains, 555. — Les biens découverts après le règlement de la falcidie, la diminuent, 557. — Dot prise sur les biens substitués, VII, 73. — Contre qui court la prescription d'un bien substitué, 101. — Différens modes de substitutions des biens. Voy. *Substitution*.

Bloc (vente en). S'il est permis de vendre en gros et en bloc, I, 337.

Bœuf qui frappe de la corne ; le maître est tenu du dommage qu'il cause, III, 302.

Bonis damnatorum (de). L. D. IX, 213.

Bonis (de) libertorum. L. D. VIII, 370.

Bonne foi. Sincérité et bonne foi dans les engagemens volontaires et mutuels, I, 32. — La bonne foi doit être entière dans les conventions, 265. — Acquéreur de bonne et mauvaise foi, III, 357. — Quand cesse la bonne foi du possesseur, IV, 139. — Si pour acquérir la prescription il faut avoir possédé de bonne foi, 299. Voy. *Prescription*. — Si la restitution faite à un mineur est indépendante de la bonne ou mauvaise foi de la partie, 416.

Bonnes mœurs. Conditions qui blessent les bonnes mœurs, VI, 206.

Bonorum (de cessione). L. D. IX, 44.

Bonorum possessionibus (de). L. D. VIII, 357, 358, 367, 368, 374 et 375.

Bonorum raptorum (vi) et de turbâ. L. D. IX, 162.

Bornes. Leur usage pour les héritages des campagnes, III, 268. — Différentes manières de régler les

C.

Caution et cautionnement. Le bénéfice des associés ne s'étend pas à leurs cautions, II, 211. — Le créancier qui transige avec la caution d'un débiteur, n'éprouve aucun préjudice à l'égard de son débiteur, III, 6. — Obligation que contracte celui qui se rend caution d'un tuteur, 179. — La caution ou le fidéjusseur est celui qui s'oblige pour un autre, et répond, en son nom, de la sûreté d'un engagement qu'il a contracté, IV, 31. —On peut donner caution pour toutes sortes d'engagemens, *ibid.* —On peut aussi donner caution de toute espèce d'obligations qu'on appelle simplement naturelles, 32. —Caution d'une dette à venir, 33. —La caution ne peut pas être obligée à plus que le débiteur, 34. — Il peut l'être à moins, *ibid.* —Caution à l'insu du débiteur, 35. — En délit il n'y a pas de caution, 35 et 36. —Engagemens honnêtes dont on ne peut prendre de caution, 36 et 37. —La caution n'est pas déchargée par la restitution du principal obligé, 38. —Le mineur indemnise sa caution, s'il n'est relevé, 39. —Le conseil et la recommandation ne sont pas un cautionnement, *ibid.* —Qualités d'une caution reçue en justice, 40. —Les engagemens des cautions passent à leurs héritiers, à la réserve des contraintes par corps, 41. —Quoique la caution soit insolvable, on ne peut en demander d'autre, *ibid.* — Les cautions des comptables ne répondent pas des peines pécuniaires, *ibid.* — Celui qui a donné pour caution une personne insolvable, est tenu de donner une nouvelle caution, 42. —*Quid*, si la caution solvable devient insolvable, *ibid.* —La remise au débiteur est censée faite à la caution, 43. — *Quid*, si après la remise le débiteur consent de payer, *ibid.* — La caution ne peut être poursuivie qu'après la discussion du débiteur, 44. —Exception à l'égard des cautions judiciaires, 45. — Autre exception dans le cas d'absence du débiteur sans biens apparens, 46. —La

discussion ne s'étend pas aux biens aliénés par le débiteur, 46 et 47. — La caution ne peut obliger le créancier de faire des diligences contre le débiteur, 47. — Comment plusieurs cautions se trouvent obligées, 48. — Si l'obligation de l'une des cautions se trouve annulée, les autres en répondent, 49. — Quelles sont les exceptions du débiteur qui sont communes à la caution, 49 et 50. — L'engagement de la caution fait l'obligation, 51. —Le débiteur doit indemniser la caution, 52. —Indemnités dues pour les suites du cautionnement, 52 et 53 — Cas où la caution peut agir avant le terme contre la caution, 53 et 54. —Si la caution paie avant le terme, 54. —Elle peut payer sans demande après le terme, 55. —Si elle paie imprudemment ce qui n'était pas dû, *ibid.* —Si elle paie, ignorant les exceptions du débiteur, 55 et 56. —Si elle paie quoiqu'elle ait de son chef quelque exception, 56. —Si elle manque de se défendre ou d'appeler de la condamnation, 57. —Si la caution n'avertit pas le débiteur qu'elle a payé pour lui, 58. —Obligations de la caution d'un prêt à usage ou d'un dépôt, *ibid.* —Droits du créancier qui remet la dette à la caution, 59. —Comment une des cautions, acquittant la dette, peut agir contre les autres, 59 et 60. — Les cautions répondent l'une pour l'autre, 61. — Il ne peut y avoir de caution d'une obligation illicite, 62. — L'exception personnelle du débiteur ne décharge pas la caution, 63. —Effet du dol du créancier à l'égard de la caution, 64. —Circonstances qui peuvent rendre l'obligation de la caution nulle ou valide, 64 et 65. — La caution est déchargée si l'obligation ne subsiste plus, 66. —Ou si elle est innovée, 67. —La caution d'un bail ne l'est pas pour la réconduction, 67 et 68. — La caution cesse d'exister si le débiteur succède au créancier, ou le créancier au débiteur, 68. — Si le créancier ou le débiteur succède à la caution, ou la caution à l'un et à l'autre, 69. — La demande contre l'une des cautions ne décharge pas les autres, *ibid.* — Obligation que contracte la caution de la délivrance d'une chose qui périt, 70. — Les cautions peuvent acquitter ce qu'elles sont obligées de payer pour d'autres, 351. — Elles ne sont point déchargées par la cession de biens, 396. — La restitution qui anéantit l'obligation du mineur, anéantit aussi celle de sa caution, 434. — La restitution accordée au vendeur, n'empêche pas l'acquéreur d'agir contre la caution, 455, 456. — Les cautions sont dégagées par le paiement, IV, 338. — Si le créancier succède à celui qui s'était rendu caution de son débiteur, ou la caution au créancier, l'obligation de la caution est anéantie ; mais le débiteur reste toujours obligé, 346 — Les cautions peuvent payer pour le débiteur qui demeure alors obligé en vers elles, 351. — L'héritier chargé d'un fidéicommis est tenu de donner caution, VII, 77.

Cautionibus (si quis) in judicio sistendi causâ factis non obtemperaverit. L. D. VII, 178.

Cens. Son privilége, III, 451.

Censibus (de). L. D. IX, 254.

Certum (de rebus creditis si) petitur L. D. VII, 345.

Cession de biens (la) est l'abandonnement fait par un débiteur, de tous ses biens à ses créanciers, IV, 389 et suiv. — Elle n'acquitte pas le débiteur, 394. — Elle comprend les droits acquis au débiteur, *ibid.* — Des biens acquis au débiteur après la cession, *ibid.* — Serment du débiteur en faisant la cession de biens, 395. — La cession ne dépouille pas d'abord le débiteur, 396. — Elle n'est reçue qu'en avouant la dette, *ibid.* — La cession ne décharge pas les cautions, 397. — La cession faite à quelques créanciers, a lieu à l'égard de tous, *ibid.*

Cession d'une créance (la) donne au cédant le droit d'agir contre tous ceux qui sont obligés à la dette, I, 342.

Cessique bonorum (de). L. D. IX, 44.

Charges. Engagement du mari aux charges de la dot, II, 273. — Les charges ajoutées à une donation ne peuvent avoir lieu de la part du donateur, 312. — Charges que l'usufruitier est tenu d'acquitter, 369. — Partage des charges de l'hérédité entre les cohéritiers, V, 24 et suiv. — Les charges de l'hérédité sont de trois sortes, 48, 61 et 148. — Définition des charges imposées dans les testamens, 189. — La légitime ne peut être sujette à aucunes charges, VI, 348. — L'héritier doit acquitter les charges des fonds légués jusqu'à la délivrance, 518.

Charges publiques (il n'y a point de compensation contre les redevances pour), IV, 372. — Les étrangers sont exclus des charges publiques, V, 39.

Chasse (le droit de) ne doit pas être mis au nombre des fruits d'un héritage, IV, 13. — Manière d'acquérir par la chasse, 258.

Chemins publics. L'héritage voisin d'un grand chemin qui est emporté par cas fortuit, doit le chemin, I, 430. — Les héritages séparés par un grand chemin ne se confinent pas l'un l'autre, III, 252.

Cheval. Celui qui possède un cheval qui mord ou qui rue, doit en avertir, ou le faire garder, III, 302.

Cheval. Si un cheval légué était échappé avant la mort du testateur, l'héritier n'est pas tenu de le faire chercher, VI, 514.

Chien. Dommage causé par un chien qui a coutume de mordre, III, 303.

Chirographaires (créanciers). Voy. *Créanciers, Gages* et *Hypothèques.*

Chose jugée. Les transactions ont force de chose jugée, III, 6.

Choses. Comment les lois regardent les choses, I, 217. — Fondemens des distinctions des choses, *ibid.* — Choses communes à tous, 219. — Choses publiques, 220. — Choses des villes ou autres lieux, 221. — Distinction des choses immobilières et mobilières, 222 et suiv. — Distinction des choses par les lois civi-

avec les principales, i, 3o2.—Autorité de la justice pour résoudre les
conventions et pour ce qu'il y a à
exécuter, 3o3. — Les conventions
sont résolues par le paiement, la
compensation, la confusion et la novation, 3o3 et 3o4. — Si la convention qui règle sur qui la perte doit
tomber, doit être observée, 368. —
On appelle *vices de conventions* ce
qui blesse leur nature et leurs carac-
tères essentiels : quels sont ces vices,
iii, 86. — Différences entre le plus
ou le moins pour l'effet des vices des
conventions, 87. — On distingue
quatre espèces principales de vices
des conventions. Première : L'ignorance ou erreur de fait ou de droit,
91 et suiv. — Deuxième : La force,
101 et suiv. — Troisième : Le dol et
le stellionat, 113 et suiv. — Qua-
trième : Les conventions illicites et
malhonnêtes, 118 et suiv. — Deux
sortes de conventions illicites, 118
et 119. — Comment une convention
est contraire aux lois, 119 — Conventions punissables, 120. — Effets
des conventions illicites, *ibid.* —
Quand on peut répéter ou non ce
qui est injustement donné, *ibid.*

Engagemens qui se forment sans
convention, 122 et suiv.

Conventionnel (héritier). Question
sur ses droits et obligations, v, 33 et
34.

Conventionnel (retour) entre ascendans et descendans, ou autres;
comment il se règle, v, 355.

Cooblizés. La condition des coobligés solidairement peut être diffé-
rente, iv, 21. — Les cooligés solidairement peuvent payer pour le
débiteur, les uns pour les autres : le
débiteur reste alors obligé envers
ceux qui ont payé, v, 351.—Le legs
de ce que doit un de deux coobligés solidairement, n'acquitte que lui,
vi, 434.

Copartageans (garantie entre).
Elle a lieu pour le partage des choses
qui étaient communes, iii, 265.

Copies d'actes. Cas où elles peuvent servir au défaut des originaux,
iv, 173.

Cornelia (de lege) de falsis. L.
D. ix, 190.

Corneliam (ad legem) de sicariis
et veneficiis. L. D. ix, 187.

Corporibus (de) et collegiis. L.
D. ix, 175.

Corrupto (de servo). L. D. vii,
339.

Cours d'eau. Voy. *Eau* et *Fluminibus* (de).

Courtiers. Leurs fonctions, iii, 82
et suiv.

Cousins (tous les collatéraux sont
compris sous le nom de). Leur distinction selon leurs rangs dans les
ordres de collatéraux, v, 372.

Coutumes (les) considérées comme
autant de lois arbitraires qui, sur les
mêmes matières, sont différentes en
divers lieux, i, 81 et 82. — Dans
l'origine les coutumes n'ont point été
écrites ; elles se sont établies par le
consentement des peuples, par une
espèce de convention de les observer
et par l'usage, 110. — Elles ont
force de lois, et elles servent de règles pour l'interprétation des autres
lois, 115 et 116. — Le non usage les
abolit, *ibid.* — Quand les coutumes
voisines et celles des principales villes
servent de règle aux autres lieux, 182.
— Origine des diverses jurispruden-
ces des coutumes sur les testamens,
v, 14. — Droit de retour borné par
quelques coutumes, 365.

Créances et créanciers. Privilége
des créanciers. Voy. *Priviléges.*—Le
cessionnaire d'une créance peut agir
contre tous les obligés, i, 342. —
Droits des créanciers sur les biens
de leurs débiteurs, 430. — A qui se
donne le nom de créancier, ii, 124.
—Si le créancier peut stipuler moins
qu'il n'a prêté, 127. — On peut
donner une créance, et il n'est pas
nécessaire pour la validité de la donation que le débiteur y consente,
310. — Les créanciers ne peuvent
poursuivre les fidéjusseurs ou cautions
qu'après la discussion des biens du débiteur, iii, 44. Voy. *Caution.*—Obligations du tuteur créancier qui com-
pose avec les autres créanciers, 162.—
Le créancier peut être nommé cura-

D.

débiteur qui, de l'argent d'un autre, paie pour soi-même au créancier commun, IV, 354. — Le débiteur de plusieurs dettes acquitte celle qu'il veut, 359. — Les paiemens s'imputent au choix du débiteur et en sa faveur, *ibid.* — La compensation est l'acquittement réciproque entre débiteurs, 367. — Entre quels débiteurs peut se faire la compensation, 370 et suiv. — Effets de la novation qui s'opère entre le créancier et le débiteur, 377 et suiv. — Effets de la cession de biens par un débiteur, 393 et suiv. Voyez *Cession de biens.* — Un créancier peut léguer à son débiteur tout ou partie de ce qui lui est dû, VI, 432. — Le legs d'une surséance à un débiteur le décharge des intérêts, 435.

Débordemens. A qui appartient ce qui est laissé dans un héritage par un débordement, III, 331.

Décès (registre des). Voyez *Registres.*

Décharge de la caution. Si elle est opérée par la cession de biens, IV, 396.

Décharge des eaux d'un toit (le droit de la) est une servitude, II, 406.

Déconfiture (la) est l'état où se trouve un débiteur lorsque ses biens ne suffisent pas à ses créanciers pour les payer tous, IV, 398. — En cas de déconfiture, le créancier saisi d'un gage est préféré, 399. — Et aussi le vendeur sur la chose vendue, *ibid.* — Mode d'acquittement des dettes conventionnelles, 400.

Decretis (de) ab ordine faciendis. L. D. IX, 249.

Décrets (les) ne font pas cesser les servitudes, II, 436.

Décri d'espèces. Un paiement, fait la veille d'un décri d'espèces, est nul, IV, 350.

Decurionibus (de) et filiis eorum. L. D. IX, 234.

Dédommagemens dont est tenu un héritier, V, 158.

Défauts d'une chose vendue. Si l'acheteur peut se plaindre de ceux qui sont évidens ou présumés, I, 409 et suiv.

Défenses tacites faites par les lois, I, 185.

Defensoribus (de). L. D. VII, 202.

Degrés des collatéraux. Comment se règle leur proximité, V, 320.

Degrés de parenté. Manière de les compter, V, 322.

Dejecerint (de his qui). L. D. VII, 323.

Délai. Quand est censé expiré le délai pour payer ou pour faire toute autre chose, I, 260. — Délais arbitraires pour l'exécution des conventions, 268.

Délégation (la) est le changement d'un débiteur au lieu d'un autre, IV, 384. — La délégation demande le consentement de toutes les parties, *ibid.* — Différence entre le transport et la délégation, *ibid.* — Le transport d'une dette, ni l'obligation d'un tiers pour le débiteur ne font pas de délégation, 385. — Délégation du créancier, ou autre par son ordre, 386. — Délégation, sous la forme de novation, *ibid.* — Le délégué ne peut faire revivre la première obligation, 387. — Le délégué ne peut se servir des moyens qu'il avait contre le déléguant, 387 et 388.

Delegationibus (de) et novationibus. L. D. IX, 128.

Deliberandi (de jure). L. D. VIII, 188.

Délibération en matière de succession. Cas où elle a lieu de la part d'un héritier, et ses effets, V, 213 et suiv. — Les enfans délibérans sur l'addition d'hérédité, ont droit à une provision, 309.

Delictis (de privatis). L. D. IX, 152.

Délits et crimes (Il n'est point admis de caution en matière de), IV, 35. Voyez *Crimes.*

Délivrance des objets vendus (la) est le premier engagement du vendeur, I, 311. — Le second est la garde de la chose vendue jusqu'à la délivrance, *ibid.* — Mode de délivrance des meubles et immeubles, et des choses incorporelles, 313 et suiv. — Effets de la délivrance, 316 et suiv. — Temps et lieu de la délivrance, 1, 321. — Peines du retardement dans la délivrance, 321 et 322. — Obligations respectives du vendeur et de l'acheteur relativement à la délivrance, 324 et suiv. Voyez *Contrat de vente.* — La délivrance d'un prêt est nécessaire pour former l'engagement, 11, 126. — Possession qui ne se prend que par la délivrance, IV, 268. — En quoi consiste la délivrance qui donne la possession 269. — Délivrance et prise de possession des meubles, des immeubles et des choses qui consistent en droits, 269 et suiv. — En matière de délivrance de choses léguées, le légataire doit avoir la délivrance du legs, et ne peut le prendre de voie de fait, VI, 512. — La délivrance doit être faite au lieu où est la chose léguée au temps de la mort du testateur, 514. — L'héritier doit acquitter les charges des fonds légués jusqu'à la délivrance, 518. — Il souffre la perte arrivée par le retardement de la délivrance, *ibid.* — Il doit garantir la délivrance d'une chose léguée indéfiniment, 519. — Il ne garantit pas la délivrance d'une chose désignée en particulier, 520.

Demandes. Celui qui s'est désisté d'une demande ne peut plus former la même demande, 1, 269. — Mode de demande dans l'instance de partage entre cohéritiers, V, 257. — En quel temps commence la prescription des demandes pour dettes, IV, 318. — La demande en justice interrompt la prescription, 329.

Demandes en garantie. Voy. *Garantie.*

Démence. Les personnes qui sont attaquées de démence ne perdent pas l'état que leur donnent leurs diverses qualités, 1, 203. — La démence d'un majeur doit être prouvée pour lui donner un curateur, III, 215. — Un fils peut être curateur de son père ou de sa mère en démence, 216. — Le père est naturellement curateur de son fils tombé en démence, *ibid.* — Un mari ne peut être curateur de sa femme en démence, *ibid.* — Dans les démences par intervalles, le cu-

rateur n'exerce ses fonctions que pendant la démence, III, 217.

Deniers dotaux. Le fonds que le mari acquiert des deniers dotaux, n'est pas dotal, mais propre au mari, II, 253.

Deniers d'un mineur. Leur emploi lorsqu'ils proviennent d'une vente de dettes actives, III, 161. — Le tuteur est responsable des intérêts s'il ne les a pas employés, 163 et 164.

Denrées. Leur vente est forcée dans les cas de nécessités publiques, 1, 428. — Obligations du débiteur dans le cas de changement de la valeur des denrées dont il est tenu, II, 128.

Dépens (les) sont considérés comme une sorte de dommages et intérêts, IV, 96.

Dépenses. Celles qui peuvent être prises sur le fonds de la société, II, 195. — Quelles sont les dépenses dont un mari est chargé, et celles dont il doit être remboursé, 278 et suiv. — Remboursement des dépenses faites par un procureur constitué, III, 41. — Quelles dépenses les tuteurs peuvent employer dans leurs comptes, 176. — Comment se règlent les dépenses du mineur, 184 et suiv. — Les dépenses faites pour la conservation d'un gage doivent être remboursées par le débiteur, 432. — On distingue trois sortes de dépenses qu'un héritier peut avoir faites dans les biens de l'hérédité, V, 218, 265 et suiv. — Remboursement des dépenses faites pour des biens sujets à rapport, 390. — Du rapport des dépenses faites pour éducation, 396. — Si un héritier doit être remboursé de ses dépenses pour la garde d'un fidéicommis, VI, 517. — Dépenses faites par un fermier. Voy. *Fermier.* — Par un preneur. Voy. *Preneur.*

Deportatis (de). L. D. IX, 214.

Dépositaires. Voyez *Dépôts.*

Déposition de témoin. Si on a droit de l'exiger, IV, 191.

Dépôts et Dépositaires. En quel cas un dépositaire est tenu de l'argent déposé pour prêter, II, 129. — Usage du dépôt, 139. — Consé-

quitter d'un engagement, peut donner occasion à des dommages, III, 318. — Dommage causé par une suite imprévue d'un fait innocent, 319. — Si l'ignorance de ce qu'on doit savoir est du nombre des dommages causés par des fautes, 321. — Dommage causé pour éviter un péril, 322. — Dommage qu'on pouvait empêcher, 324. — Dommage arrivé par un cas fortuit précédé de quelque fait qui y donne lieu, *ibid.* — Dommage causé par un cas fortuit précédé d'une faute, 327. — Sur qui tombe le dommage arrivé au vaisseau, 347.

Dommages et intérêts. Leurs diverses espèces et leurs causes, IV, 70. — Différence entre les intérêts et les dommages et intérêts, 72. — Pourquoi les intérêts sont fixés, et les dommages et intérêts indépendans, 73 et suiv. — La qualité des faits et des personnes devient la règle de la fixation des dommages et intérêts, 82 et suiv. — Cette fixation est dans les attributions des juges et des experts, 91 et suiv. — On appelle dommages et intérêts le désintéressement, ou dédommagement que doivent ceux qui sont tenus de quelque dommage, 115. — Deux sortes de questions dans les matières des dommages et intérêts. La première, s'il en est dû, *ibid.* — La seconde, en quoi ils consistent, 116 et suiv. — La troisième question est relative à leur estimation, 119. — Deux sortes de dommages qu'il faut distinguer, 120. — Dommages et intérêts pour une perte qu'on souffre, ou parce qu'on manque de faire un profit, 121. — Différence dans les dommages et intérêts selon la bonne ou la mauvaise foi de celui qui les doit, 122. — On doit avoir égard à la qualité du fait qui a causé le dommage, 126. — Il peut être dû des dommages et intérêts, sans qu'aucune faute y ait donné lieu, *ibid.* — Suites qui paraissent éloignées, et qui peuvent entrer dans les dommages et intérêts, 127. — Dommages et intérêts pour des pertes qui dépendent de l'avenir, IV, 128. — Prudence que doit avoir le juge dans l'estimation des dommages et intérêts, 129 et 135. — Dommages et intérêts entre les mauvais plaideurs, 131. — Stipulation d'une somme pour tous dommages et intérêts, 132. — Tous dommages et intérêts s'estiment en argent, 133. — Pertes dont celui qui les cause ne doit pas répondre, 134. — L'acheteur peut demander des dommages et intérêts pour le retardement de la délivrance, I, 321. — En quoi consistent ces dommages et intérêts, *ibid.* — S'ils sont dus, soit que la vente subsiste ou non, 324. — Dommages et intérêts en cas d'éviction, 388. — Ceux réclamés par l'acheteur, 407. — Dommages et intérêts dus par l'héritier qui retarde le partage, V, 268. — Contre un légataire, faute de recevoir son legs, VI, 515.

Donationibus (de). L. D. VIII, 398.

Donationibus (de) inter virum et uxorem. L. D. VIII, 82.

Donationibus (de) mortis causâ. L. D. VIII, 408.

Donation en général. Les donations ont leur cause, I, 235. — Donation sous l'apparence d'une société, II, 187. — Les donations possédées paisiblement pendant le temps réglé par la loi, peuvent se prescrire, IV, 305. — La donation d'une hérédité peut être faite par l'héritier, V, 141. — Le donataire universel tient lieu d'héritier, 205. — Retour aux ascendans des choses données par eux, 349. — Droit de retour exercé par les créanciers d'un donataire grevé de dettes passives, 360. — Rapport des donations en faveur de mariage, 397. — Toutes autres donations se rapportent, 400. — Les choses perdues, sans la faute du donataire, ne se rapportent point, 404. — Les donations inofficieuses sont diminuées pour les légitimes, VI, 327 et 328. — Les biens donnés sont sujets à la légitime, 46. — Les enfans donataires peuvent s'abstenir de l'hérédité, mais leurs do-

sidéré, II, 1 et 2. — Différence entre le droit romain et le droit français pour la tutelle, III, 125. — Jurisprudence du droit romain sur les testamens, VI, 17. — Trois sortes de donations dans le droit romain, 363.

Droits acquis aux personnes par l'effet des lois, I, 185. — Comment on peut renoncer aux droits acquis, I, 187. — Droits qui passent à ceux de la famille, quoiqu'ils ne soient pas héritiers, V, 309.

Droits litigieux (les) ne peuvent être achetés par les procureurs constitués, et par les avocats des parties, III, 51.

Dubiis (de rebus). L. D. VIII, 291.

Duplæ (de stipulatione). L. D. VIII, 33.

E.

Eau. Le droit de la décharge des eaux d'un toit est une servitude, II, 406. — Ainsi que celui de prise d'eau, 412. — L'eau appartient à celui dans le fonds duquel se trouve la source, 413. — L'eau d'un ruisseau appartient à ceux qui en ont toujours joui, quand il n'y a pas de titre contraire, *ibid.* — Le droit de prendre de l'eau peut être accordé à différentes personnes, 414. — Droit de chercher de l'eau dans un fonds pour la conduire dans un autre, *ibid.* — Causes du droit de prendre de l'eau, *ibid.* — On ne peut changer l'ancien cours des eaux, III, 315. Voy. *Fluminibus* (de) et *Rivières.*

Ecclésiastiques. En quoi leur état les distingue des laïques, I, 215. — Si les ecclésiastiques peuvent être nommés tuteurs et curateurs, III, 208.

Echalas. Si l'usufruitier peut tirer des arbres d'un bois de quoi faire des échalas pour des vignes, II, 346.

Echange. Premier commerce de la propriété des choses, II, 1. — Comment était considéré dans le droit romain, *ibid.* — On peut appliquer à l'échange toutes les règles des ventes, 3 et 5. — Ce que c'est que l'échange, 4 — Si dans le contrat d'échange on peut faire distinction d'un vendeur et d'un acheteur, *ibid.* — Si l'éviction a lieu dans l'échange, 5. — Echange considéré comme un partage, V, 230.

Ecole. Si les maîtres d'école sont tenus du fait de leurs écoliers, III, 295.

Ecrit (droit). Voy. *Droit écrit.*

Ecrit (preuves par). En quoi consiste leur force, IV, 164.

Ecriture. Nécessité de son usage pour la conservation des actes de toute nature, IV, 165.

Edendo (de). L. D. VII, 181.

Edicto (de ædilio). L. D. VIII, 28.

Edicto (de Carboniano). L. D. VIII, 365.

Edicto (de successorio). L. D. VIII, 373.

Edit des mères, donné par Charles IX, en 1567, pour empêcher les mères qui héritent de leurs enfans, de transmettre les biens paternels dans une autre famille, V, 325.

Education des mineurs (dépenses pour l'), III, 153 et 155.—Volonté du père sur cette éducation, 154. — A qui elle appartient, 155 et 177. — Les dépenses de l'éducation ne se rapportent point, V, 396.

Effets d'une succession. Peine encourue par l'héritier qui les a divertis, V, 215.

Effets mobiliers (usufruit des). En quoi il consiste, II, 358.

Effractoribus (de). L. D. IX, 173.

Effuderint (de his qui). L. D. VII, 323.

Eglises (immeubles des). S'ils peuvent être vendus, I, 374.

Egout. Sa décharge dans le fonds

F.

condition, est sujet à la falcidie, VI, 565.—Le legs d'une dette dont le débiteur est insolvable, n'est pas compté pour régler la falcidie, 566. — Trois sortes de cas pour la falcidie, 567. — La falcidie est due d'un legs d'usufruit : comment elle se règle, *ibid.* —L'héritier pur et simple n'a point de falcidie, 575. — L'héritier bénéficiaire qui fraude, la perd sur le fonds qu'il a voulu divertir, *ibid.* — Et aussi sur le legs qu'il a voulu supprimer, 576. — L'héritier *ab intestat* ne perd pas la falcidie pour avoir voulu renoncer au testament, 577. —Entre plusieurs héritiers, différemment chargés de legs, chacun a la falcidie sur sa portion, *ibid.* — Les légataires chargés de legs sur les leurs, n'ont pas la falcidie, 578.—Un testateur peut prohiber la falcidie, 580. — Le legs d'un fonds avec prohibition d'aliéner, n'est pas sujet à la falcidie, 581, — Le testateur, débiteur de son héritier, peut lui défendre de compter sa dette pour la falcidie, 582.—La falcidie n'a pas lieu pour les testamens militaires, *ibid.* — Le légataire d'un fonds chargé d'une pension sur les fruits de ce fonds, ne retient pas la falcidie, quoiqu'il la souffre, 583. — Ce qui augmente l'hérédité diminue la falcidie, 585. — Tout ce qui revient à l'héritier en cette qualité, diminue également la falcidie, *ibid.* — Ce qui est légué à un des héritiers à prendre sur l'autre, ne diminue pas la falcidie, 589. — Falcidie entre cohéritiers légataires, *ibid.*—Un héritier pour diverses portions doit les confondre pour la falcidie des legs de toutes, 590. — Si le légataire d'un legs conditionnel succède à l'héritier, le legs ayant lieu ne diminuera pas la falcidie des legs ordonnés par cet héritier, 591. — La charge imposée à un héritier le regarde seul pour la falcidie, *ibid.* — Le legs dont la délivrance ou le paiement sont différés, est moins estimé pour la falcidie, 592. — L'héritier qui a payé, ou promis de payer le legs entier,

n'a pas de falcidie, VI, 592. — Si ce n'est qu'il eût payé ou promis par une erreur de fait et non de droit, 593. — La falcidie ne se perd pas par le simple effet du temps, *ibid.* —La falcidie de plusieurs legs à un seul légataire peut se retenir sur le dernier payé, 594.—L'héritier qui, sous prétexte de la falcidie, diffère d'acquitter les legs, en devra les intérêts, si elle n'est pas due, *ibid.*

Falsis (de) de lege Corneliâ. L. D. IX, 190.

Familiæ erciscundæ. L. D. VII, 328.

Famille (quels sont les fils et filles de), I, 209. — Quelles personnes sont appelées pères ou mères de famille, *ibid.*

Faux. Si le faux exclut de la plainte d'inofficiosité, VI, 324. Voy. *Inscription de faux*.

Femmes (les) sont incapables de plusieurs sortes d'engagemens et fonctions, I, 194. —Distinction des biens des femmes en biens dotaux et biens paraphernaux, II, 232 et 285. —La femme peut disposer de ses biens paraphernaux indépendamment de son mari, II, 287. — Comment elle peut jouir de ces biens, 288. — Ce que la femme peut avoir sans titre apparent, est au mari, 290. — La femme séparée de biens ne peut aliéner, 293. — En vertu de la séparation elle peut saisir et faire vendre les biens de son mari, 293 et 294. — Les femmes ne peuvent être arbitres, III, 28. — Elles peuvent être préposées à un commerce, 71. — Elles ne peuvent être tutrices que de leurs enfans, 197. — Elles peuvent gérer pour un absent, 244. — Comment la femme succède à son mari, V, 384.—Les femmes ne peuvent être témoins dans un testament, VI, 50.

Feriis (de) et de dilationibus. L. D. VII, 180.

Ferme. Le bail à ferme passe aux héritiers du bailleur et à ceux du preneur, II, 13. — Différence entre la ferme et le louage, 38.

Fermier. Ses engagemens envers

G.

H.

révoquer le paiement du fidéicommis nul, lorsqu'il l'a acquitté, VII, 89. — Si l'héritier qui restitue volontairement toute l'hérédité, ne peut demander la trébellianique, 127. — Peine de l'héritier chargé de rendre l'hérédité, et qui n'en a pas fait inventaire, 130. Voy. les mots, *Accroissement, Bail, Codicille, Condamnés, Conditions, Dépenses, Dépôt, Dommages, Donataire, Falcidie, Fidéicommis, Hypothèques, Legs et Légataire, Frais funéraires, Partage, Personnes, Possesseur, Prescription, Prêt, Procureur, Religieux, Rescision, Séparation, Société, Substitution, Testament, Trébellianique* et *Tuteurs.*

Hermaphrodites. Leur état dans la la société, 1, 202.

Hominum (de statu). L. D. VII, 154.

Hommes. Idée des Romains touchant l'origine de la société des hommes, 1, 2. — Pourquoi l'homme ignore les principes de la société, 3. — Quelle est la nature de l'homme et sa religion, 8. — Ce qu'il faut faire pour découvrir les premiers fondemens des lois de l'homme, *ibid.* — Pourquoi l'homme a été fait, 9. — Par quel motif les hommes sont obligés de s'unir et de s'aimer, *ibid.* — Quel est l'état de l'homme en cette vie, *ibid.* — L'homme est naturellement destiné au travail, 13. — Et à la société par deux espèces d'engagemens, 14. — Devoirs des hommes entre eux, 15. — Quelles choses rendent les hommes nécessaires les uns aux autres, *ibid.* — Pourquoi Dieu a mis les hommes en société, 23. — De quelles voies Dieu se sert pour mettre chacun dans l'ordre des engagemens où il est destiné, 24.

Hommes d'affaires. Voy. *Affaires.*

Honoraires (tuteurs). Voy. *Tuteurs.*

Honoribus (de) et muneribus. L. D. IX, 237.

Hôteliers. Leurs engagemens, III, 62 — Comment l'hôtelier est chargé des choses par le fait de ses domestiques, 63. — Quels doivent être ses soins, 64. — Il répond des larcins, *ibid.* — Il répond du fait de ses domestiques, 65. — Voy. *Dépôt.*

Hypotheca (in quibus causis) tacité contrahitur. L. D. VIII, 10.

Hypotheca (quibus modis) solvitur. L. D. VIII, 24.

Hypotheca (qui potiores in) habeantur. L. D. VIII, 14.

Hypothecæ (quæ res) datæ, obligari non possunt. L. D. VIII, 12.

Hypothecarum (de distractione). L. D. VIII, 23.

Hypothecis (de) et qualiter ea contrahantur et de pactis eorum. L. D. VIII, 1.

Hypothèques. Leur origine, III, 369. — Nature et usage de l'hypothèque, 370. — Quelles choses en sont susceptibles ou non, 371. — Ce que signifie le mot hypothèque, 374. — Pourquoi l'hypothèque a été établie, 375. — Pour quelle chose on peut hypothéquer ses biens, 376. — S'il y a hypothèque pour un prêt à venir, 377. — Sur les biens à venir, 378. — Comment l'hypothèque s'étend à tous les biens, ou se borne à de certains biens, 379. — Accessoires de l'hypothèque, 380. — L'hypothèque sur le fonds peut s'étendre sur le bâtiment élevé sur le fonds hypothéqué, 382. — Fonds hypothéqué en même temps à deux créanciers, 385. — Préférence du possesseur en parité d'hypothèque, *ibid.* — Hypothèque sur la portion indivise de l'un des héritiers, 386. — Hypothèque du créancier sur toutes les portions des héritiers du débiteur, 389. — Hypothèque pour tous les héritiers du créancier sur tout ce qui est hypothéqué, 390. — L'hypothèque fait une affectation indivise, *ibid.* — Quelles choses peuvent être hypothéquées ou non, 391. — Hypothèque sur le fonds d'autrui, *ibid.* — Stellionat dans l'hypothèque, 392. — Comment le tuteur, le procureur et autres, peuvent hypothéquer, 393. — Hypothèque sur les choses incorporelles, 394. — Quelles choses ne sont point sujettes à hypothèque, 395. — Qui peut hypothéquer, 401. — Les créanciers hypothécaires préférés aux créanciers chirographaires, *ibid.* — Préférence entre plusieurs créanciers hypothécaires, III, 401.—Si on peut hypothéquer ses biens pour les dettes des autres, *ibid.* — En quel cas l'hypothèque a son effet, lorsque le débiteur engage ce qui est à un autre, 402. — Comment s'éteint l'hypothèque, *ibid,* et 479. — Distinction des hypothèques en hypothèque générale, spéciale, simple ou privilégiée, 409 et 410. — Trois manières dont on acquiert l'hypothèque, 411. — Ce que c'est que l'hypothèque expresse ou tacite, 412.—L'hypothèque conventionnelle ou légale, 413. — Quels sont les effets de l'hypothèque, 415 et 416.—S'ils ont lieu, soit que l'hypothèque soit générale ou spéciale, 417. — Si le créancier a le choix d'exercer son hypothèque sur celle qu'il voudra de plusieurs choses hypothéquées par une seule dette, 427. — Quel est l'effet de l'hypothèque avant le terme du paiement, 429. — Si on peut exercer une hypothèque sur une dette conditionnelle, *ibid.* —Quel est l'effet de l'hypothèque d'un second créancier sur la chose déjà engagée à un autre, 431. — La perte de l'hypothèque ne diminue pas la dette, III, 434.—Hypothèque acquise au roi sur tous les biens des officiers comptables, 454 — D'où dépend l'effet de l'hypothèque, 455. — Entre hypothèques, celle du roi ne va que dans son ordre, 457. — L'hypothèque revit, si le paiement fait ne subsiste point, 481. — L'hypothèque s'éteint si le fonds hypothéqué cesse d'être en commerce ou s'il vient à périr, 482. — La prescription de la dette éteint l'hypothèque, 483. — L'hypothèque assignée sur un fonds qui vient à se perdre, ne subsiste plus, *ibid.*—Quel est l'effet de la redhibition de la chose hypothéquée, 484.—Le créancier qui consent à l'aliénation de son gage, perd son hypothèque s'il ne la réserve, *ibid.* — S'il consent que son gage soit obligé à un autre, 485.—Cette hypothèque revit si l'aliénation n'a pas son effet, *ibid.* Voy. les mots *Accessoire, Acquêts, Créanciers, Curateur, Débiteur, Dettes, Dot, Gage, Mineurs, Novation, Paiement, Prescription, Prêt, Redhibition, Stellionat* et *Transport.*

I.

Ignorance. Pourquoi l'ignorance des faits est présumée, III, 95.—Cas où l'ignorance du droit ne sert de rien, 99. — Entrepreneurs responsables de leur ignorance. Voy. *Entrepreneurs.*

Ignorantiâ (de) juris et factis. L. D. VIII, 59.

Illicites (conventions, faits, gains, et intérêts). Voy. ces mots en particulier.

Imbéciles (les) conservent l'état que leur donnent leurs qualités, I, 203. Voy. *Démence.*

Immeubles (en quoi consistent les), et ce qui est compris sous ce nom, I, 226. — Comment se fait la tradition des immeubles, 314. —Clause de précaire omise dans un contrat de vente d'immeubles, 315.—Les immeubles des églises et des communautés ne peuvent se vendre que pour des causes nécessaires, I, 374.—Dans la vente des immeubles, la lésion de plus de moitié du prix rend la vente nulle, 380. — En quel cas dans la vente des immeubles, il peut y avoir lieu à la redhibition, 305. — Des immeubles peuvent être prêtés, II, 80.—Espèce particulière de dépôt pour les immeubles, 145. — Délivrance et prise de possession des immeubles, IV, 269. Voy. les mots *Biens, Délivrance, Lois, Mineurs, Redhibition* et *Usufruit.*

Immunitatis (de jure). L. D. IX, 244.

Impensis (de) in res dotales factis. L. D VIII, 90.

Imposition de deniers publics. Voy. *Deniers publics.*—Sur les denrées. Voy. *Denrées.*

J.

L.

la suite, vi, 526. — Si cela a lieu pour les legs conditionnels, 528. — Le legs devient nul, lorsque le légataire meurt avant la mort du testateur, 529. — La charge imposée au legs annulé, passe à celui qui en profite, 530. — Un legs qui était bon au testament, peut devenir nul par un changement, 531. — Diverses manières de révoquer les legs, 533. — Le legs d'une dette est révoqué, lorsque le testateur s'en fait payer, ibid. — L'aliénation de la chose léguée révoque le legs, 536. — Si une donation a le même effet, ibid. — L'engagement de la chose léguée ne révoque pas le legs, 537. — Il en est de même des changemens qui la réforment et qui la renouvellent, 538. — Si le legs diminue par la diminution des choses léguées, 544. — Par un détachement d'une partie du fonds légué pour la joindre à une autre, ibid. — Le legs transféré est ôté au premier légataire, ibid. — Révocation d'un de deux legs qui n'en annule aucun des deux, 545. — Le legs est révoqué lorsque le légataire s'en rend indigne, 546. — Les legs sont diminués sans le fait du testateur par la falcidie, 546 et 547. — Les legs ne peuvent excéder les trois quarts des biens, 548. — Les legs sont sujets à la falcidie, 551. — Le legs d'une servitude est sujet à la falcidie, 565. — Le legs de l'avance d'une dette à terme ou sous condition est sujet à la falcidie, ibid. — Le legs d'une dette dont le débiteur est insolvable, est compté pour la falcidie, 566. — Les légataires chargés de legs sur les leurs, n'ont pas la falcidie, 578. — Le légataire d'un fonds chargé d'une pension sur les fruits de ce fonds, retient la falcidie, quoiqu'il la souffre, 583. — Le legs d'un fonds avec prohibition d'aliéner, est sujet à la falcidie, 581. — Le legs dont la délivrance ou le paiement est différé, est moins estimé pour la falcidie, 592. — Si l'héritier qui, sous prétexte de la falcidie, diffère d'acquitter des legs, en doit les intérêts, 594. Voyez les mots

Accessoires, Aliénation, Alimens, Conditions, Dette, Dommages et Intérêts, Enfans, Entretien, Falcidie, Fidéicommis, Fruits, Garantie, Héritier, Jardin, Mines, Mineurs, Ouvrages, Papiers, Partage, Prescription, Servitudes, Substitution, Testament, Transmission, Usufruit, Ville et Vingtième.

Legati (quando dies usus fructus) cedat. L. D. vii, 290.

Legationibus (de). L. D. ix, 246.

Legatis (de) et fideicommissis. L. D. viii, 215, 238, 252 et 262.

Legatis (de adimendis vel transferendis). L. D. viii, 288.

Legatis (de alimentis vel cibariis). L. D. viii, 281.

Legatis (de auro, argento, mundo, ornamentis, unguentis, veste vel vestimentis et statuis). L. D. viii, 283.

Legato (pro). L. D. ix, 32.

Legato (de instructo vel instrumento). L. D. viii, 276.

Legato (de peculio). L. D. viii, 278.

Legato (de tritico, vino et oleo). L. D. viii, 275.

Legatorum (quando dies) cedat. L. D. viii, 348.

Legatorum (quod). L. D. ix, 63.

Legatorum (ut in possessionem servandorum causâ esse liceat). L. D. viii, 356.

Legatorum (ut) servandorum causâ caveatur. L. D. viii, 354.

Legatum (de usu, usufructu, reditu, habitatione et operis datis per). L. D. viii, 269.

Legatum (si qui plusquàm per legem falcidiam licuerit esse dicetur). L. D. viii, 336.

Lege commissariâ (de). L. D. vii, 439.

Lege Rhodiâ (de) de jactu. L. D. vii, 382.

Legem (ad) OEliam sentiam, Aquiliam, Corneliam, falcidiam, Pompeiam. Voy. ces mots en particulier.

Legibus (de). L. D. vii, 147.

Legibus (ut possessio honorum detur ex). L. D. viii, 375.

M.

Maison. Si celui qui habite une maison est tenu du dommage causé par ce qui est jeté ou qui peut tomber, III, 292. — Le legs d'une maison comprend le jardin qui en fait partie, VI, 144. — Quels sont les accessoires d'une maison, 446. Voy. les mots *Accessoires*, *Habitation*, *Jardins*, *Legs*, *Locataires* et *Meubles.*

Maîtres. Leurs engagemens, III, 70. — Solidité contre les maîtres pour le fait de leur préposé, 75. — Solidité contre les maîtres qui exercent ensemble un commerce, 76. — Le maître de la chose doit ce qui a été dépensé pour la conserver, 290.

Maîtres d'école. Voy. *École.*

Majestatis (ad legem Juliam). L. D. IX, 180.

Majeurs (ce qu'on entend par), I, 213. — Majeurs par bénéfice d'âge. Voy. *Bénéfice d'âge.* — De quelles causes les majeurs peuvent se servir pour être relevés des actes où il y a quelque vice, IV, 447. — Le majeur cohéritier du mineur relevé demeure héritier, V, 230. Voy les mots *Erreur*, *Fils de famille*, *Partage* et *Prescription.*

Majores (ex quibus causis) viginti quinque annis integrum restituentur. L. D. VII, 235.

Malades (les) peuvent tester, VI, 30.

Mancipium (si ita venerit), ut manu mittatur vel contrà. L. D. VII, 447.

Mandatoribus (de) et fidejussoribus. L. D. IX, 119.

Mandati vel contrà. L. D. VII, 402.

Mandemens et commissions (différence entre les) et les procurations. Voy. *Procurations.*

Manumissi (qui et à quibus liberi non fiunt) et ad legem Æliam Sentiam. L. D. VIII, 415.

Manumissione (qui ad libertatem perveniunt sine). L. D. VIII, 415.

Manumissionibus (de) et de manumissis vindictà et testamento. L. D. VIII, 411 et 412.

Manumissus (si qui à parente quis sit). L. D. VIII, 368.

Marchandises jetées à la mer dans un péril de naufrage; leur perte supportée par les propriétaires, III, 350. — Impositions sur les marchandises et denrées. Voy. *Denrées*

Marchands. A qui sont dus des frais funéraires; leur privilége, III, 458. — Par quel temps se prescrivent les demandes des parties des marchands vendant en détail, IV, 290.

Mari. Comment il est maître de la dot, II, 239. — Gains du mari survivant, 253. — Engagemens du mari aux charges de la dot, 273. — Trois sortes de dépenses que le mari ou ses héritiers peuvent avoir faites, 278. — De quelles dépenses le mari est chargé, 279. — Quelles dépenses sont remboursées au mari, *ibid.* — Le mari peut être nommé curateur à sa femme en démence, III, 216. — Comment le mari succède à sa femme, V, 384. — Le mari ne peut pas être privé de la dot par l'ingratitude de la femme envers les parens qui l'avoient donnée, VI, 318. Voy. les mots *Biens*, *Donations*, *Dot*, *Femme*, *Paraphernaux*, *Séparation* et *Usage.*

Mariage. Son institution divine et les divers principes des lois qui en dépendent, I, 17. — Engagemens naturels du mariage, 23. — Quelles choses doivent précéder le mariage, 182. — Ses deux engagemens, II, 230. — Différence entre les conventions du contrat de mariage et celles des autres contrats, 232. — S'il est permis dans les contrats de mariage de faire toutes sortes de conventions, *ibid.* — Le mariage émancipe les enfans, V, 338. — L'usufruit laissé au survivant ne se perd point par son second mariage, VI, 365. Voy. les articles *Contrat*, *Donation*, *Enfant*, *Retour* et *Secondes noces.*

Mariages (registres des). Voyez *Registres.*

Materna maternis. Explication de ces mots, I, 340.

Matrimonio soluto (dos quemadmodum petatur). L. D. VIII, 84.

Mauvaise foi (acquéreur et dépositaire de). Voyez *Acquéreur* et *Dépositaire.* Voyez aussi les mots

Donateur, Foi, Fruits, Héritier, Mineur, Possesseur et *Prescription.*

Menaces (consentement extorqué par). Voy. *Consentement.*

Mensor (si) falsum modum dixerit. L. D. VII, 341.

Mer (jet à la). Voy. *Naufrage.*

Mercenaire. Celui qui l'a engagé doit le payer quoiqu'il ne l'ait pas occupé, II, 65.

Mères. Celles des mineurs ont leur éducation, III, 151.—*Quid,* si elles ont convolé en secondes noces, 152. — Cas où la mère et l'enfant à la mamelle meurent en même temps, V, 299. — Comment les mères succèdent à leurs enfans, 323 et suiv. — La mère est obligée, au défaut du père, de fournir l'entretien des enfans, 348. — La mère peut faire la substitution exemplaire, VII, 31. Voy. les mots *Dot, Edit, Enfans* et *Substitution.*

Mesure (choses vendues à la). Voy. *Vendeur.*

Métaux (mines de). Voy. *Mines.*

Metûs (de exceptione doli mali et). L. D. IX, 87.

Metûs (quod) causâ gestum erit. L. D. VII, 214.

Meubles. Quelles choses sont réputées telles, I, 222 et 223.—Combien il y a de sortes de meubles, 223. — Choses mobilières qui se consument par l'usage, 224.—Comment se fait la délivrance des meubles, 313. — A quoi sont affectés les meubles du locataire, II, 21.—L'usufruitier des meubles peut les louer, 364. — Délivrance et prise de possession de meubles, IV, 269.—Legs indéfini de meubles; comment il se règle, VI, 440. — Les meubles des maisons de la ville et de la campagne n'en sont pas des accessoires, 451. Voy. les mots *Délivrance, Legs, Locataire, Possession, Privilège, Propriétaire, Tuteur* et *Usufruit.*

Militaires (testament des). Voy. *Testamens.*

Militis (de testamento). L. D. VIII, 193.

Militum (de successione). L. D. VIII, 374.

Mines d'or et d'argent et d'autres métaux; elles ne peuvent être possédées de plein droit par des particuliers, I, 227.

Mineurs et *Minorité.* Ce qu'on entend par mineurs, I, 212 et 213. — Les mineurs ne peuvent vendre leurs biens, 373.—L'erreur dans le droit ou dans le fait ne nuit pas aux mineurs, III, 93. — Ce qu'on appelle état de minorité, 124. — On peut nommer à un seul mineur plusieurs tuteurs, 132. — Comment le tuteur agit pour le mineur, 145.—S'il peut agir contre le bien de son mineur, *ibid.* — En quel cas on nomme au mineur un subrogé tuteur, 148. — — Un tuteur ne peut accepter un transport contre son mineur, 149. — Les mères des mineurs ont leur éducation, 150. — Ce que comprend l'éducation du mineur, 152. — Mineur qui se trouve sans biens, 155. — Utilité du mineur préférée à la disposition de son père, 160. — Ventes de dettes actives du mineur, *ibid.* — A quoi les deniers qui en sont provenus doivent être employés, 161. — Hypothèque du mineur sur les biens du tuteur, 177. — Engagement du mineur envers le tuteur, 184. — Quelles dépenses il doit allouer, *ibid.* — Un mineur ne peut être tuteur, 198.—On donne plutôt un tuteur à un mineur en démence qu'un curateur, 215.—Le mineur indemnise sa caution s'il n'est relevé, IV, 39. — Quelles personnes on appelle *mineurs*, 412.—Sur quoi est fondée la restitution des mineurs, 414. — Elle est indépendante de la bonne ou mauvaise foi de la partie, 416. — Le mineur n'est pas relevé indistinctement de tous actes, *ibid.* — Il n'est pas relevé de ce qui a été fait pour de justes causes, 417. — Lorsqu'il trompe ou fait quelque mal, 418. — Dans les crimes et délits, 419.—Lorsqu'il s'est déclaré majeur, *ibid.*—Il est relevé de tous les actes où il est lésé, 420. — Il est relevé d'avoir accepté un legs ou une succession ou d'y avoir renoncé, 422. —D'une succession devenue onéreuse.

N.

O.

P.

partage, v, 262. — Les choses données en préciput ne se rapportent point, 396. Voy. les mots *Héritier* et *Rapport*.

Préférence d'un héritier. Voyez *Héritier*.

Preneur. A qui on donne ce nom, II, 9. — Quels sont ses engagemens, 14. — Comment il doit user de la chose prise à louage, 15. — A quels soins il est obligé, 16. — Il est tenu du fait des personnes dont il doit répondre, 17.—Il est tenu du dommage causé par son ennemi, 18. — Le preneur qui quitte, par la crainte de quelque péril, est tenu des loyers et du dommage, 19. — Que doit faire le preneur, le temps du bail étant expiré, 21. — Preneur expulsé par éviction, 26. — Par force majeure qui empêche de jouir, 31. — La dépense faite par le preneur, pour la conservation de la chose louée, doit lui être remboursée par le bailleur, 33.

Préposé. Bornes de son pouvoir, III, 71. — Fait de celui qui est commis par le préposé, 73. — Un mineur et une femme ne peuvent être préposés, *ibid.* — Le préposé n'est pas obligé en son nom, 76. — Comment son pouvoir finit, 77.

Prescription. La prescription de la dette éteint l'hypothèque, III, 482. — Nature et usage de la prescription, IV, 281. — Prescription de toutes sortes de droits, 282. — Deux sortes de règles de prescription, 284. — Prescriptions observées du temps de Justinien, 285. — Quelle différence il y a entre la prescription et l'usucapion, 288. — Diverses sortes de prescriptions établies par les ordonnances, 289. — Ce que c'est que la prescription, 291. — Quel est le motif de la prescription, 292. — Son effet, *ibid.* — Quand elle est acquise, *ibid.* — Comment la prescription est acquise au possesseur et à son héritier, 294. — Les intervalles où le possesseur cesse d'exercer sa possession empêchent la prescription, 295.—Quelles choses peuvent se prescrire, 297. —

En quel cas on prescrit des choses qui sont hors du commerce, IV, 298. — Les servitudes s'acquièrent et se perdent par la prescription, 299.— Pour acquérir la prescription il faut avoir possédé de bonne foi, *ibid.* — On peut prescrire sans titre, 300. — Celui qui a perdu son titre peut être maintenu dans sa prescription, 362. — L'acquéreur de bonne foi ne laisse pas de prescrire quoique le vendeur soit usurpateur, 303. — Si l'héritier d'un défunt qui avait possédé de mauvaise foi peut prescrire ce que le défunt avait usurpé, 304. — Les légataires et les donataires peuvent prescrire, 305. — La prescription peut s'acquérir sans qu'on possède par soi-même, 308.—Quelles causes font cesser la prescription, 314. — Quelles choses on ne peut prescrire, 315.—En quel temps on commence la prescription des demandes pour dettes, 318.—La prescription ne court pas contre les mineurs pendant leur minorité, *ibid.* — En quel sens la prescription ne court pas contre les absens, 320. — Le bien dotal de la femme ne peut être prescrit pendant le mariage, 322. — Pourquoi la garantie ne se prescrit point, 323. — La mauvaise foi empêche la prescription, *ibid.*— Si le vice du titre empêche la prescription, 327. — Si la prescription est interrompue par la demande en justice, 329. — Contre qui court la prescription d'un bien substitué, VII, 101. — La prescription d'un bien substitué, aliéné par l'usufruitier, dépouille le fidéicommissaire, 102. Voyez les mots *Absent, Arrérages, Demande, Dot, Foi, Garantie, Héritier, Hypothèque, Plainte, Rescision, Servitudes, Solidité, Titres* et *Usucapion*.

Présomptions (les) sont de deux sortes, IV, 153 et 199. — Ce qu'on entend par présomptions, 196. — Leurs différentes espèces, 197. — Quel est leur fondement, 198. — Quelle est leur force, 201. — Prudence du juge nécessaire pour discerner l'effet des présomptions, 203.

chargé, iii, 48. — Où se bornent ses soins, *ibid.* — Il peut faire meilleure la condition de celui dont il exécute l'ordre, 49. — Il est tenu de rendre compte, 5o. — Il ne peut entrer en part au procès, et acheter les droits litigieux, 51. — Si l'inexécution de la procuration engage à quelque chose le procureur constitué, 53. — Deux procureurs pour la même chose, et l'un à l'insu de l'autre, sont solidaires, 54. — Comment finit le pouvoir du procureur constitué, 55. — La constitution du second procureur révoque le premier, 56. — Le procureur peut se décharger après avoir accepté la procuration, *ibid.* — Il doit faire savoir son changement, 57. — S'il ne le peut faire, sur qui tombent les pertes qui suivront de l'inexécution, 57 et 58. — Procureur qui gère sans savoir la mort de celui qui l'a constitué, 58. — Ce que l'héritier du procureur décédé fait après sa mort est nul, 59. — Les procureurs ne peuvent être témoins dans les causes où ils ont servi de leur ministère, iv, 195. — En quel cas les procureurs constitués peuvent faire des paiemens pour les débiteurs et les recevoir pour les créanciers, 356. — Lorsqu'ils en ont l'ordre ils peuvent innover, 380.

Prodigues (les), quoique majeurs, doivent être mis au nombre des mineurs, i, 213. — Nomination de curateurs aux prodigues interdits, iii, 219. — Combien dure leur charge, 220. — Les prodigues interdits ne sont point incapables de succéder, v, 77. — Ils ne peuvent tester, vi, 31. — Ils ne peuvent être témoins dans un testament, 51.

Profectice (dot). Voy. *Dot.*

Profits des associés. Voy. *Associés.* — Revenant à un mineur. Voy. *Mineur.* — Des biens de père, Voy. *Père.* — Société de profits. Voyez *Société.*

Propriétaire et *Propriété.* Le propriétaire d'une maison louée peut obliger le locataire à en sortir pour l'habiter lui-même, ii, 22. — En quel cas il est tenu des dommages et intérêts envers le locataire, ii, 24. — Ses engagemens envers le fermier et ce qu'il lui doit fournir, 49. — Combien il y a de sortes de propriétés, 71. — Engagemens du propriétaire envers l'usufruitier et envers l'usager, 371. — Engagement du propriétaire d'un fonds associé, 373 et 374. — Ce que doit observer le propriétaire d'un héritage, faisant un plan, un bâtiment, ou autre ouvrage, iii, 272. — A quoi est tenu celui qui a usurpé sur son voisin au-delà des confins, *ibid.* — Qui a enlevé les bornes des héritages, 273. — Privilége du propriétaire sur les meubles du locataire pour les loyers et les suites du bail, 457. — Usage de la propriété et sa liaison avec la possession et la propriété, iv, 242. Voy. les mots *Fermiers, Possession, Priviléges* et *Usages.*

Protectionibus (de). L. D. viii, 383.

Provision; doit être accordée à la veuve sur les biens de sa succession pour sa subsistance et son entretien pendant sa grossesse, v, 294. — A l'enfant de qui l'état est contesté, 295. — Aux enfans qui délibèrent l'adition d'hérédité, 309. — Au fils exhérédé pendant l'appel de la sentence rendue en sa faveur, vi, 304.

Proxeneticis (de). L. D. ix, 253.

Proxénètes. Voy. *Entremetteurs.*

Proximité entre deux personnes (degrés de), v, 313.

Prudentium (de successione). L. D. vii, 146.

Public (droit). Voy. *Droit.*

Publicanis (de). L. D. viii, 396.

Publiciand (de actione) in rem. L. D. vii, 276.

Puissance paternelle (état des personnes par la). Voy. *Personnes.*

Puissances. Pourquoi établies de Dieu, i, 29. — Soumission qui leur est due, 31. — Leur autorité, 53. — Distinction du ministère des puissances spirituelles et temporelles, 60. — Leur union dans leur fin commune de maintenir l'ordre, 65. — Pourquoi Dieu a séparé ces deux puissances, 1, 65. — Sont immédiatement dépendantes de Dieu, *ibid.* — Autorité des puissances d'un ministère sur celles de l'autre dans leurs fonctions, *ibid.* — Preuves de cela, *ibid.* — Lois des puissances spirituelles où il paraît de l'autorité sur le temporel, 66 — Lois des puissances temporelles qui regardent le spirituel, *ibid.*

Pupillaire (substitution). Voy. *Substitution.*

Pupillari substitutione (de). L. D. VIII, 176.

Pupilles. Voy. *Tuteur.*

Pupilli (rem) vel adolescentis salvum fore. L. D. IX, 150.

Pupillus (ubi) educari vel morari debeat. L. D. VIII, 124.

Q.

Quadrupes (si) pauperiem fecisse dicatur. L. D. VII, 317.

Quæstionibus (de). L. D. IX, 200.

Qualitate (de) rerum. L. D. VII, 160.

Quart que doit avoir l'héritier ; sur quoi se prend, VI, 551.

Quarte trébellianique. Voy. *Testateur.*

Querelle. Voy. *Plainte.*

Quittances. Effet des quittances générales et particulières, IV, 340 et 341. Voy. *Paiement.*

R.

Rachat (ce qu'on entend par faculté de), 1, 358. — Vente à faculté de rachat, en forme une condition, 419. — Faculté de rachat *ex intervallo*, 420. — Durée de la faculté de rachat, 421. Voy. les mots *Acheteur, Faculté* et vente.

Racines (fruits pendans par). Voy. *Fruits.*

Rapport (ce que c'est que le droit de), V, 197 et 385. — Tous les enfans sont obligés au rapport, 388. — En quel cas se fait le rapport des biens entre cohéritiers, *ibid.* — Quelles choses sont sujettes au rapport, 389. — Celui qui doit rapporter, peut recouvrer les dépenses faites pour les biens sujets au rapport, 390. — En quelles manières l'héritier tenu d'un rapport, peut y satisfaire, 391 — Quelles personnes sont obligées au rapport, 392. — A qui le rapport est dû, 393. — Ce qui vient d'ailleurs que des ascendans, n'est pas sujet au rapport, 394. — Les pécules propres aux fils ne sont pas sujets au rapport, 395.

— Les dépenses de l'éducation ne se rapportent point, V, 396. — Ni les choses données en préciput, *ibid.* — Les dots et donations en faveur de mariage se rapportent, 397. — Ce qui peut être imputé sur la légitime, doit être rapporté, 401. — Le rapport est dû, soit qu'il y ait un testament, ou non, 402. — Les choses péries sans la faute du donataire, ne se rapportent point, 404. — Ce qui se consume par l'usage, doit se rapporter, 405. Voy. les mots *Donation, Dot, Enfans, Filles, Héritiers, Partage* et *Préciput.*

Ratification (la) empêche la rescision, IV, 408. — Elle empêche également la restitution des mineurs, 438.

Ratihabitione (de). L. D. IX, 151.

Rebus (de) auctoritate judicis possidendis vel vendendis. L. D. IX, 47.

Rebus creditis (de) si certum petatur. L. D. VII, 345.

Rebus (de) dubiis. L. D. VIII, 291.

Receptatoribus (de). L. D. IX, 172.

Receptis (de) qui arbitrium receperunt, ut sententiam dicant. L. D. VII, 240.

Réciproque (substitution). Voy. *Substitution.*

Récolement de témoin. Voy. *Témoin.*

Récolte (anticipation de la) par l'usufruitier. Voy. *Usufruit.*

Réconduction (ce qu'on entend par), II, 39. — Quels sont ses effets. *ibid.* — La réconduction renouvelle toutes les mêmes conditions, 40. Voy. *Bail* et *Caution.*

Redemptis (de) ab hostibus. L. D. IX, 229.

Redevances (compensation entre les). Voy. *Compensation.*

Rédhibition (ce qu'on entend par), I, 404. — En quel cas il peut y avoir lieu à la rédhibition, dans la vente des immeubles , 405 et 406. — Quel est l'effet de la rédhibition, 407 et suiv. — La rédhibition a lieu par le défaut de l'une de plusieurs choses qui s'assortissent, 413. — Elle n'a pas lieu dans les ventes qui se font en justice, 414. — Quand commence à courir le temps pour être reçu à exercer la rédhibition, *ibid.* — Quel est l'effet de la rédhibition de la chose hypothéquée, III, 484. Voy. *Hypothèque* et *Immeubles.*

Redhibitione (de). L. D. VIII, 28.

Reditu (de usu et usufructu et) per legatum vel fideicommissum datis. L. D. VIII, 269.

Réduction de legs et fidéicommis. Voy. *Héritier* et *Legs.*

Registres publics des baptêmes, des mariages, des morts et sépultures, de la promotion aux ordres, du vœu monacal ; pourquoi ordonnés et établis, IV, 164.

Règle. Ce qu'on entend par ce mot, I, 148. — Ce que c'est que les règles du droit, *ibid.* — Combien il y a de sortes de règles, *ibid.* — Quelles sont les règles du droit naturel, 149. — Quelles sont les règles arbitraires, 150. — Trois autres sortes de règles, *ibid.* — En quel cas les règles cessent d'avoir leur effet,

I, 151. — Toutes règles doivent être connues, 152.

Règle catonienne. Voyez *Catonienne.*

Régnicoles (ce qu'on entend par), I, 213.

Regulâ Catonianâ (de). L. D. VIII, 299.

Regulis (de diversis) juris antiqui. L. D. IX, 264.

Rei judicatæ (de exceptione). L. D. IX, 83.

Rei vendicatione (de) L. D. VII, 269.

Reis (de duobus) constituendis. L. D. IX, 114.

Re judicatâ (de). L. D. IX, 33.

Relationibus (de) et appellationibus. L. D. IX, 215.

Re legatis (de). L. D. IX, 214.

Rélégués (domicile des). Voyez *Domicile.*

Religieux profès (les) sont dans un état de mort civile qui les rend inhabiles à succéder, I, 215 ; V, 82, 86, 93 et 112. — Ils peuvent tester avant leur profession, VI, 35. — Ils ne peuvent recevoir par testament, 39. Voy. *Vœu.*

Religion. Ce que nous apprenons par la religion chrétienne, I, 1. — Cette religion est le fondement le plus naturel de l'ordre de la société, 61. — Sur quoi la religion est fondée, *ibid.* — Quel est son esprit, 62 et suiv. — Quelles sont ses lois, 102. — Matières propres de la religion, 127. — Matières communes à la religion et à la police, *ibid.*

Religiosis (de) et sumptibus funerum. L. D. VII, 341.

Rem (de in) verso. L. D. VII, 391.

Rem (ratam haberi), et de ratihabitione. L. D. IX, 151.

Remboursement des dépenses des entrepreneurs. Voy. *Entrepreneurs.* — De l'emphytéote. Voy. *Emphytéote.* — Du mari. Voy. *Mari.* — Du preneur. Voy. *Preneur.*

Rémission (lettres de). Voy. *Lettres.*

Rémunératoire (donation). Voy. *Donation.*

Renonciation à une société. Voyez

S.

T.

digées par écrit, III, 7.—Si toutes les parties en consentent la nullité, 8. — Comment doit s'entendre la renonciation à tous droits, faite par transaction, *ibid.* — La transaction ne peut nuire qu'à ceux contre qui elle est faite, 9. — Le dol ou l'erreur annulle la transaction, 10.—Si la transaction déroge à un droit dont le titre soit inconnu, 11. — Transaction sur pièces fausses, *ibid.* — Si les transactions sont résolues par la lésion, 12. — Transaction pour pallier un contrat, 13. — Sur procès, à l'insu des parties, 14. Voy. les mots *Dol* et *Erreur.*

Transactionibus(de).L. D. VII, 190.

Transmission (ce que c'est que le droit de), v, 143, 243, 308 et 334; VI, 262 et 505.—Sur quoi il est fondé, 263 et suiv. — Définition de la transmission, 273.— A quoi elle est restreinte, 274. — En quel cas elle a lieu, *ibid.*— D'où elle dépend, *ibid.* — L'adition d'hérédité donne le droit de transmission, 276.—Transmission du legs pur et simple, 280. — Du legs conditionnel, 281.— Du legs à jour incertain, 282. — Les règles de la transmission peuvent s'appliquer aux substitutions et aux fidéicommis, *ibid.* Voy. *Héritiers.*

Transports. Combien il y en a de sortes, III, 467. — Quel est leur effet, 468. — Le transport subroge à l'hypothèque et au privilége, 470. — Le transport sans garantie, pour demeurer quitte, ... un paiement, IV, 34*.* — Quelle différence il y a entre le transport et la délégation, 384. — Le transport d'une dette ne fait pas une délégation, 386.— Voy. les mots *Délégation, Mineur, Novation, Paiement* et *Subrogation.*

Travail. Différence entre le travail d'état d'innocence et le nôtre, I, 13.

Travail. L'homme est naturellement destiné au travail, *ibid.*

. *Trébellianique* (ce qu'on entend par), VII, 121. — Pourquoi ainsi appelée, *ibid.* — Sa définition, 123. — Elle a lieu pour un héritier en partie, 124. — Le testateur peut, au lieu de la quarte trébellianique, assi-

gner un fonds ou autre chose, VII, 124. — Il peut prohiber la trébellianique, 125. — Comment les fruits s'imputent ou ne s'imputent point sur la trébellianique, 129. Voy. les mots *Héritier* et *Fidéicommis.*

Trebellianum (ad senatûs-consultum). L. D. VIII, 337.

Trésor. Ce que c'est qu'un trésor, I, 228. — A qui il appartient, *ibid.*

Tribonien. Son avarice, 54.

Tributoriâ actione (de). L. D. VII, 388.

Triticariâ (de conditione). L. D. VII, 364.

Tritico (de) legato. L. D. VIII, 275.

Troupeau (legs d'un). Voy. *Legs.* — Usufruitier d'un troupeau. Voy. *Usufruitier.*

Trouvées (choses); à qui appartiennent. Voy. *Pierreries* et *Trésor.*

Tuiles tombées d'un toit, III, 297.

Turbâ (de) et vi bonorum raptorum. L. D. IX, 162.

Turbes (enquête par). Voy. *Enquête.*

Turpillianum (ad senatûs-consultum), et de abolitionibus criminum. L. D. IX, 198.

Tutelâ (de rebus eorum qui sunt sub) sine decreto non alienandis, vel supponendis. L. D. VIII, 134.

Tutelâ (de) testamentariâ. L. D. VIII, 100.

Tutelæ (de contrariâ, et utili actione). L. D. VIII, 129.

Tutelæ (de rationibus distrahendis). L. D. VIII, 126.

Tutelis (de). L. D. VIII, 97.

Tutelle et *Tuteur.* Les tuteurs ne peuvent acheter des biens des mineurs et d'autres personnes qui sont sous leur charge, I, 372. — Nécessité des tuteurs, III, 124. — Nature de leurs engagemens, 125. — Différence entre le droit romain et notre usage concernant les tuteurs, 126. — Quel est celui qu'on appelle tuteur, *ibid.*—Définition de la tutelle, 129. — Sa durée, *ibid.* — A qui appartient la tutelle, 130. — A qui appartient la nomination du tuteur, 131. — On peut nommer à un seul mineur plusieurs tuteurs, 132. —

U.

V.

FIN DE LA TABLE DES MATIÈRES.

9 782013 021074